中原工学院学术专著出版基金资助

创业者
高效时间管理
研究

CHUANGYEZHE GAOXIAO
SHIJIAN GUANLI YANJIU

韩革欣　邵芳　李娜　著

郑州大学出版社

图书在版编目(CIP)数据

创业者高效时间管理研究 / 韩革欣，邵芳，李娜著
. -- 郑州：郑州大学出版社，2024.7
ISBN 978-7-5773-0058-0

Ⅰ. ①创… Ⅱ. ①韩… ②邵… ③李… Ⅲ. ①创业 –
企业管理 Ⅳ. ①F272.2

中国国家版本馆 CIP 数据核字(2023)第 252266 号

创业者高效时间管理研究

CHUANGYEZHE GAOXIAO SHIJIAN GUANLI YANJIU

策划编辑	王卫疆	封面设计	王　微	
责任编辑	樊建伟	版式设计	王　微	
责任校对	郜　静	责任监制	李瑞卿	

出版发行	郑州大学出版社	地　　址	郑州市大学路 40 号(450052)	
出版人	孙保营	网　　址	http://www.zzup.cn	
经　销	全国新华书店	发行电话	0371-66966070	
印　刷	郑州宁昌印务有限公司			
开　本	710 mm×1 010 mm　1 / 16			
印　张	16	字　　数	253 千字	
版　次	2024 年 7 月第 1 版	印　　次	2024 年 7 月第 1 次印刷	

书　号	ISBN 978-7-5773-0058-0	定　　价	68.00 元	

本书如有印装质量问题,请与本社联系调换。

作者简介

韩革欣,1986 年 10 月生,中原工学院经济管理学院专职教师,博士毕业于澳门城市大学工商管理专业,研究方向为国际关系研究、葡语国家研究、创新创业管理研究。近年来主持国家社科基金一项,参与省级课题多项,发表学术论文多篇。

邵芳,1975 年 9 月生,中原工学院专职教师,博士毕业于曼彻斯特大学纺织时尚设计与管理专业,研究方向为人力资源管理与创新创业管理。近年来主持省级相关项目,参与国家级和省部级项目多项,论文被 SCI 相关期刊收录。

李娜,1982 年 8 月生,郑州铁路职业技术学院专职教师,博士毕业于西安交通大学,研究方向为产业经济与管理与创新创业管理。近年来参与国家社科基金两项、省级项目多项,主持省级相关项目,发表 CSSCI 学术论文多篇。

内容提要

本书以培育创业意识、发展创业能力、提高创业者的时间管理效率为撰写宗旨，以帮助创业者解决创业过程中的时间管理问题为目标，以走近创业、认识创业、理解创业、开创事业为价值定位，注重理论知识的系统性，强调创业者的高效时间管理原则与建议。主要内容包括认识创业、中外创业发展概述、认识创业者、创业者素质与能力、高效时间管理原则、创业者高效时间管理建议等。本书适合创业人士阅读借鉴，可作为广大创业者的学习参考用书。

前　言

我们生活在一个充满创业精神的时代，在全球化和信息技术革命的推动下，创业已成为时代的主旋律，创业型经济已成为世界各国经济发展的一大趋势。面对这种趋势所带来的挑战与机遇，任何组织机构和个人都需要有应对不确定性和复杂性的能力，都需要依赖员工富有创业经济的思维方式，实现组织机构的创新变革与成长。

每一个成功的创业企业都要经历从无到有、从小到大、从弱到强的艰辛发展历程，其中无不凝聚着创业者的智慧和心血，可以说一部创业企业的发展史就是创业者的辛酸史、血泪史和奋斗史。就创业者个人而言，创业是追求理想和财富自由的重大人生规划；而对整个社会来说，创业则是推动经济发展的动力和源泉。因此，尽管创业活动风险极高，未来发展之路布满荆棘与坎坷，但仍无法浇灭人们高涨的创业热情。创新精神和创业能力是稀缺的社会资源，也是推动国家经济增长、促进经济活力的重要支撑。在当前我国经济步入新常态，经济增长从高速转为中高速，从规模速度型粗放增长转向质量效率型集约增长，从要素投资驱动转向创新驱动的背景下，通过创新和创业推动我国经济转型和可持续发展具有积极的现实意义。

近年来，我国政府对创业活动高度重视，并提供了强有力的政策支持，对创业者而言可谓是难得的机遇。但同时我们也应清醒地认识到，在当前网络知识经济兴起、创新商业模式不断涌现、科学技术日新月异的复杂环境下，创业者要实现创业梦想并非易事。

本书以提高读者的创业综合素质为目标，以解决创业过程中的时间管理问题为主线，注重理论知识的系统性与时间管理的实践性。全书共七章，韩革欣老师负责撰写第五至第七章，邵芳老师负责撰写第一至第四章。李娜老师为本书提供了丰富的数据信息，做了数据处理工作。本书从认识创业、中外创业发展概述、认识创业者、创业者素质与能力、高效时间管理原则、创业者高效时间管理建议等方面，向读者尤其是那些正在创业路上的创业者提供了高效管理时间的相关建议，旨在更有效地唤醒其创业意识，培育创业素质，提升创业能力，提高创业成功率。

感谢中原工学院学科实力提升计划"学科青年硕导培育计划"项目给予本书的支持！

本书内容通俗易懂、简洁明快，具有较强的可读性和可操作性。读完本书，相信你的时间管理能力将得到有效提升。高效的时间管理能力是创业成功不可或缺的一种关键素质，它可以帮助你克服创业过程中遇到的困难，获得成功的喜悦和自信。

著　者

2024 年 1 月

目 录

第一章
认识创业

　　近年来我国各级政府积极鼓励创业活动的开展，提倡建立与发扬企业家精神，对我国经济的快速发展起到了巨大的促进作用，也改变了人们对于中小企业以及小微企业在中国社会经济发展中重要地位的认知。在过去很长一段时间内，人们一直认为是大型企业创造了一个国家的绝大多数就业机会、产品生产和服务提供，是整体经济发展的主导力量。人们也曾经习惯于在体制内就业，认为创业是"不务正业"。但随着越来越多的社会精英在不同行业与领域的创业取得成功，尤其是在他们所创造的庞大财富成就的刺激下，更多的社会不同阶层民众参与到了创业活动中。21世纪的中国，毫无疑问是全球创业积极性最高的国家之一，也是继美国之后的全球第二大创业投资集中地。

　　与创业活动的蓬勃发展相对应的是我国中小企业以及小微企业已将近1亿家，占全国已注册企业总数的99%以上，这反映了此类企业已经成为我国经济发展不可或缺的重要力量。相关数据显示，我国中小企业贡献了全国50%以上的税收、60%以上的GDP、70%以上的技术创新、80%以上的城镇劳动就业，以及90%以上的注册企业数量，是地方经济发展的重要支撑，促进了地方经济的繁荣和发展，是促进技术创新和产业升级的重要力量，带动整个行业的发展，促进国家经济的快速发展。我国数目庞大的中小企业群体俨然已成为市场经济最活跃的群体，是社会创造财富的主体之一，是推动我国经济增长和社会发展的重要助燃剂。

第一节　创业的内涵

自进入 21 世纪开始,我们迎来了一个崭新的"创业时代"。世界各国都对创业充满了浓厚的兴趣,而创业已成为促进世界经济增长的高速引擎。那么,什么是创业? 其本质、特点是什么? 都有哪些不同类型的创业? 我们有必要从头开始理解创业。

创业要求创业者贡献时间、付出努力,承担相应的精神、财务、健康以及社会风险,但创业者可能会获得个人心理上的满足、金钱方面的回报,以及人格上的独立自主。创业涉及科技创业、社会创业、创新和创业的组织化整合以及资源和人力管理等问题,是一项涉及众多不同学科和不同部门的系统工程。创新理论的奠基人约瑟夫·熊彼特(Joseph Schumpeter)曾说过,想要创业,首先要有一个梦想和创建个人王国甚至王朝的意愿,尽管不一定是必需的;其次,要有一种征服的欲望,即战斗的冲动,为了证明自己比其他人更强大,为了寻求成功,不在意成功的结果,而在乎成功的过程;最后,要能在创新、胜任某项工作或是运用自己的能力和智慧的过程中体会到愉悦感,这些人会主动去寻找困难,为了改变而改变,并在创业过程中自得其乐。

一、理解创业

威康·加特纳(Gartner)1985 年从四个角度对创业进行了解释,认为新企业的创建就是创业者、组织、环境和过程四个要素相互作用的一个综合过程,创业就是新企业的创建过程。之后,有学者提出一种基于创业核心元素视角的解释,认为创业是依靠整合各类资源的特殊组合以发掘新的商业机会的一种价值创造过程,包含四个主要元素:第一,创业是一个过程,可以分为不同阶段,并持续发展,是可以被管理的,且创业适合任何组织环境;第二,创业者可以在组织内部为企业自身创造新价值,同时也可以在市场中为客户创造新价值;第三,创业是将各种不同资源以独特的方式组合在一起,如将资金、劳动力、材料、技术、设备、渠道,以及其他资源以独特的方式进行组合;第四,创业包含机会导向型的行为。

美国鲍尔州立大学商学院教授库拉特科(Kuratko)和佛罗里达州国际大学教授霍杰茨(Hodgetts)认为:"创业是一个涉及远见、改变和创新的动态过程。它需要投入精力与热情来进行创新,并实施新的构想和新的解决办法。创业的必要因素包括能承担一定风险,如时间、财产或职业的风险;有能力成立一个高效的风险团队;整合所需资源的创造性技能;制定一份稳固的商业计划的基础技能;最后,具备一种远见,在别人认为是混乱、矛盾和迷惑的地方发现机遇。"

创业已成为研究企业家和创业活动的一个重要内容。关于创业,目前还没有一个学术界广泛接受和一致认可的定义,从不同的角度出发,创业有不同的内涵与意义。以下分别从经济学、管理学、创新与风险,以及心理学角度对创业进行分析。

1. 经济学角度

从经济学角度来讲,创业是个体创造财富和产生价值的重要手段,是一种间接的价值增值行为以及价值增值过程。创业探寻机会,整合不同资源,如人、财、物、信息,然后开发和利用商业机会,实现价值创造。创业是一个创造和占有商业机会并不断增加财富的动态过程,同时也是一个不受现有资源控制的过程,经济个体在动态的环境中通过不断寻找和把握机遇,整合周边各种可获得资源,为市场和社会创造出新颖产品,或提供周到服务,为企业和社会经济创造新价值,同时能够促进其潜在价值不断增值升值。

2. 管理学角度

从管理学角度来说,创业有广义与狭义之分。广义的创业泛指有进取心的人开创事业或进行的创新行为,而狭义的创业则专指创办新企业。创业是通过整合各类资源、把握机会,创建新组织,快速进行创新以及创造新业务的活动。狭义的创业关注企业家的行为过程,注重其内部机制,发掘和组织人员在创业过程中的重要价值。创业不是个人性格特征,而是一种行为,是经过合理组织的系统性工作,是能够创造出新价值的活动,同时也是一种创新活动,通过拓展并运营某种事业,探索和捕捉商业机会,创造出某些市场愿意接受的产品或者服务,同时成长为一种特定思维和行为活动。

3.创新与风险角度

创业是高风险的创新活动,需要合理规避和化解各类不同风险,进行风险管理。能够成功地预测未来的能力就是创业,而预测未来就一定会有相应的风险。创业不仅要筹集资金和创办新企业,还要进行创新与创造,创业是人类自主地凭借自身所拥有的素质、能力与资源,通过捕获机会,将所拥有的各种资源进行有效整合的一种具有创造性、风险性与回报性的探索过程。

4.心理学角度

创业就是具有某些心理特质的个体通过进行创业活动而获得的成果,对创业者的心理特质与创业之间的关系进行探讨,对组织的决策者、资源整合者是什么样的人进行界定。如果从人的性格特征方面出发进行界定,创业包括先行性、竞争积极性、风险承担、自治和创新。创业者受外在奖励、内在激励、独立需求和家庭安全的影响。

虽然古今中外诸多学者对创业含义界定的侧重点有所不同,但都从不同角度描述了创业的共同特质:创新与开拓性、利益与价值的创造与满足、创业活动的社会性。

学者和政策的制定者多从经济视角看创业,鼓励自由主义和市场驱动,很少兼顾心理、情感和社会等其他思考维度;而且人们大都认为,创业本质上是好的,是一国或地区经济繁荣发展的秘方,是解决经济增长、农村发展、贫困、失业等几乎所有问题的灵丹妙药。但是,把创业视为万能药的观点显然有些过于简单化了。创业不是非黑即白,而是存在灰度,需要一分为二来透视和品味。一个简单的例子就是,福特公司的汽车流水线生产大大提高了人们的出行效率,提供了许多就业岗位,但也带来了大量的碳排放影响空气质量,以及更多的交通事故。换言之,绝大多数创业既有积极结果,同时也会产生消极结果;创业结果的好与不好取决于所站立场,因为创业中涉及的利益相关者非常多,而不同利益相关者有不同的利益诉求、不同的价值观;而且,好或者不好也不仅体现在结果或目的方面,还体现在手段方面,有时手段好,未必目的就好;反之亦然,有时手段不好,目的可能是好的。

二、创业的定义

我国古代文献中,"创业"一词多代表在某一领域中前无古人后无来者的创举、变革、发明、奠基和文化等。创业一词在中文中最早出现于《孟子·梁惠王下》:"君子创业垂统,可为继也。"这里的"创业"即指开拓、草创新的业绩。诸葛亮在《出师表》中指出,"先帝创业未半,而中道崩殂","创业"即创立功业,留传给子孙后代。

到了现代,创业已经成为一种普遍的活动。"创业"是由"创"和"业"组成的复合词。"创"具有创建、创办、创立、创造、创新等含义;"业"有家业、事业、企业、就业、产业等内涵。从词义上理解,创业有"创建企业"或"开创事业"之意。《现代汉语词典》(第七版)将创业解释为"创办事业",其中的"事业"指"人所从事的,具有一定目标、规模和系统而对社会发展有影响的经常活动"。《辞海》(1986 年版)将创业定义为"创立基业",突出开创事业的艰难以及开拓过程的意义。"基业"是指"事业发展的基础","事业"是指"人所从事的具有一定目标、规模和系统的对社会发展有影响的经常活动,例如革命事业、文教事业"。"创"字在汉语中有"开始""开始做""突破"的含义;"业"字有"职业""行业""事业"的含义。创业的本义为"开创基业"。

创业一词在英文中有多种表述方式,涉及创业企业、创业者、创业行为和创业精神等层面。英文中创业有多种表述方式,用得最多的是"Venture"和"Entrepreneurship"。"Venture"通常是指"风险",而"Entrepreneurship"的字面意思是"企业家精神"或"企业家活动"。这两个单词最初的字面意思都不是创业,是人类的创业实践活动使它们有了"创业"的内涵。"Venture"和"Entrepreneurship"的字面意思在新形势下得到扩展和延伸,含义变得十分宽泛,以至于学术界至今对创业的概念仍各持己见,没有人给出一个学术界普遍认可的能够反映创业全貌的完整概念。

考察各种关于创业的定义,各种概念中出现频率最高的关键词包括创建、启动、创造、新事业、新企业、创新、新产品、新市场、资源或者生产方式的新组合、追逐机会、不确定性、风险承担、风险管理等。创业是一个持续的过程,因此这些关键词反映出创业活动过程中的不同环节和侧面。追逐利润、追求成长和创造价值等反映出创业的目标;追逐机会、创造变革、资源组合、创建和管理新企业或开发新事业等是实现目标的手段;活动过程、超前认知与行动、风险承担是创业活动的属性。由此可知,创业并不是独立的活动,应该从不同角度关注创业过程的各个环节及其特征。

由于理解问题的角度与出发点不同,人们为创业所下的定义也有较大的差异。常见的有以下一些定义。

弗兰克·奈特(Knight)把创业者定义为对不确定性的管理者。他认为,由于存在不确定性,创业者面对的主要问题或工作是决定做什么以及如何去做,以便在不确定性的情况下引导资源,并努力实现回报取得成功。

美国百森商学院教授杰弗里·蒂蒙斯(Timmons)认为创业是一种思考、推理和行动的方法,它不仅要受机会的制约,还要求创业者有完整缜密的实施方法和讲求高度平衡技巧的领导艺术。创业不仅为企业所有人,也为所有的参与者和利益相关者创造、提高和实现价值,或使价值能够再生。

哈佛商学院教授斯蒂文森(Stevenson)认为:"创业是不拘泥于当前资源条件的限制,寻找机会,将不同的资源要素加以组合以利用和开发机会并创造价值的过程。"这一定义强调了察觉机会、追逐商机的意愿以及获得成功的信心和可能性在创业过程中的重要性。

斯科特·谢恩(Shane)和桑卡兰·文卡塔拉曼(Venkataraman)进一步将创业定义为"创造未来商品和服务的机会是如何被发现、评估和利用,以及由谁来发现、评估和利用",即对机会的识别、评估以及利用。他们认为,创业作为一个商业领域,致力于理解创造新事物(新产品或服务、新生产过程或原材料、新市场、组织现有技术的新方法)的机会是如何出现并被特定个体所发现或创造的,这些人如何运用各种方法去利用或开发它们,然后产生各种结果。他们强调创业有两个过程:①识别创业机会,即发现与创造创业机会;②开发创业机会,即通过组织创业资源创造出新颖的产品、市场需要的服务或实现其潜在价值。

随着创业研究不断深入,创业活动的定义和内涵不断丰富,自20世纪末以来,以机会识别、利用和开发为线索的创业定义得到学界的广泛认可。

南开大学教授张玉利认为:"把创业仅仅理解为创建新企业是片面的,

创业的本质更在于把握机会、创造性地整合资源、创新和快速行动,创业精神是创业的源泉。"

李志能认为:"创业是一个发现和捕获机会并由此创造出新颖的产品、服务或实现其潜在价值的过程。"

贺尊认为,广义的创业是在易变性、不确定性、模糊性和复杂性的环境趋势中,追逐不确定性机会,发掘"最适时"的项目,进行投资和管理的过程。狭义的创业,就是为了满足客户需求,通过创建一家新企业,致力于推出新产品、新工艺、新方法、新服务,获得新资源,开辟新市场,开展科技、商业和金融等一系列价值创造活动的过程。

尽管上述关于创业的定义由于出发点不同,因此描述各异,但归纳起来,创业的特点可概括为以下几点:①创业是一个创造价值的过程;②创业是一项创新的过程;③创业是一种承担风险的过程;④创业是一个创造财富的过程。

归纳起来,创业有狭义和广义两种理解。狭义的创业可以用英文单词"Start-up"表示,意指创建新企业,即个人或团队自主创办新企业,该定义有助于识别出一个人或一个团队是否在从事创业活动;广义的创业可以用英文单词"Entrepreneurship"表示,指的是开创新的事业,无论是政府部门、获得风险投资的公司、非营利机构、由财务投资人主导的营利性组织,还是个人或团队,只要是在不确定情况下开发新产品或开展新业务,都应该被视为创业者。因此,百姓创家业,能人创企业,干部创事业,可以作为广义创业概念的一个注释。狭义的创业则是指个人或团体依法登记注册设立新企业,以营利为目的,从事诸如生产、加工、销售、服务等商业活动。

随着创业活动在各国社会经济发展中的作用越来越突出,从广义视角理解创业的内涵,可将创业界定为:在兴趣、理想和责任等观念的推动下,在不确定的环境中,不拘泥于当前的资源条件限制,由个体或团队开展的,承担一定风险并以创造价值、增加财富、改善社会为目的,寻求商业机会突破,将不同资源加以组合、利用和开发,投入激情、知识、资金和技能开创新企业、新事业的价值创造行为。创业具有创新性、挑战性、开拓性、社会性和持久性等特征。对创业的内涵的理解应该注意以下几点:

1. 识别与转化商机是创业的起点

创业首先是一种活动过程,创业者需要寻求有效的机会才能开始创业。而创业能否成功,关键在于创业者能否识别机会、把握机会和实现机会。对创业活动而言,机会是指商业机会,是具有时间性的有利情况,创业者在创业活动开始时就需要努力识别商业机会,对商业机会的识别和挖掘是创业的关键。

商业机会简称商机,是指存在于某种特定的经营环境条件下,有吸引力的、有利于创业的、较为持久的商业活动空间,其根植于可以为客户或最终用户创造或增加价值的产品以及服务之中,企业可以通过一定的商业活动发现、分析、选择、利用,并为企业创造利润和价值的市场需求。商机直接驱动创业团队的组建调动以及资源的整合分配,是创业过程的核心,其特征、规模与深度决定了在创业过程中企业所需的资源和团队的特征、规模与深度。

识别商机是创业过程的起点,创业过程本质上也是发现与开发创业机会的过程。创业者需要在众多创业思路中识别、发现和转化商机。在此过程中,创业者可以凭借对市场需求、结构和规模的判断以及利润分析等多种方式来确定商机。行业成长率越高,持线时间越长,市场规模越大,毛利润、净利润和自由现金流越多,企业的商机就越具有吸引力。

2. 突破资源约束是创业的前提

在机会开发过程中,哈佛大学教授史蒂文森强调了创业作为创业者活动过程与当时其所控制的资源无关。事实上,大多数创业者都经历了白手起家的过程。例如,我国晋江、温州等创业比较发达地区的绝大多数创业者,在创业初期,自身往往不得不面对创业资源的约束,原因就在于创业活动本身就是创业者从无到有的财富创造过程,但这并不妨碍这些创业者借用或是整合本地或其他地区的各种资源来实现创业目的。所以,整合资源也是机会开发过程中创业者能力的体现,也被认为是创业过程的本质特质之一。

任何创业活动都不可能在万事俱备之后才开展,创业者或创业团队需要面对资源限制的难题,因而设法突破资源约束是创业的前提条件。在创业过程中,创业者不应将目光局限于拥有更多资源,而是在企业成长的各个阶段思考如何用尽可能少的资源来推进企业的发展。特别是在创业初期资源相对有限的情况下,创业者可选择依靠自有资源的方式来获得竞争优势。而这种方式所提倡的就是企业将资源使用量最小化并合理控制资源的应用,而不是完全拥有资源。

3. 开发与整合资源是创业的基础

创业资源是创业的基础,即新创企业在创造价值的过程中需要的特定资源,为创业者开发、利用机会提供支持。创业资源主要包括以下四类:①人力资源,如合伙人、管理团队、员工、律师、会计等;②固定资产,如厂房和机器设备;③财务资源,即足够的现金流;④商业计划。在识别创业机会的过程中,创业者往往需发挥自身聪明才智,设计谨慎且实用的创业战略计划。

创业活动的开展必须基于特定的资源基础,创业者只有努力创新资源获取与整合渠道,才能保证创业的成功。换言之,创业者需要通过技术创新和商业模式创新等方式对资源进行更为有效的整合,进而实现创业目标。因此,积极探求创造性整合资源的新方法、新模式和新机制,是创业过程的基础活动。

4. 价值创造是创业的目标

创业活动必须实现价值创造。价值既是创业的起点,也是创业的归属。成功的创业案例都能创造出新价值,这些新价值通过变革技术、产品和服务等不同方式更好地为顾客服务,促进行业发展和社会进步。与一般劳动相比,创业活动在创造价值上更强调创新性,这意味着创业比一般劳动需要付出更多的时间和努力,同时需要承担更大的风险。

三、创业的意义

创业已经在世界范围内催生了一种新的经济形态,这种经济形态突出并强调了创业对社会经济发展的重要作用,即通过创业发现市场空白,丰富市场供需,引导消费,更好地满足人们多样性和深层次的需求,推动消费结构升级和市场繁荣发展。过去的半个世纪里,创业者开创的诸如个人电脑、生物技术、电脑软件、办公自动化、电子商务、新能源汽车、虚拟技术等行业，无一不改变着人们的生活、学习和工作方式。

创业的重要性不言而喻，对社会和个人都具有较大价值。就社会而言，创业不仅可以缓解就业压力，而且可以推动社会进步，增强经济活力，加速科技创新；就个人而言，创业可以充分发挥创业者的才华，激发个人潜力，是最迅速、最全面地实现人生价值的路径。

（一）创业的社会意义

1. 促进资源配置

从资源配置角度看，创业可以促进资源分配，创业行为有助于对社会资源进行更完善的配置，有利于社会资源的合理配置和规划，即通过加大行业经营的竞争，促成优胜劣汰的市场竞争形式，进而维护市场的活力，同时也能促使社会资源产生较高的社会效益。

2. 促进科技进步和市场繁荣

创业是增加社会财富的过程，创业企业在生产经营过程中能够为社会创造财富，增加国家财政税收；创新性的产品和服务能更好地满足人们追求高质量生活的需要，丰富市场产品或服务种类，促进社会经济繁荣；新技术的出现能够改变传统的产业格局，甚至催生新行业的出现，从而加速经济结构调整。创业的上述功能能否充分发挥，取决于社会所拥有的创业人才的状况。企业家是社会的中坚力量，培养更多的创业者或者帮助更多普通人掌握创新和创业技能，是我国实现创业型经济的重要途径。

3. 缓解就业压力

我国人口众多，就业一直是一个关乎民生的大问题，解决就业问题是我国的一项长期任务。随着我国高校从 1999 年开始连续扩招，就业总量压力不断增大。清华大学中国创业研究中心的调查数据表明，每增加一个创业者，当年带动的就业数量平均为 2.77 人，未来 5 年带动的就业数量平均为 5.99 人。可见，创业成功往往可以带动几个甚至一批大学生或社会待业人员实现就业，产生倍增效应。

4. 推动组织发展

组织指的是创业者所创建的新企业的类型,主要包括组织内部资源、组织结构、组织战略选择等内容。创业是有组织的活动,推动组织发展即创业者为将创业机会转变为商业价值而整合配置资源的一种形式与过程。创业者为了适应外界的不断变化,就需要相应调整组织的功能及形式,进而推动组织的发展。组织不但必须通过不断学习来对机会和挑战做出及时的反应,而且需要在学习的过程中不断调整和修正要素之间的相互协调关系,即组织的资产、结构、程序和文化等应随着组织的学习而不断发展、完善,并在不断的成功与失败中学习和锻炼。

5. 激发创新意识和创业精神

创新意识和创业精神对于创业者来说,是内在的因素,是创业者在进行创业活动之初最重要的内在因素。我国近年来的创业热潮和利好政策让创业活动成为经济和社会发展的新动能,对形成创新、宽容、公正、诚信等观念和文化具有积极作用。从行业发展看,创新创业的观念会影响行业已有的经营格局,形成优胜劣汰的局面,会提高市场主体参与竞争的积极性和主动性,从而激发市场活力,产生更高的社会效益。

6. 推动社会发展进步

很多创业者在创业过程中都能够拥有自己的成就和事业,从而也给社会带来很大一部分优势,可以提供就业机会,促进社会进步与经济发展。好的创业项目能够在行业中起到推动作用,推动整个行业的发展,促进社会的创新进步。好的创业者对于所处行业的发展是能起到促进作用的。在此过程中,他们能够增加市场的就业岗位,提升社会的活力,促进社会的创新进步。创业对社会进步的推动体现在两个方面。第一,创业可以加速新知识、新技术和新理论的孵化,从而推动科技进步和实践应用。有些创业者身处兼具尖端知识和技术研发的科研环境中,自身具备活跃的思维和创业勇气,最容易在新技术、新产品、新工艺或者新方法上有所突破,具备了将科研成果转化为产品的最优平台。第二,大量创业者的起点往往是小微企业。我国的市场经济体制改革以中小企业为实验点,创业繁荣了市场,丰富了人们的生活,提高了大家的生活质量。大量的新创中小企业利用其灵活的机制,通过"多品种"和"小批量"的个性化服务,保证了市场活力,促进了市场的良性竞争。

(二)创业的个人意义

1.帮助创业者实现财富自由

创业可以积累个人财富、增长见识,提高我们的各种综合能力。这些都可以让我们更好地实现梦想,如环游世界,发明创造,帮助他人或为社会、国家发展做贡献等。

创业活动属于自担风险、自负盈亏的商业活动,高风险,高回报,一旦创业成功,创业者可以在短期内迅速获得高经济回报,这也是创业活动最具吸引力的原因之一。根据统计资料,美国福布斯富人榜的前400名中有75%是第一代创业者,创业者在年轻时实现财富自由的机会比普通工薪族多4倍。

2.帮助实现人生价值

创业是一种追求梦想和实现价值的过程,它对个人的人生意义有着深远的影响。通过创业,个人可以实现自己的梦想和价值,让自己的生命更有意义。创业可以让人们实现自我价值。在创业的过程中,人们需要面对各种挑战和困难,需要不断地学习、成长和进步。这样不仅能够提升自身综合能力和专业技能,还可以实现自我价值和人生价值。创业是个人实现人生价值的一种形式与过程,创业者在该过程中,既能达到自我满足,又是其负担社会责任的一种表现,更是其回馈社会的一种表现。创业者可以通过创业实践,实现自己的价值和梦想,感到自己的存在是有意义的,同时实现自由和独立,不受制于他人,自主决策自己的人生。此外,创业者还可以通过自己的影响力和资源为社会做出更多的贡献,让自己的人生更有意义。

3.帮助创业者提升社会地位

创业者群体是当今社会最重要的财富之一,从选择创业开始,他们实际上就自动放弃了饱暖物欲、平和无忧的生活。创业者一直站在风口浪尖上为抓住商机而殚精竭虑。我国各级政府都从不同角度肯定了创业者的社会价值,无论创业成功与否,社会环境都应该对创业活动给予肯定。另外,创业者是社会的创造者和贡献者,他们通过创业为社会创造了更多的价值。创业者顺利成长为企业家后,不仅能够为自己带来物质财富,其个人的社会地位和影响力都将得到提升,实现了自我价值的提升。在社会中,创业者获得相应的地位和尊重。此外,创业者还可以通过自己的影响力和资源为社会发展与进步做出更多贡献。

4.帮助创业者提升个人素质

创业是一个充满挑战和不断学习的过程,也是一个促进创业者不断完善自我的过程。创业过程并非一帆风顺,创业者随时都要面临不确定因素下的各种极限挑战,并且要想尽办法规避不同风险,这样可以让人们在不断地挑战和突破中成长和进步,锻炼自己的意志和勇气,实现创业项目的平稳发展;同时,创业也是一个不断学习的过程,需要不断地学习和探索,只有在各种波折和意外中学会反思、积累经验,创业者的各项素质和能力才会得以发展,自我价值才能得到提升。正如格力总裁董明珠所言:"创业不仅仅需要环境,关键还要有自信。无论是年轻人还是已经创业成功的人,我们只有饱含着一种自我挑战的精神才能取得更大的成功。"哈佛大学教授拉克(Lack)讲过这样一段话:"创业对大多数人而言是一件极具诱惑的事情,同时也是一件极具挑战的事。不是人人都能成功,也并非想象中那么困难。但任何一个梦想成功的人,倘若他知道创业需要策划、技术及创意的观念,那么成功已离他不远了。"

四、创业的特点

创业是指勇于承担风险的创业者,通过捕捉商业机会,投入已有的技能知识,配置相关资源,为消费者提供新的产品和服务,并为个人和社会创造价值和财富的过程。创业不同于一般的商务或管理活动,有着自身的特点。

1.商机导向

创业最显著的特点是创业者发现了有价值的商机。也就是说,创业活动实质上就是识别商机、挖掘和利用商机,最后实现商机价值的过程。商机的最初状态是未明确界定的市场需求,或者未得到利用或充分利用的资源以及能力。创业活动的商机导向进一步决定了创业活动的客户导向,这也是创业与发明、创业与创新不同的重要环节。要识别创业商机,就必须深入了解顾客需求,对顾客的需求做细致入微的研究分析,这不同于简单的市场细分,而是要把握顾客的本质需求。有调查显示,大多数成功的创业者往往是那些对顾客有深入了解的人,他们创建的新事业往往是对原来工作的升华,是在原来工作基础上的创新,他们对顾客需求的感知是在长期工作中的认真思考。即使运气在成功中很重要,前期充分的准备仍是必要条件。创办注册新企业还只是最简单的一部分,更困难的是要生存下来,持久经营,并把企业发展成最终可以让创办者喜获丰收的企业。在 10～20 家企业中,大约只有 1 家注册企业能够存活 5 年或 5 年以上,最后可以给创始人带来资本回报。

2. 资源整合

创业的本质是资源整合。创业不是引无源之水,栽无本之木。创业活动强调在资源不足的情况下把握机会,这并不等同于不重视资源,相反,这样的定义恰恰是在提醒创业者必须有创造性地整合资源。每一个人创业,都必然有其可依赖的各种有形资源和无形资源。建立和拓展资源的能力是一个创业者开展创业活动的必备素质。对创业者而言,智力、想象力及知识、领导才能、沟通能力、人脉资源及社会资本,都是其创业成功的重要资源。但是资源本身是有一定局限性的,只有通过管理者卓有成效的工作,才能将这些资源转化为成果。因此,合理地管理和利用这些有限资源,才能成功整合企业运行中的人、财、物和信息等要素,为创业活动奠定基础。资源流动是经济全球化的重要特征,资源整合可以突破空间组织和制度等方面的限制,而在更加广阔的范围内开展,这也是创业活动活跃的重要原因。要成功地整合资源,创业者必须有创新的思维,要兼顾各方利益相关者的利益,实现共赢与多赢。

3. 价值创造

创业者在发现和利用机会、创造新价值这一过程中,往往采取的是技术创新、产品创新、原材料创新、市场创新或是组织创新的方式,所以创业过程其实就是价值创造过程。创业活动的价值在于推动社会经济发展,满足人们日益增长的物质和精神生活的需求。只有突出价值创造的创业活动,才能获得可持续成长的利润源泉。创业活动的机会导向和顾客导向的实质是创造价值。价值创造首先意味着要向顾客提供有价值的产品和服务,通过产品和服务使消费者的需求得到实质性的满足。市场经济体制下,不少人利用消费者购买力增强、生活质量要求提高、商品知识不足等特点,做虚假广告,诱导顾客购买,尽管也获得了很可观的经济收益,但却无法做到持续经营和健康发展。其次,价值创造强调的是对社会和经济发展的贡献,强调对人们物质和精神生活的丰富,只有突出价值创造的创业活动才有生命力。

4. 超前行动

"机不可失,时不再来"的创业商机特征,决定了创业活动必须抢抓机遇、跨越发展、超前行动。因为商机之窗的开启时间是有限的,创业者一旦有了创业想法,就要在比较短的时间里快速反应,付诸实践,在创业途中边摸索、边改进,实现创业成功的"弯道超车"。创业活动的机会导向特征决定了创业活动必须突出速度,并做到超前行动。机会都具有时效性,甚至可能稍纵即逝,持续存在的事件往往不是机会,至少是创业者无法在短期内把握的机会。现实生活中,创业者一旦有了创业的想法,往往会在比较短的时间里快速付诸实施,他们在实践中不断摸索、改进,寻求发展。在许多情况下,进行周密的市场调研,制订严密的商业计划和严格的预算等,是成熟大企业的做法,并不适合创业者创业。

5. 创新与变革

创业的本质是创新,是变革,其核心在于超越既有资源约束,捕捉到商机。创业意味着变革,意味着探寻商机和承担失败的风险,意味着创造顾客新需求和改变人们的生活方式。如果不寻求变革,不改变思维模式,创业者就难以识别创业机会,也就无法做到创新。对创业者及其创建的企业而言,创新创业的过程永远是"创造性破坏"的变革过程。

创新和技术进步是经济增长的内生变量,也是企业间存在差异的关键影响因素。充分运用新技术能够帮助创业者获得创新性机会,通过对生产要素重新进行组合或架构,开发和识别市场需求,进而将新要素组合用于生产活动或者将研发的新产品投入市场,以达到获取经济收益的目的。对于企业而言,创新性机会的开发和利用是获得市场竞争优势的来源,也是实现财富创造的重要方式。创业者通过技术创新，超越现有技术轨道，发展新的机会窗口，从而获得新增长和新发展。

现实生活中，我们身边大多数的创业行为，往往都是在做别人已经做过的事情。海尔不是第一家生产冰箱的企业，正大集团早在希望之前就在生产和销售饲料，联想销售计算机之前许多中国人已经使用计算机，巨人推出脑黄金的时候人们早就知道保健品是什么，比亚迪在生产汽车之前已经有很多厂商在销售各种型号的汽车。这些企业把平凡的事情做成了不平凡的业绩。这些企业取得成绩的背后是创新，这其中有技术创新，更有制度创新和管理创新。对于创造者来说，光有创新是不够的，而没有创新的创业活动就难以生存和发展。同时，创新与变革紧密关联。创业者不改变自己长期形成的思维模式，难以识别创业机会，也无法做到创新。对于创业者及其所创建的企业来说，创业与发展的过程永远是不断变革的过程。

6. 客户导向

客户导向是指企业以满足顾客需求、增加顾客价值为企业经营出发点，在经营过程中，特别注意顾客的消费能力、消费偏好以及消费行为的调查分析，重视新产品开发和营销手段的创新，以动态地适应顾客需求。客户导向强调的是要避免脱离顾客实际需求的产品生产或对市场的主观臆断。

创业者要瞄准目标市场，须先识别不同类型的消费者群体，根据目标顾客需求提供新的产品或者服务，创业才有可能成功。这是因为企业的价值是通过顾客产生的，企业付出的成本和努力，必须通过顾客购买其产品或服务，才能转变为收入和利润。

五、创业与创新的关系

熊彼特在 1912 年出版的《经济发展理论》中首次提及"创新"，他认为创新能够把生产要素和生产条件的新组合引入生产体系。随着知识经济的到来，创新被赋予了更广泛的含义，通常是指人们遵循事物的发展规律，对事物整体或其中某些部分进行变革，从而实现更新与发展。

1. 创新与创业的内涵具有重叠性

创业与创新的关系是相互联系、不可分割的。创新与创业虽是两个概念,但两者本质上具有一致性,内涵上彼此包容,在实践过程中互动发展。创新和创业都有"创造"的含义,创新中包含的"创造"主要集中在思维和理论方面,创业中包含的"创造"主要集中在行为和经济实体方面。创业的本质是资源的整合和再创造,创新是创业活动的思维源头,创业是创新思维的商业实践。创新是创业的手段和基础,而创业是创新的载体。创业者只有通过创新,才能使所开拓的事业生存、发展并保持持久的生命力。

2. 创新孕育创业机会,创业推动创新

科学技术和思想观念的创新,促进了社会的进步和变革,激发了市场需求的不断产生和更替,孕育了各种创业机会,这是创业活动充满活力的根本原因。同时,创业活动是随着环境和条件变化的创新性活动,只有创业主体不断推陈出新,才能赋予新创企业更大的生命力,新创企业才能应对各种不确定性带来的挑战。

创新对创业有着特殊的意义。通过创新,创业者们要么创造出新的财富来源,要么赋予现在的资源更大的创造财富的潜力。创新是创业者将机会转化成市场概念的过程。创新使创业者们成为市场变革的催化剂。正如管理大师彼得·德鲁克(Peter F. Drucker)所言:"创新是创业的特定工具,是发掘不同产品与服务变化机会的方法。"

3. 创新是创业的源泉,创业是创新的价值创造者

只有在创业的过程中具有持续不断的创新思维和创新意识,才能产生创意的想法,在商业模式上进行创新。反过来讲,熊彼特创新的市场价值在于创业,只有把创新的知识、技术、思维转换为生产力,应用于实践中,才能造福社会,促进下一轮创新。

创业是在资源高度约束、不确定性强情境下的假设验证性、试错性、创新性的快速行动机制,这个机制支撑的是改变、挑战和超越,创建企业只是创业的一种载体或手段。改变需要机会,机会不可能永远甚至长期存在,所以需要快速行动。不确定情境下的快速行动又是一个巨大的挑战,试想在一个伸手不见五指的黑夜如何能做到快速行动?只能不断试探,小步快走。试错是创业的重要工作,这和"摸着石头过河"没什么区别,试错不见得能找到正确的路径,但能够知道哪些路行不通。快速迭代是近年来总结出来的,迭代是快速反馈与改进,不断摸索前行。创业者会想尽一切办法朝前走。没有人能够保证创业成功,但降低创业失败的风险和成本是有可能的,这是理性,也是进步。试错与迭代也使得学习成为创业者的刚需。

不确定性的客观存在使得创业难以被计划,容易被感知到的是未来越来越难以预测,难以预测也就难以计划。创业会有愿景,甚至有创新的手段和具体的一些谋划,但这些都是假设,是如果怎么样就可能会怎么样的推理。假设是否正确,愿望能否实现、验证,需要快速、准确、低成本地进行验证,这些都需要创新。创意阶段还可以是以创业者为主的想象和规划,产品和服务投放市场后,就必须与顾客和其他利益相关者互动,生存、竞争等压力使得创业者无法"一意孤行"。未出茅庐而知三分天下的诸葛亮在辅助刘备夺取西川的路上也是一波三折,需要不断修正思路和想法。

创业还和资源约束紧密相连。不是说没有资源才适合创业,而是从事高度不确定性的事业难以吸收到资源。锦上添花人人喜,雪中送炭少人为。谁愿意往"不靠谱"的事上投钱呢? 不管是市场还是政府配置,绝对闲置的资源并不存在,创业要把资源用于新的用途,困难很大,白手起家也就成为创业的常态。当然,任何事情都需要资源,白手起家的创业者要生存与发展,一定要能整合到必需的资源,这也是创业者不同于甚至高于常人之处。资源约束经常是一个相对的概念,是相对于创业目标和事业的需求所形成的资源匮乏。

创业的本质是创新。熊彼特认为创业者从内部改变经济结构,不断地摧枯拉朽,不断地创造新的结构,从而催生出新的组合。创业不可能做到事事、时时都创新,但绝不可把创新固定于一时一事。创新特别是被验证的创新是应对不确定性和克服资源约束的重要手段,不可替代。创新也不局限于技术创新或商业模式创新,而是创业行为中的创新性,如创造性地整合各类资源。

第二节　创业的要素

为什么有的人选择自主创业做老板,而有的人却选择受雇做员工,虽然很难有一致的解释,但对能够获得创业要素以及要素之间的相互作用造就诸多创业者创建各具特色的新企业,大家却取得了一致的认识。创建一个新企业所需具备的条件,就是创业的必备要素。从管理学角度来说,企业可以看作是由人、资源、环境和组织四种体系构建起来的一个协作机构,因此,人、资源、环境和组织是创业活动中不可或缺的要素。

蒂蒙斯提出的创业要素模型在理论研究领域和实践管理领域都最具代表性,且所获得的认可度最高。蒂蒙斯享有"创业教育之父"的美誉,他在2014年出版的《新企业创立:21世纪的创业学》一书中提出了关于创业理论的基本框架,即著名的蒂蒙斯创业三要素模型,指出创业活动应该包含创业机会,创业者与创业团队,以及创业资源三大要素,是创业过程中最重要的驱动因素。创业机会是创业过程的核心要素,创业的核心是发现和开发机会,并利用机会实施创业,因此,识别与评估市场机会是创业过程的起点,也是创业过程中具有关键意义的阶段;创业者与创业团队是新创企业的关键组织要素;创业资源是创业过程的必要支持,为了合理利用和控制资源,创业者往往要设计模式最巧妙、使用资源最少的战略,这种战略的制定与实施对新创企业极为重要。

创业者在创业中的作用体现在与这三个要素的关系上,包括识别和确认创业机会、领导创业团队,以及获取和管理创业资源。蒂蒙斯的创业要素模型并没有孤立地看待这三类要素在创业活动中的作用,而是关注了不同要素之间的匹配程度与相互之间的关系,由于外在环境等因素对创业活动产生作用,使创业过程充满了各种风险,所以创业过程中三种要素可能会比重失衡,因此需要创业者对其不断进行调整。

一、创业机会

创业机会是创业过程的核心驱动力。创业活动围绕创业机会展开,如果没有机会,创业活动就成了盲目行动,难以产生真正的价值。创业机会有两种类型,一种可以理解为目标顾客的潜在需求,这种需求可能是未被满足的需求,也可能是未被充分满足的需求,是一种已经存在的需求;另一种是创业者创造出的机会,是一种新创的需求。这种机会与政府政策的改变与调整、行业技术创新密切相关。

创业的成功或许有一些偶然的因素，但不能将这些偶然因素全部归结为所谓的运气。事实上，只有那些勇于冒险并善于把握机遇的创业者才会成为最后的成功者。

（一）创业机会的定义

创业机会属于广义商业机会的范畴，但又不同于一般的商业机会。创业机会在于能经由重新组合资源来创造一种新的目的与手段（服务什么以及如何服务）之间的关系。有关创业机会的定义很多，比如蒂蒙斯认为，创业机会是可以为购买者或者使用者创造价值或增加价值的产品或服务，具有吸引力、持久性和适时性等特点。英国雷丁大学的马克·卡森（Casson）教授则认为，创业机会是可以引入新产品、新服务、新原材料和新组织方式，并能以高于成本价出售的情况。美国纽约大学的伊斯雷尔·柯兹纳（Kirzner）教授认为，创业机会是未明确市场需求或未充分使用的资源或能力，它不同于有利可图的商业机会，其特点是发现甚至创造新的目的—手段关系来实现创业价值，对于产品、服务、原材料或组织方式有极大的革新和提高效率的作用。

（二）创业机会类型

根据不同标准，创业机会的分类方法很多，下面简要介绍按照创业机会来源和目的—手段关系两种标准进行的创业机会分类。

1. 根据创业机会来源分类

根据创业机会来源不同，可以将创业机会划分为问题型创业机会、趋势型创业机会和组合型创业机会三种。

问题型创业机会是指现实中存在的未被解决的问题所产生的一类机会。如罗红创办好利来蛋糕店就是源于此。1990 年，身在四川雅安的罗红为了给妈妈过生日，寻遍了整个雅安市也没能买到生日蛋糕，由此萌生了开一家蛋糕店的想法，随后把想法付诸实施。

趋势型创业机会是指在变化中看到未来发展的方向，预测将来的市场潜力和机会。这种机会一般容易产生在环境动荡的时期,如经济变革、政治变革、人口变化、社会制度变革、文化习俗变革等。美国米勒啤酒公司就是基于对消费者饮用啤酒习惯变化的前瞻性预测,率先成功推出了口味清淡的啤酒,一举占领了全美市场。

组合型创业机会是指将现有的两项以上的技术、产品、服务等因素组合起来,通过实现新的用途和价值而获得的创业机会,如风靡全球的芭比娃娃就是一个典型的成功案例。泡泡玛特也是近年来在中国发展十分成功的案例。

2. 根据目的—手段关系的明确程度分类

根据目的—手段关系的明确程度不同,可以将创业机会划分为识别型创业机会(目的—手段关系明确)、发现型创业机会(目的—手段关系有一方不明确)、创造型创业机会(目的—手段关系均不明确)三种类型,如表1-1所示。

表1-1 创业机会类型

目的—手段关系	明确	不明确
明确	识别型创业机会	发现型创业机会
不明确	发现型创业机会	创造型创业机会

识别型创业机会是指当市场中的目的—手段关系十分明显时,创业者可以通过目的—手段关系的连接来识别机会。例如,当供求之间出现矛盾或冲突,供给不能有效地满足需求或者根本无法满足需求时,创业者容易识别出其中存在的新的机会。常见的创业机会大都属于这一类型。发现型创业机会指目的或手段任意一方的状况未知,等待创业者去发现机会。而创造型创业机会指的是目的和手段皆不明确,因此创业者要比他人更具先见之明,才能创造出更有价值的市场机会。在商业实践中,这三种类型的创业机会有可能同时存在。一般来说,识别型创业机会多处于供需尚未达到平衡的市场,创新程度较低,这类机会并不需要太繁杂的识别过程,只要拥有较多的资源就可以进入市场获利。而创造型创业机会的把握非常困难,它

依赖于新的目的—手段关系。创业者拥有的专业技术、资源、信息规模往往都相当有限,因此需要创业者具有敏锐的洞察力和创造性资源整合能力,同时还需要承担巨大的风险。发现型创业机会最为常见,也是目前大多数创业研究的对象。

创业机会无处不在,但很少有人能够真正抓住它。因为这不仅需要有一双发现机会的慧眼,还需要在发现机会时有能够迅速采取正确行动的能力。正如马克·吐温所说:"我极少能够看到机会,往往在我看到机会时,它已不再是机会了。"由此可见,成功的创业者的确在某些方面具有常人所不具有的一些特殊禀赋。随着研究的不断深入,人们发现其实创业机会的识别是有一定的规律和技巧的,掌握一些必要的有关创业机会的知识,虽然不能保证发现创业机会,却能给人们的行动提供有益的思路和指导。

识别创业机会的方法很多,如通过调查发现商业机会、通过系统分析发现商业机会、从顾客和客户的合理化建议中发现商业机会以及通过主动创造获得商业机会等。

二、创业者与创业团队

创业者及其创业团队是创业过程中的主导者和核心,是创业活动的发起者,也是创业目标的制定者、创业过程的组织者和创业结果的承担者。如果没有创业者及其创业团队的主观努力,创业活动是不可能发生的,在整个创业过程中,创业团队或创业者在本质上承担着动态管理和平衡风险与获取回报等职责,是创业成功的关键要素。1880 年,法国经济学家萨伊(Say)首次给出了创业者的定义。萨伊将创业者描述为将经济资源从生产率较低的区域转移到生产率较高区域的人,并认为创业者是经济活动过程中的代理人。当前,国内外学者将创业者的定义分为狭义和广义两种。狭义的创业者是指参与创业活动的核心人员,广义的创业者是指参与创业活动的全部人员。在创业过程中,狭义的创业者将比广义的创业者承担更多的风险,当然也有可能获得更高的收益。

创业是一项极具风险性的活动,其成功与否不仅与创业环境密切相关,还与创业者本身的素质有着最为直接的关系。创业活动的成败在很大程度上取决于创业者的个人素质。其中,心理素质、身体素质、知识素质和能力素质是创业者应该具备的最为关键的基本素质。创业者是创业要素中的核心因素,在创业活动中处于核心地位,是推动整个创业活动的管理者。机会是那些当前服务于机会的人在市场中留下的一个空缺,而创业者的责任就是要描绘企业的前景,发现尚未被开发的商业机会,组织协调不同职能部门中人的活动,给市场带来创新的产品或者服务。

创业活动可以由个人发起,也可由团队发起,所以创业团队的重要性不容忽视。相对于个人创业来说,团队创业往往拥有更多的创业资源和社会网络,能够实现单个创业者难以达成的创业目标。因此,团队创业越来越受到人们的重视和关注。创业团队是创业活动的组织要素,市场中不乏机会的出现,但创业者若没有建立起稳定的团队,把握住机会,创业活动也不能取得成功。一支强有力的创业团队不仅有助于构思出一个有发展潜力的创业机会,在推动机会实现的过程中,也能够利用团队成员的不同优势吸引并获取有利资源。

对风险投资家来说,优秀的创业团队是评价创业项目成功可能性的重要标准。而优秀的创业者以及创业团队必须具备善于学习、从容应对逆境的品质,并拥有高超的创造、领导和沟通能力。但更重要的是,创业团队必须具有柔性和韧性,能够适应市场环境的快速变化。创业团队成员在知识、专业技术、能力和创业经验之间的异质性和互补性也会影响创业效率。在整个创业过程中,创业者或创业团队必须依靠自身的领导、创造和沟通能力,来应对机会模糊、市场动荡、资本市场风险以及其他不确定因素导致的创业风险,并找出缩小差距的解决方案,及时调整机会、资源、团队成员之间的匹配度,吸引能为企业增添价值的关键合作者,只有如此,创业成功的概率才会大大提高。

三、创业资源

创业资源是指创业活动所需的各种要素和支撑条件,当创业者面临着很好的创业机会时,需要有相应的资源做支持,才能把握住机会,将其转化为价值。这里的资源包括资金、技术、设备、场地、人脉等。另外,资源还包括无形资产,如品牌价值、专利技术、公司声誉以及顾客的忠诚度,所有这些要素都可以用于投资。创业者的一个关键职能就是为企业吸引投资,并运用投资创造资产,这些资产可确保企业进行有竞争力的、有利可图的创新。当然,资源虽然很重要,但创业者也要警惕过分强调资源的作用。有些创业者坚信为了成功创业,必须让所需资源都到位,才能开展创业活动。这样的观念容易导致创业者错失良机;而成功的创业者会着眼于机会,尽快整合现有可利用资源,争取抢占行动先机,而不足的资源则在后续创业过程中不断补充和完善。

在创业过程中,创业者不仅要广泛地获取各类资源,更要善于利用这些资源。下面讨论取得创业成功所需要的四类重要资源。

(一)人的资源

人是创业活动中最活跃的资源。创业离不开人,离开了人,一切创业活动都会停止。与人相关的资源主要包括以下几类。

1. 创业者

创业者是主导企业生存和发展的领导人,是一种需要具有使命感、荣誉感和责任能力的人,是一种组织与运用服务、技术、设备作业的人,是一种具有思考、推理、判断能力的人,是一种能使人主动追随并在追随的过程中获得利益的人,是一种具有完全权利能力和行为能力的人。创业既可以由个人来担当,也可以由一个团队来执行。创业团队是由具有不同经验背景、知识和技能的个体组成,有着相同的愿景和使命,相互协同作业以实现共同目标的正式群体。人的行为动机是由需求引起的,而创业对创业者来说,是一种行为方式的选择。研究发现,个人特质是做创业者的前提条件。创业者的外向、讨人喜欢、勤奋、能接受新思想以及敏感的特质,加上其突出的创新能力是创业最终能够成功的第一资源。

2. 企业内部的员工关系

除了创业者个人及创业团队外,创业过程中人的资源还包括企业内部的员工关系。建立积极正向的员工关系可以吸引且留住核心员工、提高员工生产力、增加员工对企业的忠诚度、降低旷工和缺席率、提升工作士气、提升公司绩效。新创企业要想在激烈的市场竞争中获得主动权,就必须将员工关系管理作为一项重要工作来做。谁能留住那些能给企业带来丰厚利润的核心员工,并赢得他们长久的信任和忠诚,谁就能获得满意的客户投资回报,进而获得持续发展的竞争优势。而员工对企业的信任感和忠诚度,主要由他们对企业所提供的绩效承诺和激励过程中获得的价值及由此感受到的心理满意程度决定。员工满意度越高,就越容易为企业创造利润。关注员工关系不仅意味着要重视员工关系管理,更要重视员工彼此之间的差异性,即要为员工提供个性化关系管理。

3. 企业外部的公共关系

创业过程中人的因素还包括企业外部的公共关系。外部的公共关系是指与其运行过程发生一定联系的所有外部关系的总和,主要包括:消费者关系、社区关系、政府关系、媒介关系、竞争关系、经销商关系、供应商关系等。企业不是一个"井底之蛙",而是一个面向其他组织和全社会开放的大系统,不仅需要处理好员工关系,还要处理好与股东、消费者、商业合作伙伴、竞争对手,以及政府职能部门等不同组织之间的关系。树立一个良好的公共关系形象,有利于新创企业的健康成长与和谐发展。

(二)物质资源

物质资源主要指企业进行生产经营活动所需并拥有的土地、厂房、建筑物、构筑物、机器设备、仪表、工具、运输车辆和器具、能源、动力、原材料和辅料等。物质资源也是创业过程中不可或缺的条件,获取物质资源的能力决定了创业者能开创什么样的基业。如创建一个生产型企业,首先需要原材料、生产设备、厂房以及运输工具等物质资源,然后才能生产出满足市场需要的产品。创业过程中对物质资源的需求主要源自对资金、技术、原材料及产品、生产手段等方面的获取。

1. 创业资本

创业资本是指创业者进行创业时前期的资本投入,主要包括自筹资金和社会筹资。自筹资金包括自己的储蓄或者向亲朋好友借贷所得的资金。社会筹资是通过提供高价值的固定抵押物,向银行等金融机构贷款,或者通过熟人或网络向非正式金融机构借贷。要想创业,除了具备创业家的素质和选择合适的技术项目,还需要具有一定的资金,否则只是空谈。从创业的角度看,创业资本是创业的关键元素。台湾一家企业咨询公司总结了近千家创业企业失败的原因,其中创业资金的匮乏是最重要的原因。这恰好印证了"钱不是万能的,但创业没有钱是万万不能的"。资金是创业的基础保障,从厂房、生产设备、技术(专利)、原材料,到员工的工资等,都需要大量的资金支持,以维持创业活动正常进行。

2. 技术

技术是将知识运用到实践中的手段、方法、工具或途径,包括关键技术、专用生产设备、工艺制造流程、作业系统等。创业技术,更多指的是围绕创业过程中涉及的创意、市场知识、落地技能和商业模式等。创业者拥有独特的能够满足市场需求的技术是创业成功的另一关键元素。很多创业者凭着一项技术而创造出一番伟业。适合的技术犹如竖起的一道屏障,能够为创业者在立足之前挡住竞争者来争抢市场,从而大大提高创业成功的机会。

3. 原材料及产品

原材料是指企业在生产过程中经加工改变其形态或性质并构成产品主要实体的各种原料及主要材料、辅助材料、燃料、修理备用件、包装材料和外购半成品等。对生产型企业而言,原材料及产品是创业活动得以进行的必备条件。即使创办一家服务型企业,也需要依托有形或无形的产品做载体,来完成投入与产出价值创造过程。

4. 生产手段

生产手段是投入与产出之间的一个"转换器",对于生产型企业主要是指作用于生产对象,实现由原材料投入到产品产出的手段,包括各种工具、设备、设施等。生产手段影响生产效率,一定程度上制约着生产成本和产品质量。对企业而言,生产手段既可以是设备、工艺以及相关技术人员,也可以是一种独特的商业运行模式。

(三)环境资源

企业的环境资源包括土壤、水、空气、动物与植物、市场竞争程度等。环境的变化决定了创业者可以做什么以及不可以做什么。创业环境因素会影响人们对创业机会的识别和对创业成功可能性的判断,从而影响创业决策。良好的创业环境,有利于人们最大限度地发挥创业精神。创业中的挑战就是要从环境中获得资源,并且与已拥有的其他资源进行整合,建立起一个高效配置资源的成功组织。环境施加的威胁和压力,是任何竞争市场中与生俱来的制约因素。这些制约因素主要来自政府政策环境、经济环境、技术环境、社会人口统计环境以及生态环境。环境始终处于动态变化和不确定性之中,充满着复杂性和风险性,创业者必须时刻监控外部情况和演进趋势,以便于对组织和战略进行调整,从而取得创业的最终成功。

(四)组织资源

组织资源是指企业总体水平上的资源与能力指标,是个体资源的应用与整合,主要体现在企业形象与声誉、企业文化与精神风貌、组织的协调能力、学习能力与应变能力,是创业协作体系的核心。彼得·德鲁克认为组织是能使个人才干得以增值的一种工具。也就是说,只有通过企业这一组织形式,才能为个人和社会创造出更多更好的新价值。创业者及员工作为最活跃的生产力资源,必须借助企业的组织形式,才能在创业活动中发挥作用。

1. 决策能力

决策能力是决策者所具有的参与决策活动、进行方案选择的技能和本领。决策能力是在人的生理素质的基础上,经过后天教育和培养,在实践活动中逐步形成和增强的,是人的智慧、经验和知识的综合体现。决策是创业活动的重要环节,既包括对创业目的的规定,也包括对实现手段的决策。新创企业的成长与发展很大程度上取决于组织决策的正确性和准确性。创业者经营时必须有战略眼光,能根据外部环境的变化迅速做出决策,企业的任何一项决策都将涉及企业、社会甚至整个国家的利益,所以,创业者及创业团队的决策能力对创业成功与否起着十分重要的作用。

2. 创建组织

创业通常由一个团队来进行,因此,需要先选择合适的团队成员,建立合适的组织机构,设定具体职位与相应的岗位职责,对团队成员进行合理管理,通过分工与协作,有条不紊地完成创业中的各项活动。

3. 激励员工

激励员工是指通过各种有效的手段,对员工的各种需求予以不同程度的满足或者限制,以激发员工的需要、动机和欲望,从而使员工形成某一特定目标并在追求这一目标的过程中保持高昂的情绪和持续的积极工作状态,充分挖掘其潜力,全力实现预期目标的过程。创业需要最大限度地调动每个员工的积极性,因此激励员工为企业目标而奋斗是创业活动的重要内容。人心齐,泰山移,增强创业管理团队的凝聚力,是新创企业提高人力资源管理效能的一项不可忽视的重要工作。

4. 领导

领导是在一定的条件下,指引和影响个人或组织,实现某种目标的行动过程。其中,把实施"指引和影响"的人称为领导者,把接受"指引和影响"的人称为被领导者,"一定的条件"是指所处的环境因素。领导的本质是人与人之间的一种互动过程。对于创业成功而言,领导是关键。创业者在创建新企业的过程中,要扮演多个不同的角色,承担不同的职能,领导的职能无疑是最重要的。群龙无首的企业注定不能成功,创业者作为领导的作用在创业活动中没有任何因素可以替代,具有高超的领导能力才是创业者创业成功的必备条件。

创业过程是一个不断取得成功或遭遇失败的学习过程。创业组织是一个不断从成功或失败中吸取经验和教训,从而发展壮大的学习型组织。创业组织必须根据环境和市场的变化调整自己,能够随时对机会和挑战做出反应。组织的各种资源、组织结构、组织规模、制度等随着环境的变化和组织发展不断改进和完善,从而使组织在不断的学习和成长中获得更大的成功。创业过程是一个从创建组织、学习到成功的动态发展过程,在激烈竞争的市场环境中,创业者必须学会开放性地学习,才能不断获得成功。

从创业活动发挥作用的过程看,无论是创业机会、创业者与创业团队,还是创业资源,并没有优劣之分,重要的是三类要素是否能够实现匹配与平衡,因为在创业这样一个充满模糊性和不确定性的环境中,机会、资源、创业者与团队之间的适配程度是创业成功的基本保证。首先,创业者需要评估和确定商机,并分析当前面对的创业风险。由于外部环境的模糊性和不确定性,商机往往会伴随一系列的创业风险,例如技术风险、市场风险、竞争风险、管理风险和财务风险。为了更好地把握商机,创业者需要积极思考企业应采取哪些措施才能尽量规避或降低创业风险。其次,创业者需要组建合适的管理团队,而目前的创业团队是否适宜在很大程度上取决于团队整体能力是否与商机相匹配,这就要求创业者在创业过程中不断评估、优化和调配创业团队。最后,创业者必须不断了解商机与资源之间的缺口,并及时调配资源来填补缺口。在创业过程中,由于资本市场环境和其他外生因素所带来的不确定性,创业者想要获得成功,必须积极思考如何利用最少的、最必要的资源将一切做得更好,创业者只有努力做到这些,创业计划才能顺利开展。

随着创业活动的开展,创业机会、创业者与创业团队、创业资源这三类要素并不是一成不变的,而是在不同创业阶段,其相对重要性会发生改变,由于受到机会模糊、市场不确定、资本市场紧缺以及外部环境变化等因素的影响,创业过程往往充满风险,创业者必须依靠自己的领导、创造和沟通能力来发现和解决问题,掌握企业不同成长阶段对创业效果具有重要影响的关键要素,并及时调整机会、资源、创业者及团队三者的组合搭配,以保证创业企业的顺利成长与发展。例如,在创业初始阶段,创业者可能拥有较好的创业机会,但可利用的创业资源较为缺乏;随着企业的发展,创业者拥有的资源种类与数量都有所增加,但由于竞争者也识别到该领域有利可图,导致原有的机会变得相对有限。良好的创业管理必须能够根据创业活动重心的变化及时调整策略,以保证创业过程重新恢复平衡。创业过程实际上是创业机会、创业者与创业团队、创业资源三个要素之间相互作用,由不平衡向平衡发展的过程。

创业是开办新企业。

创业是开创新事业。

创业是一门学科。

创业是一个寻找机会、利用资源、开发产品、制订和实施计划的过程。

创业是把想法变成现实的过程。

人人都是创业者。创业不是少数人的事情,而是与每个人息息相关。创业就是创造价值的过程,人人是创造之人,天天是创造之时,处处是创造之地。创业,并非遥不可及,它就在你我身边,只要努力尝试,寻求突破,实现价值,人人都可以是创业的践行者。

每个人都有梦想,通过行动和创造把梦想变为现实的过程,实际上就是一种创业过程。从这个意义上说,人生就是一个不断创业的过程,人人都是创业者。

创业者的面孔不再只是大家熟悉的企业家们,还包括我们每一个人。

可能是一个科研工作者,正在研发一种新型材料。

可能是一个教师,正在设计一门新的课程。

可能是一个大学生,正在组建一个新的社团。

可能是一个主持人,正在组织一场演出。

可能是一个列车长,正在操控一辆列车运行。

可能是一个漫画创作者,正在创作一组漫画作品。

…………

德鲁克指出,创业不是魔术,并不神秘,与基因也无关。创业是一门学科,像其他学科一样,是可以通过学习掌握的。创业的过程包含很多通用的思考和推理,也就是创新创业精神;创业过程中也包含行动和方法,做出行动和使用方法可以改善人类的生活质量。这个世界比任何时候都需要各式各样的创业者,他们像企业家一样思考和行动,他们能够把机会变成现实,并且为自己和他人创造经济价值与社会价值。

第三节 创业过程

创业是一种复杂的社会现象。创业活动涵盖新技术开发、产业化经营、资源的合理获取和有效利用以及一系列复杂的商业活动。因此,创业所涉及的各个环节并不是孤立的,创业者需要从战略角度全面把握创业的整个过程。

创业过程是一个连续不断地寻求机会、团队与资源三要素匹配和平衡的行为组合过程。对于上述三要素，它们之间并不能形成一种绝对稳定的状态，然而对于任何新创企业来说，都期望自身能够得到稳定的发展，这就需要让三要素处于一种动态平衡的状态。对创业者与创业团队来说，需要兼具较强的协调能力、敏锐的商业嗅觉，不仅要有风险意识，而且能够对机会做出理性的判断。通过做出最优决策，合理配置现有资源，完成对机会的把握，以帮助推进创业进程。

一、创业过程的含义

创业过程可以从广义和狭义两个角度来认识。广义的创业过程通常是指创业者通过对创业机会的识别形成创业决策，并注册创建新企业，以及对新创企业进行管理的过程。而狭义的创业过程仅是指新企业的创建。很明显，广义的定义更能反映创业活动的实际过程。

创业过程是指创业者发现和评估创业机会，并且将创业机会转化为创业者对新创企业的成长进行管理的过程。在早期研究中，创业过程通常与组织这一要素紧密相连。加特纳(Gartner)认为创业过程就是新组织的创建过程。卡茨(Katz)和加特纳对组织的创建过程进行了细致的分析，提出组织创建的四个必要条件：为了创建组织而收集的信息、市场进入壁垒、必要的财务资源、与外部供应商和消费者的联系。在近期的研究中，学者们从不同角度对创业过程进行深入理解和阐述，逐渐意识到创业过程不应当局限于单纯的新组织创建。巴韦(Bhave)认为创业过程是一个理性、非线性、反复修正的过程，包括最初的商业机会识别、产品生产线的建设、组织的创建、市场上的交易以及顾客的反馈等。根据巴韦的研究成果，一般性的创业过程为：寻找商机—萌生创意—撰写商业计划书—筹集资金—组建团队—开发产品—新品发布—快速增长—IPO(Initial Public Offering，首次公开募股)—成功退出等。此路线并不完全准确，无法涵盖所有企业的成长轨迹，在实际创业活动中可能会有该流程中局部循环的过程，又或者其他情况的发生。

二、创业阶段划分

随着时间的推移，创业活动将经历四个紧密联系的不同阶段。具体来说,创业过程主要包括以下四个阶段:一是创业理解阶段,二是创业准备阶段,三是创业实施阶段,四是创业管理阶段。(见图1-1)

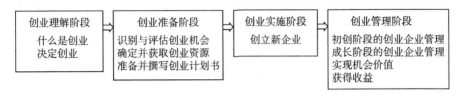

图1-1　创业过程的四个阶段

(一)创业理解阶段

与其羡慕做雇佣型的就业者,不如做创业型的自我雇佣者。在理解"创业是什么"的时候,应认识到创业活动首先取决于个人是否决定成为创业者。不少人是因为看到了创业机会,受潜在收益的诱惑激发了创业动机,进而成为一名创业者或创业团队中的一员。当然,有时候一个触发事件也会促使个人成为创业者。例如,某人突然下岗失去了工作,从而走上自我创业之路;某人得到一笔遗产,平生第一次有资本去创办自己的企业。或者生活方式变化也可能触发创业生涯,如身为母亲的女性可能会一直等到最小的孩子上学后才决定创建自己的企业。

(二)创业准备阶段

许多新创企业没有安全度过42个月的创业初期就夭折了,不是因为创业者不够努力,而是没有准确识别创业机会。开发成功的商业创意,包括商业创意的发掘、初筛、可行性分析以及商业模式的开发。创业计划是帮助创业者筹资和吸引商业伙伴的有效工具。制订创业计划也是明确新创企业的发展战略、资源和人员要求的最好方式之一。创业准备的这一过程称为"临渊羡鱼不如退而结网"的孕育、谋划阶段,收获的创业感悟是:创意得来终觉浅,捕获商机要评估。创业准备阶段可以细分为如下几个步骤。

1.识别与评估创业机会

识别创业机会是指通过对可能成为创业机会的各类事件进行分析,进而对后续结果做出预判。识别创业机会是创业过程的核心,也是创业管理的关键环节,包括发现商业机会与评价机会价值两方面。创业往往是从发现、把握、利用某个或某些商业机会开始的。创业机会也被称为商业机会或市场机会,是指具有较强吸引力的、较为持久和适时的有利于创业的商业机会,创业者据此可以为客户或消费者提供有价值的产品或服务,并同时使自身获益。创业机会的出现往往是因为政策法规的调整、技术革新、消费者偏好发生变化以及各种其他因素的影响。

创业过程的第一个阶段是识别创业机会。创业机会的识别是创业过程的起点,是创业的首要环节,也是创业过程的核心。在这个阶段,创业者要发现市场机会、预测创业价值、分析市场竞争状况、评估市场风险并对自身的创业条件以及创业时机等进行评估和分析。在这个阶段,发现机会并对机会进行合理评估是最为关键的环节。例如,奇虎360公司敏锐发现免费杀毒软件的市场机会,采用免费的商业模式,颠覆了传统互联网安全保护需要付费的概念,改变了市场格局,迅速成长为中国最大的互联网安全服务提供商。马化腾早期创业阶段,做出了一个即时通信软件,该软件最早上线是在1999年2月10日,经过几个月的摸索,这款产品终于找到了方向,随后用户量保持快速增长,仅仅用了一年时间,就已经有几千万的用户。

2. 确定并获取创业资源

创业资源是指新创企业在创造价值的过程中需要的特定的资产,包括有形资产与无形资产,是新创企业建立和运营的必要条件,主要表现形式为:创业机会、创业资本、创业人才、创业技术和创业管理等。创业者获取创业资源的最终目的是组织这些资源,追逐并实现创业机会,提高创业绩效并获得创业成功。资源是创业的基础性条件,是创业者开发机会的重要手段。每个人直接掌握的资源是有限的,这就需要创业者善于整合外部的资源,来实现自己的创业理想。

成功创业需要的资源主要包括必要的资金支持、创业所需的技术和人才、市场及政策信息、关系网络、营销网络等。创业所需的资源主要有两个,一是自有资源,二是外部资源。自有资源是指创业者自身所拥有的可用于创业的资源,如自有资金、技术和其他物质资源,自身获得的创业机会信息,自建的营销网络以及创业者自身的管理才能等。外部资源是指其他企业的资源和公共资源等。对于创业者来说,有效运用外部资源是一种非常重要的手段,关键是具有资源的使用权并能控制或影响资源部署。外部资源包括商业伙伴或风险投资者提供的资金、空间、服务、设备或其他原材料等。

3. 准备并撰写创业计划书

（1）创业计划书的定义

创业计划书是创业者描述创建一个新企业的基本思想以及对企业创建有关事项进行总体分析和安排的综合性文本。作为创业实践的规划性文件,创业计划书应重点回答"5 个 W"和"1 个 H"的问题,即我们是谁（Who）、做什么（What）、为什么要做（Why）、何时做（When）、在何地做（Where）以及如何去做（How）。一份好的创业计划书可以较为全面地描述创业过程的各个要素和创业实施的内在逻辑。

对于每一位创业者来说,撰写创业计划书是一项非常重要的工作,具有很强的目的性和现实意义。创业计划书能够为项目的发展提供指南,同时能够吸引创业融资;撰写创业计划书可以使创业者发现推进项目所必需的资源,了解所需资金、人员、设备等各方面的情况;创业计划书还能展示项目的商业价值,有助于增强创业者、风险投资者以及员工对企业发展的信心,从而得到各方的充分理解与支持。

（2）创业计划书的主要内容

1）企业概况。企业概况即企业简介,是指通过文字和图片资料向社会公众介绍企业基本情况和经营战略的文案。主要介绍企业名称、企业的法律性质、设立时间、开办地址、所属行业、注册资金、建筑面积、技术装备条件、生产经营范围、主要产品结构、企业发展战略、经营理念等情况。主要阐述企业背景和发展立足点,包括企业定位、企业战略以及企业成功的关键因素等内容。

2）行业分析。行业分析是指根据经济学原理,综合应用统计学和计量经济学等分析工具对企业所处行业经济的运行状况、产品生产、销售、消费、技术、行业竞争力、市场竞争格局、行业政策等行业要素进行深入分析,从而发现行业运行的内在经济规律,进一步预测未来行业发展的趋势。行业分析主要对企业所在行业的现状和前景进行分析,不仅需要考虑行业结构、市场大小、企业的成长趋势和竞争者,还需要考虑新产品、新市场、新顾客、新进入者和退出者以及其他对企业产生正面或负面影响的行业或经济因素。

3)市场营销计划。市场营销计划是商业计划的重要组成部分。通常以年度为基准,着眼于与营销组合变量(产品、价格、分销及促销)有关的决策,并考虑如何实施所拟订的具体内容与步骤。无论创建的企业属于何种类型,具有多大的规模,每一个创业者都需要编制市场营销计划,且需要每年制订。市场营销计划主要对如何达到销售预期进行分析,需要详细说明发掘创业机会和竞争优势的总营销战略,而且要明确做什么、怎样做、何时做以及由谁来做。

4)管理组织计划。主要概述企业的组织结构设计,包括对组织内各种不同岗位与职责的全面计划,对各种工作难度及所需要人才特性的分析,描述关键管理人员及其主要职责、企业所有权与董事会状况、绩效考核制度、奖惩制度以及任用标准与培训计划等,对职位及指派哪些人执掌下属各个部门进行分析,建立一套组织管理结构和管理系统。

5)财务计划。财务计划指企业以货币形式预计计划期内资金的取得与运用,协调安排计划期内投资、筹资以及各项经营收支及财务成果的书面文件。它是企业经营计划的重要组成部分,是进行财务管理、监督的主要依据。财务计划是在生产、销售、物资供应、员工工资、设备维修、技术组织等计划的基础上编制的,其目的是为财务管理确定具体量化的目标。财务计划主要包括企业融资的时间、数量,资金的用途、投向何处,以及企业未来的财务状况等。

6)风险分析。风险分析是确定和评估可能对组织内的关键项目和计划产生负面影响的潜在问题和担忧的过程。风险分析需要识别和测算风险,开发、选择和管理方案来解决风险问题。完成此过程是为了使企业可以避免或降低这些风险。风险分析主要是确认投资计划的风险,并用数据来衡量风险对投资计划的影响,目的是向投资者说明控制和规避风险的策略。

7)创业计划执行纲要。主要描述创业机会获得成功的条件、能够将创业机会付诸实施的主体、企业如何进入市场并实现市场渗透等。执行纲要对筹集创业资金非常重要,因为它是投资者会具体阅读的部分,如果没有吸引力和说服力,投资者将不会浏览全部内容,也就无法得到与投资者面对面讨论或向投资者进行演示的机会。

(3)创业计划书的撰写要求

成功的创业计划书要主题明确、表述准确、内容充实、结构合理,完整且有逻辑性,能够清楚、简洁地描述和分析创业活动;要重点突出、论据充分,阐述关键风险和假设,说明为什么在这些情况下可以创业以及如何创业;要论证严谨、方法科学,揭示现存问题或潜在问题;要分析规范、文字通畅,突出自身的竞争优势和创业者的创造性洞察力等;要了解目标投资者的关注点和兴趣,说明投资者如何盈利;同时计划书也要排版规范、装帧整齐,具有可读性,做到通俗易懂。

(4)创业计划书的展示

1)项目路演及其价值。创业计划书的展示又称项目路演,是指企业代表在讲台上向台下众多的投资方讲解自己的企业产品、发展规划、融资计划。项目路演是实现创业者与多个投资者零距离对话、平等交流、专业切磋的一个重要渠道,可以促进创业者和投资者之间的充分沟通和深入了解,最终推动创业项目汇集资源的进程。

2)项目路演流程。项目路演虽然没有固定的汇报流程,但是存在相对有效的思路和认知逻辑。其流程大致可以分为以下几个步骤:

第一,简要介绍自己与企业品牌。

第二,直击痛点,明确项目定位。

第三,对创业优势进行分析,表明在市场中该项目具有超越对手的巨大潜质。

第四,介绍并演示推出的产品或服务,详细说明该产品或服务如何解决痛点问题,目前该产品或服务是否成熟,未来将会遇到什么样的困难等。

第五,说明项目取得的阶段性成就,展示现有的运营数据和成果以及其他能够证明该项目具有潜在市场价值和未来发展潜力的支撑性材料,如媒体报道、专家推荐等。

第六,介绍项目团队及核心成员,强调团队成员能够各司其职且相互配合,以强化投资者对项目顺利执行的信心。

第七,展示项目的财务预估和融资信息,介绍融资目的、融资对项目的促进、效能预测和融资使用计划等。

第八,说明项目需要哪些资助及其具体数额,以及将向投资者提供哪些投资回报。

(三)创业实施阶段

心动不如行动,但要知道如何行动。将创业计划变为现实的第一步是创建一个新企业。采取的行动包括选定拟建企业的法律组织形式。一旦选择"有限责任公司"作为新创企业的法律组织形式,接着就是要按照我国公司法以及公司章程的有关规定,选聘董事会成员并成立董事会,选聘顾问委员会等,组建企业的最初管理团队。公司营业执照办理、税务登记、银行开户等事务性工作完成后,新创企业就可以开始运营了。此时,以一个合法的企业法人组织身份去开展创业融资活动,更容易、更可信,也更可行。新公司的建立或新业务的开发是评价创业者创业行为的直观指标。建立新公司需要做的事情多且杂,包括工商注册、选址、制度设计、营销渠道等。在公司初创期,由于各种压力,创业者容易忽视这些工作,任何一件事没有做到都可能为今后的发展带来隐患。

(四)创业管理阶段

激烈的竞争环境要求对新成立的企业倍加呵护以促进其健康成长,确保企业能够持续发展,这是创业过程的终极目标。创业管理的这一过程可被称为"路漫漫其修远兮,吾将上下而求索"的成长、持续发展阶段,得到的创业感悟是:创业犹如针挑土,败业犹如浪淘沙,管理细节决定创业的成败。

1. 初创阶段的创业企业管理

在企业初创阶段,往往会出现以下几方面的问题。

一是资金紧张,市场开拓不畅。创立初期,创业者往往会低估企业对现金和经营资金的需求,这与创业者过于乐观、目标制定得过高有关。另外,企业在初创期,各方面资源都需要较大的投入,尤其是当产品或服务销售快速增长时,为支撑这种增长,就需要大量的资金,这时初创企业难免会遇到资金周转方面的困难。此外,由于新创企业缺乏市场开拓经验,面对瞬息万变的市场环境,往往会行动滞后,处处被动,从而导致市场开拓不顺,市场局面难以打开。

二是制度有待完善。企业创立初期,许多制度刚刚建立起来,还不够完善。有不少问题是伴随经营活动而不断产生的。因此,企业要不时面对毫无准备的各种例外情况,如供应商推迟送货、客户投诉、竞争对手恶意竞争、员工消极怠工、经销商不履行承诺等。这些问题很难在企业初创时都考虑到,这时应不断积累经验和教训,寻找最佳的解决办法,并据此制定完善相应的规章制度,以便今后方便处理类似的问题。

三是因人设岗。初创期的企业,由于经营规模普遍较小,很多人的角色是重叠的。如一个小饭店的老板可能既是所有者、管理者,同时又是采购员、服务员、会计兼出纳,甚至还可能是厨师。这时企业是围绕人而不是围绕工作本身进行组织建设的。随着企业规模的扩大,创业者的精力和能力都无法适应新的经营需求,需要适度放权或是进行组织再设计,因事设人。如果创业者不能很好地接受这种角色的转变,很可能使企业的发展遭遇严重的瓶颈。

针对以上问题,在新创企业的管理过程中,应重点做好以下管理工作。

第一,加强财务管理工作,多方筹措资金,并加强成本控制,在预算的限定下开展经营活动。

第二,将资源优先投入市场开拓活动中,在最短的时间内迅速打开市场。如果市场开拓不利,新创企业就很难生存和发展下去。所以在创业初期必须把市场营销工作作为企业的管理核心。

第三,完善各项管理制度,注重职能管理。初创企业管理往往比较粗犷,管理的权力较为集中,创业者主要依靠人格魅力和个人权威进行管理,这在组织规模较小、企业业务较为简单时尚能适用,一旦企业规模扩大或是业务变得复杂,必然会出现创业者有心无力的情况。因此,新创企业应尽早完善各项管理制度,充分发挥管理的计划、组织、领导和控制职能,规范各项管理工作,努力做到工作有计划、组织有保障、领导有力度、控制有标准,使新创企业的管理逐渐快速步入正轨。

2.成长阶段的创业企业管理

(1)创业企业成长阶段的特点

企业创建以后不是一成不变的,而是会经历不同程度的成长。一般而言,企业创建之前的 3 年时间,通常被称为研究与开发阶段。创建之后的前 3 年为起始阶段,该阶段企业面临的经营风险最大,特点是创业者和关键团队成员直接驱动企业前进。在这一阶段,企业在关键群体、市场、财务和竞争力方面已奠定了一定的基础,同时也获得了投资者和消费群体的信任,但是在此阶段创业企业的失败率较高。之后,创业企业开始进入快速成长阶段,此时企业的销售额变化幅度很大,创业者也面临非常大的挑战,如创业者为了做出关键决策,不得不放弃拥有的某些权力,在不放弃根本领导权并对结果负责的前提下下放一些关键权力。而后,企业从快速成长阶段进入成熟阶段,在该阶段,企业面对的关键问题不再是生存问题,而是稳定成长和盈利能力。最后是稳定阶段,在这一阶段,企业发展平稳,有一定的盈利能力,在行业中也具有一定的竞争力,但同时企业依然要有居安思危的意识,为长期持续发展做出努力。

(2)创业企业不同成长阶段的管理方式

创业企业在不同的成长阶段,会出现不同程度的增长,也会存在不同的问题,因此管理方式也应不断进行调整。

1)研究与开发阶段。在创业团队方面,创业者要关注创业企业的销售能力,即创业团队要具备经营企业所必需的销售能力,并及时制订企业计划;关注企业的管理能力,即创业团队要具备必要的管理技能和相关经验,能够胜任相关专业领域的工作。在经营运作方面,企业经营要以客户、消费者和市场需求为导向,根据自身情况进行合理定位,并制定完善的战略,明确经营目标。在资源方面,企业首先要整合自有资源,明确自身欠缺的资源以及如何获取这些资源,而后再通过各种方式获取外部资源。

2)起始阶段。在创业团队方面,创业者要协调好成员之间的关系,明确各自的权力和职责,以保证企业能够有序运营,明确企业发展目标,保证目标的一致性。在经营运作方面,企业要及时洞察市场的变化趋势,有充分的准备来应对突如其来的问题,如市场上出现新的竞争对手和替代品等,检验以往制定的经营战略是否得当,并根据现存问题适时调整战略。在资源方面,创业者要合理配置资源,严格按照之前制订的计划执行。

3)快速成长阶段。在创业团队方面,创业者要重点思考促进企业长期发展的战略,根据企业的规划推进管理工作。在经营运作方面,创业者要关注企业的销售收入是否达到预期,销售计划是否在行业内有一定的经营优势,如果在这些方面存在问题,就需要审视哪些环节存在问题并提出相应的解决措施。在资源方面,创业者要根据现金流的状况考虑是否需要融资,以及通过哪种方式进行融资,同时还要控制财务成本,保证企业的利润率。

4)成熟阶段。在创业团队方面,创业者要重点关注团队成员之间的关系问题,团队合作是否顺畅,团队成员是否经过长期磨合后在目标、价值观等方面依然存在矛盾和冲突,是否存在团队成员对工作不满等问题;密切关注团队成员的工作热情,在发现问题后要及时解决以避免后期问题恶化。在经营运作方面,要重点考虑已有的产品和服务是否依然能够满足市场需求,是否需要拓展产品线或开发新产品,针对这些问题提出相应的计划。在资源方面,企业要整合现有资源,并不断挖掘外部资源以保证企业高效运转。

5)稳定阶段。在创业团队方面,创业者要重点考察成员的团队合作能力,在工作分配方面是否合理,工作效率如何,同时还要注重提高团队成员的士气,通过各种激励措施调动成员的工作积极性。在经营运作方面,创业者要重点提高企业的创新能力,不断在业务方面取得突破,形成企业特有的经营优势,同时还要提升企业的盈利能力,创造更多的企业财富。在资源方面,创业者应当考虑是否能够通过新技术的应用来降低运营成本,同时还要考虑资源配置是否合理高效,资金运用是否得当,为企业未来的发展奠定良好的资源基础。

3.实现机会价值

创业者无论是对现有资源进行整合,还是到未知领域进行开发,其本质都是机会价值的实现,进而实现其自身的根本目的,即达成原始创业目标。俗话说创业容易守业难,创业者应当充分了解公司成长的脉络与进程,擅于发现并捕捉机遇,洞悉市场潜在威胁,进而采取有效措施予以防范和解决,

以帮助公司在复杂多变的市场大环境中健康成长,最终实现利益最大化。

4.获得收益

创业活动的最终目的是获得收益,只有正向得利才能有助于强化创业者和创业团队成员对事业的执着。对于创业者和创业团队来说,创业成功可以充分体现自我能力,提升自我价值,同时获得财富。而社会收益是创业者在"看不见的手"引导下做出的贡献给社会的财富,也是成功的创业者对社会提供的创业环境的回报。

由于创业是一项高度综合、复杂的动态管理活动,在创业过程中需要认识到以下几点。

第一,创业最重要的是平衡风险。创业是一种思考、推理和行动的活动,它不仅会受到创业机会的制约,还要求创业者有完整缜密的实施方法和讲求高度平衡技巧的领导艺术。创业不仅能为创业者,也能为所有参与者和利益相关者创造、提高和实现价值,或使价值再生。商业机会的创造和识别是这个过程的核心,随后就是抓住商业机会的意愿与行动,这要求创业者有甘冒风险的精神。创业者面对的既有个人风险,也有财务风险,但所有风险都必须是经过提前计算的,创业者要不断平衡风险和潜在回报,这样才能掌握更多的胜算。创业者还需要精心规划战略来合理安排有限可用资源。

第二,创业不仅仅是注册创办一家新企业。现在的创业已经超越了传统的创建企业的概念,而是把各种形式、各个阶段的公司和组织都包括进来。因此,创业可能出现在新公司和老公司中、小公司和大公司中、高速发展的公司和缓慢发展的公司中、私人企业和大学生等创业群体中,创办企业只是创业的最初内容。

第三,创业需要把握创业机会。创业机会在被发现之前可能只是一个看似没有潜力或潜力很小的机会。在很多时候,被一些风险投资者否决的项目,到了另外一些风险投资者那里却能创造出传奇式的成功故事。例如,在国外相当受欢迎的个人财务管理软件 Quicken 的制造公司——直觉公司,创业初期曾被 20 个风险投资者否决,但公司的创始人一直没有放弃,最终获得了资金支持。

第四,创业需要随时做好准备。技术、市场、竞争的高度动态性和易变性的特征,使创业者不可能完全了解市场行情和竞争对手的现状及未来,创业过程中需要随时应对各种不确定性的挑战。所以,创业者及其团队必须培养起一种善于规划和随机应变的习惯,不断综合大脑信息和内心感受,不断对做出的决策进行重新评价,直到这个过程成为自己的"第二天性"。此外,创业者还需要做好应对创业失败的准备,将失败视作成功的铺垫。

第五,创业是无序且不可预测的。创业的世界充满着矛盾和混乱。昨天的规律到了今天,也许成了一纸笑谈,而到了明天,可能又会成为金科玉律。如果创业者总是认为市场应该按照自己的预测去发展,那么就会被市场淘汰。要想让企业茁壮成长,创业者不仅要擅长辨别各种模糊、混沌和不确定性状况,还要掌握颇有预见性的管理技巧。

第四节　创业类型

任何人都可以创业,那么选择怎样的创业形式? 开展什么样的创业活动? 这些问题是立志成为创业者的人必须弄清楚的问题。创业往往涉及机会、情境、思维、人、资源、行动和结果等维度。创业在这些维度上的变化,会带来不同的创业类型和创业形态。例如,在"人"的维度上有女性创业、学生创业、用户创业等;在情境维度上有非正规创业(制度情境)、家族创业(家族情境)、农村创业(农村情境)、国际创业(国际化情境)等;在思维与行动维度上有战略创业、假设驱动型创业等,不一而足。

一般而言,创业类型的选择与创业动机、创业者的风险承受能力密切相关,而创业活动涉及各行各业,创业者的创业动机又千差万别,因而创业活动的类型呈现出多样化的趋势。为了更好地了解创业活动过程,不妨沿着"谁在创业—在哪里创业—创业绩效如何"的路径,来考察不同类型的创业。

一、基于创业动机的分类

全球创业观察(Global Entrepreneurship Monitor,GEM)国际创业研究项目以创业动机为依据,将创业划分为生存型创业与机会型创业两种类型。

1. 生存型创业

生存型创业是指由于没有其他选择，为了生存而被动选择创业的创业活动。创业者缺乏其他更好的生存渠道或者就业机会，在不得已的境遇下，为了摆脱其身处的困境，被迫做出选择，只能靠创业来解决问题，以维持自身或家庭日常生活，可用"逼上梁山"来形容。其特征有：创业者受生活所迫，物质资源贫乏，被迫进行低成本、低门槛、低风险、低利润的创业，往往无力用工，创业的本因是想要活下去；无基础、无背景、无倚靠；从事的是技术壁垒低、不需要很高技能的行业，门槛普遍较低，能轻易开展，因风险较小，所以收益率偏低；一般选择基础性生活服务类行业；面对的是现有市场，可以在现有市场中捕捉机会，表现出创业市场的现实性。

我国 20 世纪 80 年代改革开放初期的创业者以及下岗职工的创业行为多属于这种类型。这类创业起点较低，创业者大部分文化水平不高，创业项目主要集中在餐饮副食、百货等微利行业，市场进入壁垒低，创业大多是为了养家糊口、补贴家用。但是社会效应明显，生存型创业不仅能解决自身的就业问题，经营状况较好的还能聘请员工，带动他人就业，为社会创造更多就业机会。

2. 机会型创业

机会型创业是指创业者建立新的市场和顾客群，突破传统的经营理念，通过自身的创造性活动引导新市场的开发和形成，通过培育市场来创造商机，不断满足顾客的现有需求以及开发其潜在需求，逐步建立起顾客的忠诚度和对企业的依赖，为经济社会的全面进步提供巨大源动力的一类创业模式。例如，微软公司的创始人比尔·盖茨就是一个典型的机会型创业者。比尔·盖茨放弃哈佛大学的学业，毅然决定创业，是因为他在商业实践中发现了软件产业存在巨大的商机。当然，把握好创业的机会窗口非常重要。1998—1999 年我国互联网创业的机会窗口被打开，这个时期诞生了新浪、搜狐、腾讯、阿里巴巴、京东等企业，王志东、张朝阳、马化腾、马云、刘强东等人创业行为的动机都是发现和把握市场中的巨大商机，同时也期望实现人生的更大发展。机会型创业源于创业者在面对机遇时所形成的较强的主观意愿。其特征有：偏爱于高风险与高投资回报机会，一般在高资金或技术壁垒行业进行创业活动,会努力取得高额贷款,尽力寻求政府政策支持。生存型创业与机会型创业的区别见表1-2。

表1-2　生存型创业和机会型创业的区别

	生存型创业	机会型创业
创业者特征	年龄相对较高	年龄相对较低
行业进入壁垒	较低	较高
投资回报预期	较低	较高
投资资金来源	自筹为主	贷款或者融资
提供就业岗位	相对较少	相对较多

在金融、保险、房地产等行业中,机会型创业较多,而在教育、零售、租赁、个人服务以及社会服务等行业中,生存型创业较多。无论是生存型创业还是机会型创业,都不仅仅是创业者的主观选择结果,而是由创业者面临的外部环境和自身能力决定的。相对于生存型创业,机会型创业能带来更多的就业岗位,更好的、更新的市场和更大的成长潜力。

二、基于创业主体的分类

根据创业主体的不同,可将创业划分为个体创业与公司创业。

1. 个体创业

个体创业指创业者个人或联合几人组成创业团队进行独立创建企业的活动。它是相对于公司创业而言的。其与公司创业的明显区别是:个体创业是创业者抓住商业机会,从零开始创建一个企业实体,不依托于某一特定组织而开展创业活动,且企业产权完全属于个人,创业目标是追求利润,并使企业更好地生存与发展,相应的由个人完全承担创业所带来的风险。

2. 公司创业

公司创业也叫企业内部创业,主要是指成熟企业在相对独立的组织内开创新的事业,针对现有的团队或组织,为实现某些创造性和(或)建设性的构想,由该组织中的某些个体或是团队进行创业进程的推进与具体施行,目标是谋求企业的持续成长与发展,这些创业活动是由组织中工作的个体或团队推动的,既包括公司内创业,又包括公司投资和并购新业务或新企业。

从创业的本质来看,个体创业与公司创业有许多共同点,比如都是创造新事业、都要承担一定的风险等,但在风险承担、初始的资源禀赋、创业环境、战略目标、组织形态、创业成长、成果收获等方面,这两类创业活动也有着显著差异(见表1-3)。如果说个体创业更多的是解决百姓就业、维护社会稳定、实现个体价值,以及孕育社会创新土壤等社会经济"基本面"问题的话,公司创业则更多的是针对推动产业持续创新、引领社会经济发展、满足社会重大需求、实现企业转型升级等社会经济"发展面"问题。

表1-3 个体创业与公司创业的差异

个体创业	公司创业
创业者承担风险	公司承担风险,不是与个体相关的风险
创业者拥有商业概念	公司拥有商业概念,特别是与商业概念有关的知识
创业者有全部或大部分事业且回报无限	创业者或许拥有公司较少权益且回报有限
创业者有相对独立性	公司内创业者更多受团队牵制
个体的一次失误可能意味着创业失败	公司具有更多的容错空间,能够吸纳失败
受外部环境波动影响较大	受外部环境波动影响较小
决策灵活快速	公司内部规则、程序和官僚体系阻碍决策调整,决策周期长
在过程、试验和方向的改变上具有灵活性	公司内部的规则、程序和组织体系会阻碍创业者的策略调整
在创业主意方面可沟通的人少	在创业主意方面可沟通的人多
至少在初期阶段存在有限的规模经济和范围经济	公司能很快实现规模经济和范围经济
严重的资源局限和约束	在各种资源的占有上都有优势

三、基于创业者情况的分类

根据创业者情况的不同,可将创业划分为变现型创业和主动型创业。

1. 变现型创业

变现型创业指创业者曾经在组织或企业工作期间聚集了大量资源,他们利用这些有利资源,在机会适当的时候,自己开公司、办企业。其实质是将过去的无形资源变现为有形财富的创业行为。

2. 主动型创业

主动型创业是指按照创业者自己的需求和目标而主动选择创业方向,是一种由自己主观意愿做出选择的一种创业,这一类创业主体大多数都是为了实现自己的梦想或者是喜欢创业的群体。主动型创业可以分为盲动型创业和冷静型创业两种。盲动型创业指创业者以一定的莽撞心理进行创业,这样的创业者大多极为自信,做事比较冲动。虽然他们很容易失败,但是一旦创业成功,往往能成就一番大事业。冷静型创业指创业者谋定而后动,做好充分准备后再进行创业。这样的创业者或掌握有利资源,或拥有专业技术,一旦行动,创业成功率通常很高。

四、基于创业起点的分类

根据创业起点的不同,可将创业划分为创建新企业和企业内部创业。

1. 创建新企业

创建新企业是指创业者利用商业机会通过整合资源创建一个新的具有法人资格的实体,它能够提供市场需要的产品或服务,以获利和成长为目标,并能创造价值。创业者或创业团体从无到有地创建全新的企业组织,这个过程尽管充满机遇,但风险和难度也很大。

2. 企业内部创业

企业内部创业是指在成熟企业内部进行新事业开发和创建的过程,例如创建新事业部或新项目组,开发新品牌或新细分市场等。企业内部创业是一种借势发挥的创业,一般是由一些有创业意向的企业员工发起,在企业的支持下承担企业内部某些业务内容或工作项目,进行创业并与企业分享成果的创业模式。这种激励方式不仅可以满足员工的创业欲望,同时也能激发企业内部活力,改善内部分配机制,是一种同时实现员工和企业双赢的管理制度。

近年来,随着经济转型和社会变革,技术更新迭代的时间正在不断缩短,市场环境开始向动态、复杂的方向转变。新技术(大数据分析、云计算、"互联网+"等)的应用和国内劳动力成本的快速上升等因素,都要求企业要用更快的反应速度变革生产来响应市场的变化。企业的竞争优势更多来自创新和速度,以及满足消费者需求多样化的能力。不管是什么性质的企业,都必须考虑寻找新的商业机会。知识、创新、速度、创造力等关键词代替了秩序和稳定,成为企业竞争优势的关键来源。而正是这些创业精神本质,使大公司和大企业感受到从未有过的巨大压力。因为随着企业规模的扩大、生产和管理过程的不断专业化、流程化和精细化,企业出现了创新效率低下、内部团队争斗和响应市场速度缓慢等"大企业病"。这就容易激生官僚作风,造成企业行动缓慢,不利于竞争优势的形成和强化,致使生产规模越大的企业反而越难适应快速变化的市场。针对这种情况,20世纪80年代米勒提出了"公司创业"的概念,由此逐步延伸出了企业内部创业。

狭义上的企业内部创业被认为是组织内部成员进行创新,这些创新可以基于技术、产品、流程、制度等方面,并通过这些创新产生新的业务和效益,当创新业务扩展到一定规模的时候,分离出来形成新的组织。而广义上的企业内部创业,则更多被认定为在一种组织内进行创新或者创造的过程。以国内为例,采用制度激励企业内部创业最深最广的企业是互联网行业的腾讯、联想、百度等,接下来则是海尔、宝钢等大型传统企业。研究显示,企业规模越大,企业所处的市场环境的不确定性越高,引入制度鼓励企业内部创新的倾向性就越高。近年来,大型企业采用制度激励内部创业的案例也越来越多,具体到应用模式上,企业会根据自身的特点采用不同的内部创业模式。此处列举几个大型知名企业的企业内部创新案例以供参考。

以腾讯为例,企业内部创业采用的是团队竞争制。由多个内创团队共同竞争一个集团主推的产品指标,根据产品推广期的成果最终决定主推产品。大众所熟知的手机应用软件——微信，就是这个制度下的产物。

以海尔为例，它是通过"人单合一"、倒三角式的管理方式和平台化的激励分享政策建立了企业内部创业体系。在这种模式下，每个销售团队都是创业创新小组，他们需要在市场销售中积极搜索客户需求，根据这些需求思考创新想法，带动企业内部的设计、生产流程和产品革新，借此获得企业利润，同时带动这一流程的销售团队共享收益。

以华为为例，2000年，深圳华为集团为了解决机构庞大和老员工问题，开始鼓励内部创业，通过提供保障的方式激励员工进行企业内部创业，为内创员工提供资金及设备上的支持，同时承诺创业扶持期限为半年，半年内创业失败的员工可以无条件回公司工作。通过将华为非核心业务与服务业务，如生产、公交、文英餐饮业以内部创业方式社会化，先后成立了广州市鼎兴通讯技术有限公司、深圳市华创通公司等。通过这种内创方式，华为将自身上下游的非核心业务和服务性业务通过分包代理的形式逐步剥离，同时也使得分包的内创公司自身创造了效益。这些内创公司依托华为强大的经济实力与市场占有率为其产品提供相关技术服务，同时也成就了企业内部优秀员工的创业梦。

企业内部创业这种模式对企业和创业者们来说是一种共赢：一方面，企业通过企业内部创业留住人才，寻求创新和新的业务发展方向；另一方面，创新型、知识型员工也通过企业的内部创业，实现自我价值和创新想法。对具有成就动机的企业内部员工和难以承受创业失败带来的经济损失的创业者来说，企业内部创业实际上是更适合他们的创业方式。当然，这样一种形式也对创业成功并且想发展壮大的企业家们具有积极的参考意义。

创业者一般在外部环境中进行创业，这里的外部环境包括政治环境、经济环境、社会文化环境和行业环境。但企业内部在本身的小环境内也可以进行创业。大众习惯性地将创业狭义化为创建新企业，事实上企业内部创业正成为创新创业的重要内容。随着成熟企业的成长，通过二次、三次乃至连续不断地创新创业，企业的生命周期能不断地在循环中延伸。企业内部创业不仅可以满足企业中优秀员工想当老板的心理，使企业留住优秀人才，更可以使用制度化的授权和分权，减轻企业领导人的工作负担，是一种可以让老板和员工双赢的管理制度。更为重要的是,中国改革开放走过40余年历程后,大多数曾经的"创业企业"已经开始进行"二次创业"以适应新的社会经济形势、市场竞争形势和技术环境,因而企业内部创业已经成为重要的创业类型。

五、基于创业绩效的分类

从创业绩效的角度,可以把创业分为复制型创业、模仿型创业、演进型创业和创新型创业。依据创业绩效对创业进行分类,有助于关注创业活动绩效,提升创业活动质量,帮助创业活动取得成功。

1. 复制型创业

按照对市场及个人的影响,创业者根据已有的职业经历,复制其服务过的企业经营模式而进行的创业就是复制型创业。创业者完全复制与翻版自己所熟知的原有的企业经营模式,主要体现为创业者脱胎于原企业的衍生创业活动,创新的成分较低。例如,某人原本在一家教育培训机构担任辅导教师,后来离职,创立一家与原教育培训机构类似的教育培训机构。从创业实践看,新创企业中属于复制型创业的比率虽然很高,但由于这种类型创业的创新贡献太低,缺乏创业精神的内涵,不是创业管理研究的主要对象。这种类型的创业基本上只能称为"如何开办新公司",但由于对原行业的熟悉,以及拥有相关社会资源的支持,组建新企业获得成功的概率更高。

2. 模仿型创业

创业者模仿其他取得创业成功的企业的创意、经营理念、运行方式而进行的创业是模仿型创业。这种创业无法给市场和顾客带来多少新创造的价值,创新成分不足,模仿型创业者在缺乏相关行业实践经验的基础上模仿他人企业进行创业,具有较大的冒险成分,需要经历较长时间的学习。但相对于复制型创业而言,模仿型创业的创业过程可以有效改变创业者自身的命运。

而创业者根据自身的创业意愿和能力,把握时机进行新产品、新服务、新技术、新管理的创新活动则属于冒险型创业。此种类型有很强的创新意识与价值,同时面临较高的创业风险。如某大学教师辞掉工作,开设一家24

小时不打烊的付费自习室。这种形式的创业具有较高的不确定性,学习过程长,犯错机会多,试错成本也较高。这类创业者如果具有企业家的基本特质,勇于接受挑战,经过系统的创业管理培训,一旦把握进入市场的契机,其成功的概率将大大提高。

3. 演进型创业

演进型创业也叫安定型创业,指创业者以自己拥有的专业特长和技术成果(发明、专利技术、秘方等)为核心竞争力进行的创业,创业者无意通过连续再投入扩大企业规模,只追求在现有条件下尽可能创造更多的价值。这种创业具有风险高、收益高的特点,难点在于进行组织创新。这种形式的创业虽然为市场与顾客创造了新的价值,但对创业者本身而言,没有面临太大的改变,做的也是相对比较熟悉的工作。这种创业类型强调的是企业精神的实现,即创新活动,而不是创造新组织。这种创业形式强调的是个人创业精神的最大限度实现,而不是对原有的组织结构进行重新设计与调整。主要体现为夫妻店或家族店,他们利用独特的技术或秘方,形成具有特色和吸引力的产品或服务,但是没有扩大再生产或连锁扩张的动力和需求。

4. 创新型创业

创新型创业也叫冒险型创业,指突破传统的经营理念和经营模式,创造性地开发和引导市场以满足顾客的现有需求及潜在需求。这种创业对创业者本身带来极大改变,个人前途的不确定性很高,对新创企业的产品创新活动而言,也将面临很高的失败风险,但成功所得的报酬也很惊人,能够创造巨大的新价值,具有高风险高收益的特点,是一种开拓型创业。这种类型创业的常见方式是从事全新的创业项目,创业难度很高,创业者的前途和命运充满不确定性。由于预期的回报较高,对于充满创新精神并且能够容忍失败的创业者而言,冒险型创业具有很大诱惑力。冒险型创业并不意味着盲目采取行动,而是要求创业者掌握专业知识技能、把握创业契机、发挥创业精神、拟定创业策略、提出合理方案、规范创业管理,并实现协同搭配,只有这样才能通过该类型创业取得成功。

一般来说,演进型创业和创新型创业是当前社会倡导的主流创业形式。创新型创业又可分为技术驱动型创业和创意驱动型创业。

技术驱动型创业是指创业者以自己拥有的专业特长或已有技术成果为核心竞争力而进行的创业活动。创业者具备某一专业或技术特长,或成功研制一项新产品、新工艺,注册一项新专利,同时发现潜在市场或利润空间,将拥有的专长或技术发明发展成新创企业,并将其成功推向市场。也可以说,技术驱动型创业是创造市场价值的机会型创业,但难点在于组织创新,其中风险投资的支持非常重要。

创意驱动型创业是指创业者根据全新的运营理念或创新构想,探索新经营模式的创业活动。这是所有创业模式中难度最大的一类,但一旦成功将拥有先发者优势。如果在创业过程中相关互补性资源迅速跟进,这类创业企业能够成为新辟市场的领导者,拥有生产标准和价格制定权。此类创业需要创业者具有敏锐的市场眼光、独特的个性特征和旺盛的创业欲望,善于洞察商业机会并敢于冒险,是一种开创性价值创造型创业。

六、基于价值创造的分类

从创业创造出的价值的角度,可以把创业分为经济创业和社会创业。

1. 经济创业

经济创业是创业者通过创造与把握机会,对自己拥有的资源或通过努力对能够拥有的资源进行优化整合,创立自己的事业,提供产品和服务,从而创造出更大经济价值的过程。

2. 社会创业

关于社会创业,从理论上来说,它是一种通过创业为社会增加价值的过程。研究认为,社会创业是一个多维构念,包括提供创业的善意来实现社会愿景、实现社会价值创造机会的能力,以及创新、先动性和风险承担的决策特性。社会创业涉及很多内容与变量,但核心内容与变量是创新与减少贫困、环境保护与优化以及可持续发展这三个维度。社会创业就是要通过创业的途径来推动以上三个方面的发展,为社会进步增加价值,传递正能量。

现在创业的环境已经发生巨大变化,创业的根本目的是通过创业既要使经济得到发展,又要使我们的社会变得更加美好。经济创业与社会创业的同步发展是一个国家成功创业的标志。

随着社会环境的变化,创业活动的类型也将越来越多。了解创业活动类型,比较不同类型的创业活动,有助于把握创业行为的本质和关键要素,掌握不同类型创业活动的特殊性,这对研究和实践都很重要。

总之,创业是万花筒,是多面体。创业有一种张力,将美与不美之间的悖论和张力,通过可能性孕育出来。创业之美来自追寻和孕育可能性的过程。很多创业者正是通过对这些美好可能性的追求造福于这个世界。正是因为人是多维度的复杂综合体,具有能动性的创业者通过其思维和行动能够开发出许多可能性,从而扩展创业的机会空间;创业者还能够将新的可能性转化为新的行为模式、惯例、商业模式和新的产业,让这些可能性发挥真正的作用。因此,即使创业仅仅意味着变异之源而难论结果好坏,但从出发点来看,创业可以也应该是积极正向的。创业能够通过创业心智赋能创业者,使创业者能够为自我及他人创造工作,创造自我身份,创造财富和未来,为社会做出贡献;创业通过赋能也有助于实现转换,创业活动改变了市场、产业、商业实践、个体、家庭、社区和社会。创业既是赋能器,也是转换器。创业者通过积极行动,能够为社会做出积极的贡献。

综上所述,无论是把创业看作赋能器还是转换器,创业都在势不可挡地发挥着作用。在当今全球科技飞速发展、经济社会发展不均衡的时代,持续的变化、动态的不均衡孕育了各类潜在的创业机会,为创业者带来了重塑小生态、改变大世界的可能性。总之,创业是我们用以追寻和创造美好未来的一种重要方式。

第二章
中外创业发展概述

所有迹象都表明,21 世纪是创业经济大发展的时代。尤其是集知识、技术、管理资本和创新驱动于一体的创业经济,对我国加快转变发展方式、优化经济结构、转换增长动力、促进社会就业,具有十分重大的现实意义。创新创业已成为经济高质量发展的重要引擎,成为一种价值导向、一种生活方式、一种社会时尚。随着世界各国和地区纷纷奏响创业经济的号角,创业经济已经风靡全球。

创业就是创业者对自己拥有的资源或通过努力能够拥有的资源进行优化整合,从而创造出更大经济或社会价值的过程。蒂蒙斯于 1999 年出版的创业教育领域经典教科书《创业创造》中关于"创业"的定义为:"创业是一种思考、推理和行为方式,它为机会所驱动,需要在方法上全盘考虑并拥有和谐的领导能力。""战略"一词源于军事术语,指在敌对状态下将领指挥军队克敌制胜的方法和艺术。战略决策是关系全局的、长远的、重大问题的决策。现代企业之间竞争激烈,在经济形势复杂多变的情况下,研究制定创业企业的经营战略并据此制定中长期规划,对企业的发展前途至关重要。《孙子兵法》曰:"夫未战而庙算胜者,得算多也。""多算胜,少算不胜,而况于无算乎?"创业者只有"善算""巧算""妙算",才能在竞争中战胜对手。

第一节　中国历史上的创业

"创业"这个词似乎是在现代才兴起的词汇,它让人充满激情,充满热血,但是谁曾想过在千百年前的我国古代,已经出现了一大批优秀的创业者,而他们的精神和思想一直影响着、激励着现在的人们。

一、中国的创业发展史

中国人很早就学会了经商。商朝人善于经商,周武王灭商后,商朝遗民为了维持生计,东奔西跑地做买卖,日子一长,便形成一个固定职业。周人就称他们为"商人",称他们的职业为"商业"。这种叫法一直延续到今天。商朝人使用的货币是贝类,有海贝、骨贝、石贝、玉贝和铜贝。铜贝的出现,说明商代已经有了金属铸造的货币。到了西周,商业成了不可缺少的社会经济部门。当时在"工商食官"的制度下,商业由国家垄断。在商品交换中,主要的货币仍然是贝,但铜也被用作交换手段。铜本身是一种重要的商品,同时也担负着货币的职能,后来就发展为铸造铜币。春秋战国时期,官府控制商业的局面被打破,各地出现许多商品市场和大商人。春秋时期著名大商人有郑国的弦高、孔子的弟子子贡和范蠡。战国时期著名商人有魏国的白圭和吕不韦。战国时期各国铸造流通的铜币种类增多,形状各异,有的模仿农具,有的模仿各种工具,也有的模仿贝的形状。货币的数量大、种类多,反映了商业较过去更为发达。商品交换的发展,也促进了城市的繁荣。

秦始皇统一中国后,为了改变战国时期货币种类繁多、度量衡不一的现状,决定统一货币,把原来秦国流通的圆形方孔钱作为全国流通的标准货币,这就是通称的"秦半两"。他还统一度量衡,修建驰道,这些措施都有利于商业的发展和国家的统一。特别是统一货币对后世影响深远。秦朝以后各封建王朝大都掌握铸币权,钱的形制也保持着类似"秦半两"的圆形方孔模式。西汉和东汉时期,伴随着统一局面的形成、巩固和农业、畜牧业、手工业的发展,特别是两汉政府实行"开关梁,弛山泽之禁"的政策,商业出现了初步的发展。当时的都城长安和洛阳,以及邯郸、临淄、宛(南阳)、成都等大城市都发展成为著名的商业中心。每个城市都设有专供贸易的"市",长安城东、西有市,后来发展为九个市,当时官府对城市的商业活动采取严格限制的政策。市区与住宅区严格分开,周边有围墙。市内设有出售商品的店铺,官府设有专职官员市令或市长进行管理,按时开市、闭市,闭市后不许再有经营活动,而市内的物价也由官员统一管理。

商业开始在中国发展后,商人也开始出现。虽然长期以来中国传统社会对商业活动存在偏见,对商人态度冷漠,但商业活动和商人的作用在历史文献中不乏记载。《管子》中把自利作为整个社会经济活动的指导原则,"其商人通贾,倍道兼行,夜以继日,千里而不远者,利在前也"。这些记载体现了古代商人冒险、坚韧的创业精神。

"创业"一词在中文中最早出现于《孟子·梁惠王下》:"君子创业垂统,为可继也。"这里"创业"的意思是"开创基业",表示这个意思的另外一个出处是《出师表》,"先帝创业未半,而中道崩殂"。在中国古代灿烂的文明中,包含有丰富的创业文化。春秋末至西汉前期的几百年中,研究如何经营管理的治生之学发展成了一门独立的学问。春秋末年的大商人范蠡、战国时期的大商人白圭是这一时期的代表人物,他们不但善于经营,而且善于总结经验。治生之学主要研究市场供求、商品价格变化的规律以及经营对策等问题,在某种意义上可以说是中国古代的"创业研究"。但是,汉武帝之后重农抑商政策成为主导经济政策,除了局部地区、局部时期商业较为活跃之外(如明清时期的晋商和徽商),重义轻利、读书人耻言经商成为社会风气,抑制了中国创业活动的发展。

唐宋是中国历史上经济文化最繁荣的两个朝代,尤其是宋朝,达到了封建社会的巅峰。戴维·兰德斯等在2016年出版的《历史上的企业家精神》一书中指出:"在宋代,随着理学的兴起和国内市场和区域贸易的繁荣,中国社会和伦理准则出现理性化趋势,商人阶层的社会地位得到提高。"宋代甚至形成了一种"全民经商"态势,其经商群体的构成除职业商人外,还包括衣食国家的军人、官吏、皇室成员和享受国家优惠政策的宗教界人士。宋代不仅"大众创业"的社会氛围浓郁,而且涌现出大量代表企业家创新精神的技术创新,除了众所周知的活字印刷术,还有基础设施技术以及支撑了纸币经济繁荣的"交子"等金融手段。唐宋时期的商业文化和创新创业氛围促进了中国古代企业家精神的弘扬。

明清商帮的兴起不仅促进了国内贸易繁荣和市场的进一步发育,也促进了手工业作坊和工厂的进一步成熟,同时,商号经营和家族治理的制度创新大量出现,如被称为股票期权雏形的"顶身股"制度就是晋商在长期经营实践中的一种制度创新。清朝建立后延续了明末对商人阶层的自由放任政策,尽管仍以小农经济为主,但商品经济发展程度已非常高,各种书面合同的应用和官府裁定执行使企业家的活动获得了更有力的制度支持,行会组织的大量出现使企业家成为一个更被社会认可的独立社会阶层和群体。由于财政上的需要及外力的冲击,晚清开始重视工商业,甚至被学界称为"重商主义"浪潮,这一时期的商人群体呈现多元化,包括本土商人、洋商、官商以及学习西方技术和管理之后回国创办新式企业的商人等,商人社会地位的显著质变也发生在这一时期,企业家阶层在社会巨大动荡和变革中逐步确立了与官员接近的尊崇地位。瞿秋白在《乱弹·代序》中指出:"中国现在,只有所谓绅商,才配叫作市民。"晚清形成的所谓"绅商"阶层将"商"与"绅"并列,基本结束了"士农工商"的传统等级划分。

两千多年来中国企业家精神薪火相传,尽管曾处于以儒家文化为主导的"轻商、抑商"的制度文化之中,但与熊彼特、鲍莫尔等学者所描述的企业家精神并无差别,不仅具有一度领先世界的创新能力(不仅指技术领域的发明,也包括企业治理制度的创新),而且具有冒险、坚韧的创业精神。

鸦片战争后中国从封闭走向开放,重农抑商观念的影响逐渐减弱,且随着民族危机的加深,实业救国思潮的影响逐渐扩大,读书人弃文经商,民族资本家和爱国人士纷纷创办实业以救国难,商人地位得到前所未有的提高,创业活动逐渐活跃起来。清末新政采取的保护商业、奖励商业政策等都刺激了民族资本创业的积极性,1902—1911年民间资本新办企业558家。辛亥革命后,实业救国思潮发展成为实业救国论,创业活动更趋活跃,一时间出现了"火柴大王""面粉大王"等一批知名民族实业家。

二、中国古代十大"创业家"

1.富甲陶朱

范蠡(前536—前448),字少伯,楚国宛人,因定居于宋国陶丘,自号"陶朱公"。春秋末期政治家、军事家、谋略家、经济学家和道家学者,越国相国、上将军。公元前496年前后入越,辅助勾践20余年,帮助越王复国。但当勾践复国之后,他急流勇退,毅然弃官而去,堪称历史上弃政从商的鼻祖和开创个人致富纪录的典范。范蠡是中国早期商业理论家,楚学开拓者之一,被后人尊称为"商圣"。《史记》中载范蠡"累十九年三致金,财聚巨万"。但他仗义疏财,从事各种公益事业。范蠡的行为使他获得"富而行其德"的美名,成为几千年来我国商人的楷模。

2. 儒商鼻祖

端木赐(前520—前456),姓端木,名赐,字子贡,春秋末期卫国人,儒商鼻祖。他是孔子的得意门生,儒家杰出代表,也是"孔门十哲"之一。子贡虽出儒门,却懂经商之术,多年的经商活动使他积累了大量的财富,这为孔子与其门徒的周游列国活动提供了有力的经济保障,历史上多用"端木遗风"来表示子贡遗留下来的诚信经商的风气。孔子曾称其为"瑚琏之器"(古代宗庙中盛生黍的祭器,常用来比喻有立朝执政才能的人)。他利口巧辞,善于雄辩,且有干济才,办事通达,曾任鲁、卫两国之相,为孔子弟子中的首富。

3. 智慧商祖

白圭,名丹,字圭,战国时期洛阳人,魏惠王时在魏国做官,后来到齐国、秦国。《汉书》中说他是经营贸易发展生产的理论鼻祖,即"天下言治生者祖",有"商祖"之誉。白圭是先秦时的商业经营思想家,在魏惠王属下为大臣时期,善于修筑堤坝,兴修水利,同时也是一位著名的经济谋略家和理财家。诸如"人弃我取""知进知守"等经商理论至今对现代理财仍有指导意义。

4. 营国巨商

吕不韦(前292—前235),姜姓,吕氏,名不韦,卫国濮阳人。战国末年著名商人、政治家、思想家、秦国丞相。史载吕不韦早年"往来贩贱卖贵,家累千金",但一生最得意的一笔大买卖却是结识秦国流亡公子嬴异人并资助其回国即位,从而成功实现个人由商从政的历史性转变。吕不韦以"奇货可居"闻名于世,曾辅佐秦始皇登上帝位,任秦朝相国,并组织门客编写了著名的《吕氏春秋》,也是杂家思想的代表人物。

5. 富可敌国

沈万三,元末明初江南巨富。其父始徙于苏之周庄,率族人开垦荒地,以农业发家。沈万三继承父业,率其子弟尽力农事、广辟田宅、富累金玉,又以周庄作为商品贸易与流通基地,广集货资,以分财为经商的资本,大胆通番,迅速成为江南第一豪富。他可能算是历史上最早的国际贸易商人。曾助朱元璋修南京城,个人承包三分之一工程费用,后被朱元璋没收财产,充军云南。

6. 第一富翁

伍秉鉴(1769—1843),商名伍浩官。清代广东十三行怡和行之行主。怡和行初仅向英商出售丝茶,承销外货,后凭与英国东印度公司勾结走私鸦片迅速成为巨富,1834年已宣称有资产2600万元(一说为2600万两)。西方学者曾称其为"世界上最大的商业资财,天下第一大富翁"。1843年清政府令行商偿还《南京条约》规定的300万元外商债务,他独自承担100万。

7. 商业巨族

乔致庸(1818—1907),山西祁县人,清朝末年著名晋商,人称"亮财主"。乔家商业从第一代乔贵发起家,到第四代由乔致庸大手笔经营,使乔家成为商业巨族,故乔致庸可谓乔家殷实家财的奠基人。他经商既有雄才大略,又多谋善断,是位商场高手。乔家在包头开办的复盛公商号,在他的策划下发展为庞大的复字号商业网络,基本上垄断着包头商业市场,故包头有"先有复盛公,后有包头城"之说。光绪十年(1884年),他适应时代发展要求,创立了汇通天下的大德通、大德恒票号。在他的经营下,乔氏商业遍及全国各大商埠及水陆码头,业务繁荣,财多势旺,成为商场巨贾。乔致庸于同治初年耗费重金扩建祖宅,修建了著名的乔家大院,被专家学者誉为"清代北方民居建筑的一颗明珠"。

8. 红顶商人

胡雪岩(1823—1885),原名胡光墉,清徽州绩溪人,幼名顺官,字雪岩,中国近代著名红顶商人,政治家,徽商代表人物。初在杭州设银号,后入浙江巡抚幕,为清军筹运饷械。1866年协助左宗棠创办福州船政局,在左宗棠调任陕甘总督后,主持上海采运局局务,为左大借外债,筹供军饷和订购军火。依仗湘军权势,在各省设立阜康银号20余处,并经营中药、丝茶业务,操纵江浙商业,资金最高达2000万两以上。并开办胡庆余堂中药店。

9. 一代"钱王"

王炽(1836—1903),云南弥勒虹溪人,中国封建社会位居一品的红顶商人,民间称为一代"钱王"。年轻时斗殴杀死表兄姜庚逃至四川重庆,与旅渝滇商合营"天顺祥"商号,来往川滇互贸。随后又与席茂之在昆明合资开设"同庆丰"商号,以"同庆丰"钱庄为龙头,在当时全国22个行省中的15个行省及香港、越南、马来西亚等地设立分行,被誉为"执全国商界牛耳"之云南金融业的开山鼻祖。晚清巨商王炽在英国《泰晤士报》评选的19世纪10年代世界首富中排名第四,是中国历史上唯一的"三代一品红顶商人",晚清名臣李鸿章曾称其为"犹如清廷之国库也"。王炽的商德商道,对后人都具有启迪和借鉴意义。

10. 五金大王

叶澄衷(1840—1899),原名叶成忠,浙江慈溪人,生于浙江省宁波府镇海县庄市,清末资本家,宁波商帮的先驱和领袖。他做生意很有天赋,头脑清醒,乐观时变,为人处事既诚且信,宽厚待人,被称为"首善之人"。在叶澄衷传奇性的创业历程中,诚信宽厚的性格帮助他在穷途时得到难得的机缘,有人资助他在虹口的美租界百老汇路口开设了上海滩第一家由中国人独自开业的五金店——顺记洋杂货店,并据此发展出覆盖五金、机械、钢铁直至军需器械和军服的庞大生意,开设了38个分支机构,赢得了"五金大王"的美称。后投资金融业,在上海、杭州、镇海、芜湖、湖州等地开设票号、钱庄,鼎盛时达108家。在宁波商帮中,一直流传着这样一句话:"做人当如叶澄衷。"

第二节　改革开放后的创业

从计划经济到市场经济,从互联网到移动互联,时代的变迁,一波又一波的弄潮儿前赴后继,迸发出惊人的创造力。回顾我国改革开放以来的创业史,社会、经济、科技、政策环境并不相同。

中国改革开放40多年来创业发展大致可分为三个阶段。

一、冒险型创业阶段

对于我国 20 世纪六七十年代的经济情况,邓小平指出,"中国社会实际上从 1958 年开始到 1978 年 20 年时间内,长期处于停滞和徘徊状态,国家的经济和人民的生活没有得到多大的发展和提高"。

而在"文化大革命"结束后,800 万知青返城,就业成为社会问题。机关单位安置有限,知青们只能靠摆地摊,从事理发、修鞋、磨刀、修伞、修家具、卖小吃等行业维持生计,人们管这叫"练摊"。

1978—1992 年中国改革开放刚刚拉开序幕。1978 年第十一届三中全会召开,1979 年 2 月,中共中央、国务院批转了第一个有关发展个体经济的报告,允许各地可根据市场需要,在取得有关业务主管部门同意后,批准一些有正式户口的闲散劳动力从事修理、服务和手工业者个体劳动,"个体户"从此应运而生。个体户的出现,激活了一个封闭已久的经济体对物质的渴望,涌现出柳传志、张瑞敏、鲁冠球、任正非、王石等一批富有理想和英雄情怀的冒险型企业家,这一代企业家不屈不挠的奋斗充满沧桑和传奇,他们充分展示了企业家的胆略,主要表现在对市场机会的高度警觉和敢于"吃螃蟹"的冒险精神。

20 世纪 80 年代初我国开放城乡商业,恢复市场。1980 年我国开始实行劳动部门介绍就业、自愿组织起来就业和自谋职业相结合的"三结合"就业方针。其中,实行自愿组织起来就业和自谋职业,打开了政府统包统配的口子,调动起劳动者创业的积极性。

1984 年,农村承包制被引进城市的工厂改革。历经 1990 年的经济危机,中国经济逐渐复苏,1992 年邓小平同志在珠海、深圳视察期间接见了一批民营企业家,肯定了民营企业家的地位,进一步激发了科技人员和公务员辞职创业的热情。这个时间段中国成长起来的一批企业家,有着良好的教育背景,同时充满变革的勇气和征服精神,是传统与现代经济的分水岭,他们中的代表性人物许多是地产商、金融家、教育家或资源类型的企业家。

20 世纪 90 年代我国改革开放进入新的历史阶段。党的十四大报告指出,我国经济体制改革的目标是在坚持以公有制和按劳分配为主体、其他经济成分和分配方式为补充的基础上,建立社会主义市场经济体制。此后,政府机构、科研院所的大批工作人员主动下海,兴起了新一轮创业热潮。公务员下海潮与科技创业热潮在中国大地兴起,1991 年民营科技企业共 2600家,到 1992 年年底翻了近一番,达到 5180 家。

二、探索型创业阶段

1992—2012 年中国改革进入新的阶段,该阶段的企业家表现出对新的市场机会孜孜不倦的探索精神,涌现出马云、马化腾等探索型企业家,这些企业家通过具有辨识度的个人形象,在更大平台上表达出对新市场机会的探索意愿。

1994 年,我国正式向全社会开放互联网业务,以留学归国人员为代表的网络弄潮儿陆续投身互联网创业。至今,他们仍是互联网创业领域的佼佼者。1998 年成长起来的企业家,是中国真正传统商业的革命者,他们在不存在规则的地方,重建新规则,在没有奇迹的地方,创造奇迹。在高度信息化时代,他们相信创新的绝对优势,创造了一大批互联网企业与高科技企业。

2002 年,《中共中央 国务院关于进一步做好下岗失业人员再就业工作的通知》提出,鼓励下岗失业人员自谋职业和自主创业,从免征税收、提供小额贷款、提高服务效率、解决好经营场地问题等方面支持创业。中国人民银行、财政部、国家经贸委、劳动保障部等部门共同出台《下岗失业人员小额担保贷款管理办法》,启动小额担保贷款工作。

2004 年,国际劳工组织的"创办和改善你的企业"(Start and Improve Your Business,SIYB)创业培训项目被引入我国,通过 3 年试点,各地建立起创业培训体系,为下岗失业人员、大学生、农民工等群体提供创业培训,提升他们的创业能力和创业成功率。

2006 年,全国科学技术大会上,胡锦涛发表重要讲话,提出扎实完成建设创新型国家的重大战略任务,部署实施《国家中长期科学和技术发展规划纲要(2006—2020 年)》,确立到 2020 年进入创新型国家行列的奋斗目标。这进一步激发了中国人的创业热情,2006 年中国新增创业企业 60 多万家,新增资本达 10 000 亿元,每天平均有 1500 多家企业诞生,有 30 亿资本下海淘金。

2007 年,党的十七大报告指出,完善支持自主创业、自谋职业政策,加强就业观念教育,使更多劳动者成为创业者。

2008 年,国务院办公厅文件提出,建立以创业带动就业的创业型城市。这一年,人力资源和社会保障部印发通知,启动创业型城市创建工作。

2009 年,人力资源和社会保障部会同各省份确定 82 个(后增加至 85 个)城市为首批国家级创建创业型城市。

2012 年,国务院召开全国就业创业工作表彰大会,对 71 个全国创业先进城市进行通报表扬。

三、创新型创业阶段

进入 21 世纪,下岗失业人员、大学生、农民工等更多群体加入创业行列,掀起了全民创业潮。

2010 年,人力资源和社会保障部印发《关于实施大学生创业引领计划的通知》,决定组织实施大学生创业引领计划,提出 2010—2012 年引领 45 万名大学生创业,实际完成 47.9 万人。2014 年,第二轮大学生创业引领计划启动实施,预期目标是 2014—2017 年引领 80 万名大学生创业,实际完成人数远超目标。仅 2017 年,新登记注册大学生创业者 64.5 万人,同比增长 4.8%。

2012 年,党的十八大报告指出,引导劳动者转变就业观念,鼓励多渠道多形式就业,促进创业带动就业,同时提出了实施创新驱动发展战略。

2014 年 9 月召开的夏季达沃斯论坛开幕式上,时任国务院总理李克强首次提出,要借改革创新的"东风",掀起"大众创业""草根创业"的新浪潮,形成"万众创新""人人创新"的新态势。大数据、云计算、人工智能等先进技术的进步推动了刘自鸿、程维、张一鸣等创新型企业家的出现,该阶段的企业家充分展现了创新精神,主要特征包括极具创新意识和全球视野。据不完全统计,2013 年 5 月至 2015 年 8 月,中央层面就出台了至少 22 份相关文件促进创业创新。"大众创业、万众创新"成为国家战略后,在全国范围内掀起了创业创新高潮。

2015 年,国务院印发《关于进一步做好新形势下就业创业工作的意见》;政府工作报告首次将"大众创业、万众创新"上升到国家经济发展新引擎的战略高度。2015 年政府工作报告把鼓励创业和促进就业更好地结合在一起,从降低创业门槛、打造众创空间、拓宽融资渠道、加大减税降费力度、鼓励各类群体创业创新等方面,提出了一系列政策。同年 8 月,由国家发展改革委牵头,科技部、人力资源和社会保障部等部门和单位参加的推进大众创业万众创新部际联席会议制度建立。从 2015 年起,国务院设立全国大众创业万众创新活动周,每年 10 月举行,每年设置不同主题,搭建起"双创"展示、交流和对接平台。经过几年努力,"双创"实现了从局部到整体、从现象到机制的跨越,成为推动我国经济增长的重要动力、促进转型升级的重要力量、稳定和扩大就业的重要支撑。

2015 年,人力资源和社会保障部印发《关于进一步推进创业培训工作的指导意见》,明确了创业培训工作的指导思想、工作目标、政策措施。各地逐步建立起培训主体多元、培训模式多样、培训内容多层、覆盖创业活动不同阶段的创业培训体系,形成了政府激励引导、社会广泛参与、劳动者自主选择的培训机制。

同年,国务院将小额担保贷款调整为创业担保贷款,要求支持创业担保贷款发展。2016 年,中国人民银行、财政部、人力资源和社会保障部印发《关于实施创业担保贷款支持创业就业工作的通知》,财政部印发《普惠金融发展专项资金管理办法》,对创业担保贷款有关政策做了调整完善。

2015 年和 2016 年,国务院先后印发《关于支持农民工等人员返乡创业的意见》《关于支持返乡下乡人员创业创新促进农村一二三产业融合发展的意见》,全面激发农民工等人员返乡创业热情。2016 年 5 月,中共中央、国务院印发的《国家创新驱动发展战略纲要》中,提出了实现创新驱动发展战略目标要分三步走。2017 年,从人力资源和社会保障部对全国 2000 个村的监测结果看,返乡农民工中约有 10% 选择了创业。

2017 年,国务院印发《关于做好当前和今后一段时期就业创业工作的意见》,进一步加大对重点群体创业的支持力度,通过优化创业环境、发展创业载体、加大创业担保贷款贴息及奖补政策支持力度等举措,促进以创业带动就业。人力资源和社会保障部印发《关于支持和鼓励事业单位专业技术人员创新创业的指导意见》，支持和鼓励事业单位专业技术人员兼职创新、在职创办企业或离岗创新创业。各地对留学人员回国创业项目支持力度也不断加大，服务体系不断完善。截至 2017 年年底，全国共有留学人员创业园 351 个，入园企业 2.3 万余家，8.6 万名留学回国人员在园创业。

2018 年，国务院印发《关于做好当前和今后一个时期促进就业工作的若干意见》和《关于推动创新创业高质量发展打造"双创"升级版的意见》，着重从环境、动力、创业带动就业、科技支撑、平台服务、金融服务、资源集聚、政策落实等 8 个方面提出了升级举措。财政部、人力资源和社会保障部、中国人民银行印发《关于进一步做好创业担保贷款财政贴息工作的通知》，扩大了贷款对象范围，降低了贷款申请条件，放宽了担保和贴息要求。同年国务院将创业担保贷款个人最高申请额度提高到 15 万元，将小微企业最高申请额度提高到 300 万元。

同年，退役军人事务部、人力资源和社会保障部等 12 个部门联合印发《关于促进新时代退役军人就业创业工作的意见》，促进退役军人就业创业，引导他们积极投身大众创业、万众创新实践。2013 年以来，全国新登记企业每年增速都保持在 20% 以上。2018 年上半年，日均新创设企业 1.81 万户，比上年同期日均增加 2100 户，对带动就业起到了重要作用。

2012 年以来，全国平均每年参加创业培训人员达 216 万人次。在扩大培训规模的同时，人社部门还结合创业领域的新变化，着力加强创业培训师资队伍建设，加大培训课程开发力度，强化培训绩效考评，探索开展网上培训，切实提高创业培训的针对性和有效性。

改革开放以来，人民群众的创业创新热情持久不衰。我国经济发展能够创造中国奇迹，广大创业者功不可没。随着创新驱动发展战略深入实施和"双创"进一步开展，随着政策、培训、服务升级，必将有更多创业者有梦、追梦、圆梦，形成千帆竞发、百舸争流的生动局面。从全国各地情况看，在中国率先发展创业型经济的是北京中关村、深圳等地，浙江坚持"创业富民、创新强省"路线，高度活跃的创业活动使浙江成为中国经济大省。其他很多省市也相继提出促进全民创业、优化创业环境的政策和措施，创业活动在中国

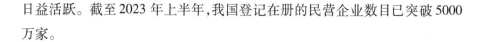

日益活跃。截至 2023 年上半年,我国登记在册的民营企业数目已突破 5000 万家。

第三节　西方国家的创业

什么是创业? 和"战略""商业模式"等词语一样,"创业"的含义并不固定。说到创业,有人会想到风险资本打造的初创企业,一些人则用它来谈论一般的小公司。对一些人来说,创业是一种战斗口号;对其他人来说,这可能只是一个与己无关的词语。

一、西方的创业发展史

西方国家的商业发展史可以追溯到古希腊和古罗马时期,但直到 18 世纪才正式提到创业。

(一)创业的提出者

理查德·坎蒂龙(Richard Cantillon)是 17 世纪末 18 世纪初古典政治经济学产生时期的经济学家和法国重农学派的先驱,被许多人认为是术语"企业家"(Entrepreneur)的创造者。他在 1755 年发表的《商业性质概论》中第一次用企业家这个词来指在寻求机遇的过程中扮演积极承担风险角色的人,书中提到各种企业家达 100 多次,广泛描述了矿山主、剧院老板、建筑物所有者、各种商人(包括工匠、面包师、屠夫和木匠等)以及各类企业家的活动及其在经济中的重要性。这个人——企业家——是拥有资本或资金但不愿亲自去寻找创业机遇的人们之间的桥梁。这些企业家个人(或某个团体)不支付寻求创业机遇的资金,而只是作为中间人——积极的风险承担者。18 世纪晚期,创业的概念被拓展到不仅仅包括承担风险,还要策划、引导、组织甚至拥有生产要素。

(二)创业的形成与初步发展

人类历史上的三次工业革命,催生了一代代影响历史的创业者和成功的企业家,他们相信创业的优势。第一次工业革命,大约从 18 世纪 60 年代开始持续到 1840 年,其标志是蒸汽动力的应用、纺织业的机械化和冶金工业的变革,是技术改革,更是社会变革。第二次工业革命,大约从 19 世纪 60 年代开始持续至第二次世界大战之前,其标志是电力和内燃机的发明和应用,还有石油化学工业、家用电器等新产业的出现。第三次工业革命,大约从 20 世纪 50 年代开始,其标志是科技变革,以原子能、计算机、空间技术和生物工程的发明和应用为代表,涉及信息技术、新材料技术、空间技术和海洋技术等。

产业革命的技术创新提供了连续发明和创新的推动力,19 世纪就成了创业活动的多产时期。在 19 世纪早期,当萨伊提出创业所得的利润与拥有资本而产生的利润是不同的、是相互独立的这一理论后,把创业的内容扩大,把创业过程看作是一系列独特活动的观点更加盛行了。在接近 19 世纪末的时代,创业的概念在以提供资金盈利的人和以创业能力盈利的人之间的区别上,又发生了轻微的变化。

而两次世界大战则催生了许多经济企业体系的形成,也促成了许多创业者的出现与成功。第一次世界大战,战争给人类社会带来了深重灾难,另外一方面,此时又是科学技术发明和企业家精神飞速发展时期,各种新式的武器,如飞机、坦克、远程大炮、航舰相继研发生产出现。第二次世界大战同样给全世界带来巨大灾难,战后,建立了以美元为中心的国际货币体系,美国废除金本位,替代英国成为世界经济霸主,罗斯福总统推出《国家工业复兴法》,政府帮助企业大规模投资发展,出现了很多经济奇迹,一些以技术起家的大型高增长企业,如汽车、飞机、电气化等,在战后实现规模化扩张,美国进入大企业家大冒险创业时代。

(三)创新在创业过程中的重要作用

创新概念的起源为熊彼特在 1912 年出版的《经济发展概论》。熊彼特在其著作中提出:创新是指把一种新的生产要素和生产条件的新结合引入生产体系。它包括五种情况:引入一种新产品,引入一种新的生产方法,开辟一个新的市场,获得原材料或半成品的一种新的供应来源,以及新的组织形式。熊彼特提出,创业包括创新和未曾尝试过的技术,或者是他所谓的创造性毁灭。创造性毁灭就是用相应的更好的产品、工序、观念和企业,来替代现存的产品、工序、观念和企业的过程。熊彼特认为,通过创造性毁灭的过程,旧的和过时了的方法和产品会被更好地替代。通过对旧的方法和产品的毁灭,迎来对新的方法和产品的创造。他还认为,企业家们是创造性毁灭过程背后的驱动力,是把突破性的思想和创新带入市场的人。熊彼特对创造性毁灭过程的描述更进一步突出了创新在创业中的重要作用。

1. 创新精神有利于激发人们的创新意识

创新精神是一种勇于抛弃旧思想旧事物、创立新思想新事物的精神。例如:不满足已有认识(掌握的事实、建立的理论、总结的方法),不断追求新知;不满足现有的生活生产方式、方法、工具、材料、物品,根据实际需要或新的情况,不断进行改革和革新;不墨守成规(规则、方法、理论、说法、习惯),敢于打破原有框架,探索新的规律、新的方法;不迷信书本、权威,敢于根据事实和自己的思考,质疑书本和权威;不盲目效仿别人的想法、说法、做法,不人云亦云,唯书唯上,坚持独立思考,说自己的话,走自己的路;不喜欢一般化,追求新颖、独特、与众不同;不僵化、呆板,灵活地应用已有知识和能力解决问题……

2. 创新精神能增强企业的凝聚力、产品竞争力

创新与风险相伴而行,这就需要营造一种鼓励创新、积极向上的开拓性企业文化,以形成不畏风险、勇猛精进的良好氛围。正像其他生命体有其自身的基因一样,企业作为一个生命体也有自身的基因,这个基因就是企业文化。企业文化的核心是其思想观念,它决定着企业成员的思维方式和行为方式,能够激发员工的士气,充分发掘企业的潜能。一个好的企业文化氛围建立后,它所带来的是群体的智慧、协作的精神、新鲜的活力,这就相当于在企业核心装上了一台大功率的发动机,可为企业的创新和发展提供源源不断的精神动力。为此,企业文化建设要与企业的创新有机结合起来,为企业创新提供适宜的环境和充足的营养。

(四)创业的发展阶段

20 世纪后期对创业理论进一步丰富和发展的学者是德鲁克。他的有关创业理论主要是使机会最大化的内容。他为创业的概念添加的观点是,企业家们对机会的认知和采取的行动。德鲁克提出,创业不仅仅是在有蓝图的情况下发生,也会作为对企业家如何看待未曾开发、未曾使用的机会的一种回应而产生。

进入 21 世纪,研究者们仍在继续研究企业家及其创业历程。霍华德·史蒂文森(Howard Stevenson)教授是哈佛商学院创业研究领域的教父,他将"创业"定义为:追寻现有资源以外的机遇。

"追寻"指绝对专注的态度。创业者能察觉到转瞬即逝的机遇,在有限的时间内展现实力,吸引外部资源。时间一分一秒地过去,真金白银不断流失,因此创业者有一种紧迫感。而成熟公司拥有稳定的资源,面临机遇时有更多选择,往往缺乏紧迫感。

"机遇"指在一个或多个方面有所作为:推出创新产品;设计全新的商业模式;改进已有产品,使其质更优、价更廉;发掘新客户群。创业者完全可能兼顾这些方面,例如用全新的商业模式推出一款创新产品。以上列举的这些并未穷尽企业可能把握的机遇。企业仍可通过提价或灵活雇用更多的销售代表提升利润,但这些手段并无新意,与创业无关。

"现有资源以外"指突破资源限制。创业企业刚起步时,创始人只能掌控现有的人力、社会和财务资源。很多创业者主张自力更生、节衣缩食、万事不求人。固然,有些新创企业可以仅凭一己之力生存下来,但为了长远发展,创始人必须设法引进新的生产设备、分销渠道、营运资本等外部资源。

史蒂文森把创业理解为一种独特的管理路径,而非将其限定于企业发展的某个特定阶段(如初创企业)、某种特定角色(如创始人),或某类精神气质(如激进、独立)。这意味着,各类企业,无论是新创企业还是成熟企业,无论是中小型企业还是大型企业,都可以开展创业行动。

二、创业对西方国家的意义

创业对一个国家的生存与发展起到重要作用,可以给国家输入新鲜血液,提高国家的整体经济水平。简单来说,创业能够促进社会创新与进步,增加社会工作岗位,进而增加社会整体活力,推动各行各业的发展。

以美国为例,在1970年,美国《财富》500强企业雇用了美国20%的劳动力;到了2019年,美国劳动力人口为16 589.01万人,美国《财富》500强企业整体雇员数为2868万,占美国劳动力的17%,可见大企业多年来在美国并没有创造出更多的就业机会。然而,1993年到1996年期间,年轻的快速成长型企业创造了美国2/3的新工作机会。大企业越来越多地专注于他们擅长的事情,而将大部分其他任务外包给小企业。此外,从前的新创企业作为创业活动的成果成长起来,正服务于曾经由大企业服务的消费者,成长为大企业的创业企业,也提供了大量的工作机会。一项对2022年美国《财富》200强企业的深入研究发现,上榜的200家企业中有191家出现一个或几个富于创业精神的创始人。这样的例子包括思科系统公司、戴尔公司和微软公司。

美国小企业管理局(Small Business Administration,SBA)数据显示,截至2019年,500人以下的美国中小企业共3070万家,占比达99.9%。小企业创造了美国国民生产总值的43.5%,在出口中占比达31.6%。小企业每年为美国新增150万个就业岗位,创造了64%的私营部门新增就业岗位,雇用了约46.8%的私营部门员工。美国科技型小企业的创新成果多且推出速度快。从科研投入看,37%的高科技员工在小企业工作;从创新成果看,70%的技术创新是小企业实现的,科技投资回收期约比大公司短1/4。

全球创业观察(Global Entrepreneurship Monitor,GEM)是一个对全球创业活动进行年度评估的研究机构,主要研究在不同的国家中创业活动对经济增长的影响。全球创业观察2022年度报告调查了49个经济体,结果显示各国的创业活动水平存在很大差异,拉丁美洲和加勒比地区的早期创业活动水平最高。有6个经济体成年人中超过1/4开始或经营新企业:危地马拉、哥伦比亚、巴拿马、智利、乌拉圭和阿拉伯联合酋长国。相比之下,有3个经济体每20个成年人中就有不到1个在创业:摩洛哥、希腊和波兰。

另外,研究者们发现,特别是在全球最主要的工业化国家七国集团中,创业活动水平与年度经济增长之间有非常紧密的联系。全球创业观察报告提供了一个确凿的证据,证明促进一个国家的创业活动和增强一个国家的创业动力,应该是任何一个承诺提高经济福利的政府不可忽视的要素。

归根结底,创业非常重要,且意义重大。创业在一个国家的经济增长中起着重要的作用。创业带来了就业和收入,将想法转化为新的商品和服务,加速了结构性变化,并提高了人们的生活质量。当然,大多数政府都有一长串的问题和项目在争夺他们的注意力和资源,但政府应努力主张具有新企业的变革力,企业家在他们的领导下将帮助创造一个更加繁荣、包容、社会和环境意识更强的未来,并带来不可否认的商业利益。毫无疑问,经济复苏和可持续发展的道路是坎坷的,但成功的企业家精神可以推动经济复苏,有助于创造创新的商业模式(例如,缓解当前能源成本过高的压力),提供新的生活、工作和消费方式。

三、西方的企业家精神

从西方的美索不达米亚文明开始,企业家精神就势不可挡地进入人类社会。随着苏伊士运河、巴拿马运河、基尔运河、科林斯运河的建成,一大批创造人类历史的企业家崛起,把企业家精神改变历史所付出的禀赋与努力充分显示出来。

企业家精神,最早可追溯至美索不达米亚时代的楔文历史。早期的人类告诉我们,生意能获得收益,但同地位无关,只有具备企业家精神的人,才有可能提升社会地位,富有品德,才能在市场中占有优势。"企业家"(Entrepreneur)一词源于法语 Entreprendre,意思是指中间人或中介。被评为"现代经济学创始人"的坎提隆认为企业家是指在市场中充分利用未被他人认识的获利机会并成就一番事业的人,企业家的职能是冒险从事市场交换。他强调企业家洞察力与活力在经济中的重要性,关注的是企业家的功能而非其个性。

法国经济学家萨伊进一步推广使用了"企业家"一词,他认为,企业家是"将经济资源从生产力和产出比较低的领域转移到较高领域的人",而创新是实现这种转移的必要手段。最早将企业家作为独立生产要素进行研究的是英国经济学家阿尔弗雷德·马歇尔,他在1890年出版的《经济学原理》一书中指出,企业家是打破市场发展不均衡性的特殊力量,企业家的特殊性在于其敢于冒险并承担风险。

美籍奥地利经济学家熊彼特发展了马歇尔的理论,首次强调企业家的创新性,将企业家视作创新主体,其作用在于创造性地破坏市场均衡。熊彼特认为,企业家是创新者,会打破市场平静,利用变化寻找获利机会。创新是将全新的思想付诸实践的行动,即将纸面设计变为市场上的逐利行动。但是,不同于马歇尔提出的企业家要敢于冒险和承担风险的观点,熊彼特认为企业家从来不承担风险。如果革新资金来自借贷,那么革新失败时倒霉的就是那些债权人;如果革新资金来自企业家过去积累的利润,那么他们也只是以资本家和商品所有者身份来承担风险。革新失败可能给企业家带来名声方面的损失,但其不会承担任何直接经济责任。

企业家精神最直接的定义,就是指企业家要有远见并敏锐洞察把握商业机会,或者把握还没发生的商业机会,具有冒险精神,从事经济活动,创新商业机会,创造社会财富。熊彼特认为,企业家所付出的,无论是独立行为还是从属公司行为,远不止行为前的决策,他们必须面对各种变化,试图掌握利用并服务于自己的目的。企业家精神天生就是一种冒险活动,充满不确定性,只有成功其价值才能得到证明。

19 世纪的欧美国家,人们将企业家具有的某些特征归纳为企业家精神。奈特、熊彼特、米塞斯、科兹纳等人进一步将企业家精神看作一种职能、活动或过程,包括判断力、破坏性创新、创造性以及警觉性等。奈特强调企业家判断力有赖于企业家在不确定环境中不断尝试、不断冒险。判断力作为企业家精神的集中体现,无法根据其边际产品来估价,因此也无法对这种判断力支付相应的工资。企业家判断力的发挥必须基于稳定的财产所有权。企业家精神的基本因素是人的创造能力。

科兹纳进一步把企业家精神看作对获利机会的发现或警觉。企业家对现存的机会保持警觉并随时准备发现它,通过当前行为创造未来。熊彼特认为企业家的职能是实现创新,即打破市场的均衡状态,企业家在这个过程中获得利润;当这种创新行为被模仿后,利润就消失了,市场又回到均衡状态。因此,企业家精神主要体现在创新生产技术或生产要素的新组合。获利的机会不可能就在那里,等待人们去实现;相反,获利的机会是企业家创造出来的,他们把变化本身看作改善自己企业条件的机会,积极拥抱这些变化并加以利用。熊彼特认为企业家是社会经济创新的主体,创新是企业家精神的灵魂,他定义的企业家精神有四种特质:建立私人王国、对胜利的热情、创造的喜悦和坚强的意志。企业家会经常存在要去建立一个私人王国和王朝的梦想和意志。企业家存在有征服的意志,战斗的冲动,他求得成功不仅是为了成功的果实,还为了成功本身。企业家在自己熟悉的循环流转中是顺着潮流游泳,如果想要改变这种循环流转,就要逆潮流游泳。

德鲁克结合萨伊对企业家的定义,发展了熊彼特的理论,认为企业家或企业家精神包括以下几种品质:大幅提高资源产出;创造出新颖、与众不同的东西,改变价值;开创新市场和新顾客群;视变化为常态,寻找变化,并将变化视为机遇而加以利用。因此,企业家的本质就是有目的、有组织地开展系统创新。德鲁克很早就预言,只有一个充满企业家精神的社会,才能获得源源不断的发展力量,无论是企业家精神还是创新,都是推动社会持续发展过程中不可缺少的力量,企业家精神从某种程度上看,可以当作是一种推动社会发展的创新精神,两者在社会发展中是高度一致的。德鲁克很早就提出了这一点,他认为,现代企业管理的关键就在于创新,社会发展的关键也在于创新。任何理论和价值以及方法在社会发展的过程中都会老化和僵化,都会成为制约生产力发展的桎梏,都会变得过时。公共服务机构和企业也是如此,只有不断创新,不断优化企业家精神,才能实现持续发展。无论是创新还是企业家精神的形成,都不是一蹴而就的,而是在循序渐进的过程中实现的,例如新产品、新政策或者新公共服务等都需要一个不断发展的过程。创新和企业家精神都需要经过计划、不断发展、通过多方尝试才能实现,在尝试过程中还会面临很多风险,有可能达不到预期,创新也许销声匿迹,企业家精神也许会消失。也就是说,创新和企业家精神并不是一成不变的,也并非死守教条,而是在社会发展中形式非常灵活,在不断创新和丰富的过程中实现了发展。

为什么人类需要认同企业家精神?因为企业家是推动历史又是创造历史的人。在不均衡的经济世界中,人类为了找到光明大道,不断为企业家精神正身。什么是企业家精神?人类更习惯把对社会做出巨大贡献的企业家,称为精神的楷模,随着时代的发展,企业家的故事越来越有代表性,越来越多地走进教科书,他们的盛衰命运影响人类社会。在经历了工业革命和华尔街的资本产业繁荣和衰落之后,工业革命中的企业家精神,为西方文明提供了经济基础,也提供了拯救的力量。任何大的商业成功,都是市场经济学理论成功的一个缩影,是企业家精神实践能力的成功。企业家组合了盈利可能性大的大企业形式,在充满竞争和活力的城市中,企业家面临各种挑战,他们进一步筹集并合伙经营公司,采取永续型多方合伙制,不会因为意外和背叛出现企业危机,只要制度一直存在,企业家精神自然形成,像现代的对冲基金,用剩余资产再去投资有效益的公司。

企业家在社会环境中创造了社会需要和生产要素。企业家涵盖人性的本性,勇于冒险和创造,勇于颠覆与创新,人们用特定的意义来形容这群特定的社会群体,开始时是作为商人有资格在社会管理生产要素。企业家们创造大量的社会效益和民众需要,导致管理者和企业家相互依赖。社会的发展迫切需要企业家的支撑。我们所需要的是一个富于企业家精神的社会,能够实现创新和企业家精神的连续不断发展,能够为两者的形成创造稳定的环境。比如当前的管理部门经过多年的发展,已经形成了一个系统的有序的管理体系,创新和企业家精神也需要如此,各方共同努力,各阶层共同营造,形成一个能够让其发展的、完善的体系,能够一直使创新或者企业家精神保持蓬勃的生机,能够在不断创新的过程中实现发展。从经济社会的视角来看,企业家精神是在变革的过程中不断发展的,是经济社会发展的主要推动力量,能够引领经济积极健康发展。企业家所进行的开创性的社会创新活动,实际上都是企业家精神在不断运作过程中实现的,并不是事先设计好的。

一个社会只有富有企业家精神,才能实现有效发展。德鲁克指出,一个企业总要经历一个形成和成长的生命周期,在形成和发展的前5~6年,基本上都是处于一种发展过程,盈利能力都非常薄弱,或者所谓的利润只不过是会计编造出来的。在这一段时间内,企业要想生存和发展,必须有持续经营的费用,而持续经营的费用则来自盈余。也就是说,企业每赚到一分钱,都必须投入生产经营当中,才能维持企业生命周期之初的运转。如果企业能够在投入过程中实现快速发展,那么收益则超过了投资,在这种情况下,企业才有盈余才能盈利,账户中才能产生"本期盈余"。因此一个富有企业家精神的社会,会充满蓬勃的发展力量,税收政策、鼓励资本等,都会成为社会发展的有效工具。

总之,企业家精神是指企业家群体所共有的特质、价值观体系和行为方式,其核心是创新、冒险,可以通过改善组织、社会环境等方式来激发和培养企业家精神。做好每一件事都需要企业家精神,需要冒险精神。企业家能够看到别人看不到的机会、想到别人没有想到的办法、做别人不敢做的事情、解决别人没有解决的问题。要做别人不敢做的事情,意味着要承担失败,不能循规蹈矩,要与众不同。

一个社会总是有一些传统、规范和模式需要被颠覆,而认识到这些模式的问题,重新组织要素,并成功为社会创造更多价值时,企业家的强强合作是必然的选择,这就是不分国界的企业家精神。成功无法定义,在没有人走过的路上,向前走的每一步都充满着风险,都将决定命运,人们应考虑如何充分利用人类美好的价值观,让美好的冒险精神,成为企业家精神的一部分。

第四节　数字时代的创业

时代不断演进,人类已逐步进入数字技术革命时代,数字经济正稳步成为当前经济发展的重要组成部分。《全球数字经济白皮书》的相关数据表明,2021 年,全球 47 个国家数字经济增加值规模已达 38.1 万亿美元,其中中国数字经济规模达到 7.1 万亿美元,占 47 个国家总量的 18.5%,仅次于美国,位居世界第二。随着居民消费升级,我国数字经济整体上仍然呈现快速增长态势,预计到 2030 年,我国数字经济总量占 GDP 的比重将超过50%。数字技术的应用正在影响并逐步主导社会、经济和人们生活的各个领域。数字经济的培育发展了新动能,已经成为国民经济发展的助推器、倍增器,将推动经济社会更高质量地发展。世界各国均将数字经济纳入国家战略,以此进一步巩固、扩大其发展态势。早在 2017 年中共中央政治局就实施国家大数据战略进行第二次集体学习时,习近平总书记就提出了要加快完善数字基础设施,推进数据资源整合和开放共享,保障数据安全,加快建设数字中国。

作为融合了数字技术的时代性产物,数字创业是推动社会变革的重要力量,也是数字经济增长的核心动力,能够从根本上改变经济增长方式、调整产业布局、重构创业过程、优化生产生活方式。数字创业已成功突破传统创业所受的时间、空间限制,以"数字+创业"助推企业的飞速发展。

一、数字时代的到来

世界各国高度重视数字化进程。美国在信息技术领域的基础性研究、应用型专利、技术的商业转化能力等方面全球领先;德国、日本在工业互联网、物联网产品开发和应用领域具有领先优势;中国、印度等新兴市场国家的数字消费和数字化应用日渐普及且发展迅猛。整体上看,中国的东海岸和美国的西海岸,集聚了全球知名数字领先企业,引领传统产业的重构,成为数字世界的重心。

2014 年美国由顶尖企业支持成立了工业互联网联盟(Industrial Internet Consortium, IIC),带动所有行业互联网应用水平提升。德国和日本制造业的顶尖企业也纷纷加入 IIC。另外,日本成立的神户飞机产业集群研究会、东京实施的城镇工厂连接项目、柏崎市由 DxOxOMo 引领推动的智能工业城市建设等都是日本推进数字化进程的试点试验。日本政府连续几年发布振兴战略,推动数字连接,努力推进制造业服务化和智能化工程。2017 年德国和日本政府签署《汉诺威宣言》,推动两国在安全、技术标准、数据自由、企业合作、共享研发、人才培养、汽车及通信等领域开展广泛合作。

中国是全世界最具代表性的新零售创新国家,拥有超过 6 亿数字化消费者。中国零售业在经历了网上销售、电商时代之后逐步进入新零售时代。通过数字化手段和大数据工具,将研发、设计、制造等环节卷入数字化进程,推动数字化消费者各类消费过程场景化,形成一系列强关系的场景数据;推动电商时代的零售、物流等流量人口和服务环节的竞争步入全产业链竞争;推动资源配置的状态优化和效率提升。传统零售企业是数字化转型的急先锋,苏宁、国美、永辉等零售企业纷纷进入新零售 2.0 或 3.0,根据线上数据优化线下场景,构建统一的底层数据库体系。以阿里巴巴、京东等为代表的数字原生企业围绕商品、品牌、营销、销售等建设线上线下场景,推出天天特卖、天猫小区、淘鲜达、淘宝极有家等线上新场景,开设盒马鲜生、京东超市、京东小店等线下新场景;同时,对接 6 亿消费者的大数据和数字智能技术,形成淘宝企业服务平台、客服云 SaaS 交易管理平台、天猫新品创新中心、天猫小黑盒、阿里仿真系统等智能产品和服务,帮助 B 端商户提高服务消费者的能力和效率。

同时,数字原生企业与品牌商家开展广泛合作,帮助商家开展 C2B(消费者到企业)定制服务,开发自有品牌,实施多种形式的品牌计划,提供品牌所需的各种工具和解决方案,助力商家打造爆品,壮大品牌商自有流量池,沉淀品牌数字资产。上述服务都类似于阿里巴巴提出的推动生产要素在线化和数字化的商业操作系统。这个系统至少包括品牌、商品、销售、营销、渠道、制造、服务、金融、物流供应链、组织、信息技术等商业要素。以阿里巴巴、小米等为代表的数字原生企业通过内部创业、创新和产品研发提高服务能力;以鞋服类为代表的消费者驱动行业努力寻求合作,创设数字生态系统;大量技术驱动的制造业企业通过并购和投资,从创业公司和新技术中获取数字化能力,但制造业数字化方面的进展仍处于萌芽状态。传统制造业企业围绕营销推广、渠道升级、品牌建设、生产制造、研发设计等对接数据银行,开展消费洞察、销售仿真、品牌升级、C2B 研发、数字化生产等活动,推动产业环节渐进升级。

中国拥有全球最大的数字化消费者群体,几乎所有企业都已认识到数字化进程的大势所趋,也形成了阿里巴巴、百度、腾讯、小米等具有全球影响力的消费者大数据。这些数字原生企业基于大数据开展的一系列创新和应用推动了大数据产业发展,也助推消费者驱动的产业快速应用大数据,服务消费者。当然,各行业及其龙头企业受制于产品特征、消费特点、产业特性等,其数字化进程明显不同。但从长远看,数字化进程在所难免,只是哪些环节先介入数字化,哪些环节后被动数字化,哪些功能作为核心竞争力体系的一部分,哪些功能应该考虑资源利用的效率予以外包,需要企业认真思考。

波士顿咨询公司的研究表明,中国正迎来物联网、信息物理系统和自动化控制等技术引领的工业 4.0 时代,一些全球挑战者企业已经开始使用工业 4.0 和服务 4.0 等新兴技术提高生产力、优化核心业务。例如,自 2015 年起,美的在五个国家完成了至少五笔收购交易,以充实其技术基础并提升竞争力。收购德国库卡让美的集团成功进军日新月异的机器人领域。收购 Servotronix,并借助该公司在运动控制方面的领先技术,使美的进一步实现了自动化生产。

(一)数字经济内涵

数字经济是指以数字化的知识和信息为关键生产要素、以现代信息网络为重要载体、以信息与通信技术(Information and Communications Technology,ICT)的有效使用为效率提升与经济结构优化的重要推动力的一系列经济活动。数字经济是继农业经济、工业经济之后的又一种新的经济社会发展形态,包括数字产业化和产业数字化两大部分(见图 2-1)。数字经济时代,数据作为一种生产要素介入产业体系,并基于其高流动性处于优化资源配置的状态,表现为对产业环节数字化进程的自我强化;基于数据的多样性特点呈现出多流量人口的相互竞争,表现为各类数据平台的迅速崛起。从微观个体来看,这种介入必将整合低流动性资源,意味着企业核心竞争力的进一步凸显和竞争力体系的重构。从整个产业体系来看,这种介入打破了集聚效应的空间限制,推动着数字化产业环节的数字孪生和活动仿真,并基于上下游关系逐渐将其他环节卷入数字化进程。

我们可以从人类社会演进的历史长河中审视数字经济,与传统的农业经济、工业经济相比,数字经济的内涵主要体现在以下四个方面:

1. 算力

算力是计算机设备或计算/数据中心处理信息的能力,是计算机硬件和软件配合共同执行某种计算需求的能力,主要包括运算速度和存储量,是数字经济时代区别于农业经济和工业经济最为直观的表征。早在 20 世纪 60 年代,英特尔创始人之一戈登·摩尔就提出了著名的摩尔定律,当价格不变时,集成电路上可容纳的元器件的数目,约每隔18～24个月便会增加一倍,性能也将提升一倍。近几年,随着现代信息化技术的发展,尤其是移动互联网、大数据、算法、云计算等的发展,进一步提升了算力,推动着社会经济向数字化转型。摩尔定律反映出数字经济算力的提升,有效地提升了经济的运行效率,但应该注意的是,算力作为一种经济手段,并不能脱离具体的实体经济。有效利用数字化技术,向数字化转型是未来的大势所趋,但应推动实体经济与数字化深度融合。

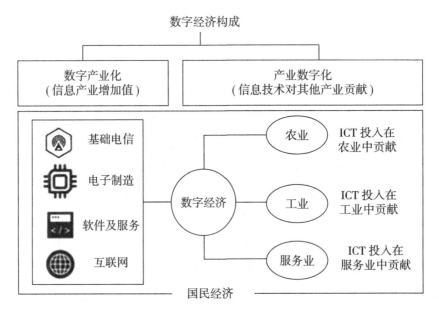

图2-1 数字经济构成

2. 信力

信力主要是指数字经济的安全。农业时代和工业时代也存在经济安全问题,但当时人类对技术依赖性不强,经济安全的问题,影响范围非常有限。然而,随着当前数字经济高级阶段——人工智能时代的到来,经济对技术的依赖越来越大,经济安全也越来越受到重视。一旦出现安全问题,其对人类文明的冲击有可能是致命的。人类在过度依赖技术发展的同时,也会给自身安全造成极大的风险。应该谨防技术在发展过程中淘汰人类,成为人类"最后的发明"。比如,埃隆·马斯克就多次发出警告,要关注人工智能发展

带来的安全问题,警惕人工智能危害人类文明,甚至可能会毁灭人类文明。

3. 想象力

想象力是数字时代保证人类发展的核心力量。人类不仅生活在物理空间中,也生活在数字虚拟空间中。随着数字经济在深度和广度上的发展,虚拟空间将有可能成为人类接触得越来越多的空间。在虚拟空间中,人的想象力和创造力将会得到最大限度的释放。在物理空间中,人的幻想与希望、享受与痛苦总不免要与人发生不同程度的交流,能否找到认同还依赖于交流的对象;在虚拟空间中,人的活动更多的是与自己对话,更加有利于人认识自己,获得认同。《流浪地球2》就描述了人类如何从真实世界转移到虚拟空间中生存。人在真实世界中通过劳动创造财富和繁衍后代,而在数字空间中通过创造数据与算力创造财富。因此,在推动实体经济传统产业向数字化转型的过程中,如何通过模式和业态创新等手段,有效激发人在虚拟空间中的想象力显得尤为关键。

4. 管理力

数字时代的算力、信力和想象力能否得到有效发挥,以便服务于经济高质量的增长和人类高品质的生活,主要依赖于管理力。这里的管理力与平常所谓的管理能力不同,数字时代的管理力,是指算力、信力和想象力的系统应用,影响到数字世界价值的存储、输入、输出以及各种运算,将是未来数字世界的高级核心竞争力,甚至是虚拟的"国界线"。管理力的重要体现,是如何能够有效地链接物理空间和虚拟空间,如何让个人既能够认知世界,又能够寻找到广泛认同,并创造和实现价值。管理力不会导致技术的发展,而只是给大多数技术精英带来效益,让绝大多数普通人成为所谓的"无用阶级"。

(二)数字经济特征

1. 数据成为经济发展的关键生产要素

在农业时代,经济发展依靠的关键生产要素是土地和劳动力;在工业时代,经济发展依靠的关键生产要素是资本和技术;在数字时代,经济发展依靠的关键生产要素是数据。数据是未来国家和企业之间竞争的核心资产,是"未来的新石油"。农业时代和工业时代的关键生产要素,都面临着稀缺性的制约。然而,当数据成为一种关键生产要素时,只要有人的活动,数据的生产就是无穷尽的,加之数字技术可复制和共享,数据从根本上打破了稀缺性生产要素的制约,成为推动经济持续发展的根本保障。

2.数字基础设施成为新的基础设施

数字基础设施,顾名思义就是"数字化"的基础设施,主要是指以网络通信、大数据、云计算、区块链、人工智能、量子科技、物联网以及工业互联网等数字技术为主要应用的新型基础设施。数字基础设施是在数据成为关键生产力要素的时代背景下,在软硬件一体化的基础上,以知识产权为核心价值,用数据表达新型生产力结构和生产关系,并用以支撑数字中国建设的底层架构和技术基础。在数字时代,数据成为推动经济发展的关键生产要素,并改变了基础设施的形态,数字基础设施成为新的基础设施。一方面,国家正在加大投入,推动网络、云计算、云储存等信息基础设施的推广普及,加大对公民数字素养的培训;另一方面,越来越多的企业开始利用数字技术,对传统的基础设施进行数字化改造,实现数字化转型。

3.供给和需求的界限日益模糊

在传统的经济形态中,供给侧和需求侧是相互分离的。在工业时代早期,物质比较稀缺,需求的满足取决于供给的产品。著名的"萨伊定律"指出:供给会自动创造出需求,这表达了在物质尚稀缺的时代供给和需求之间的关系。即便是经济发展到一定阶段,资源与物质稀缺的问题已基本得到解决,完全按照消费者的需求来生产相关产品在技术和效率层面也是不可能的,因为供给和需求分离的状态并没有改变。然而,到了数字时代,数字技术的成熟正推动供给和需求逐渐走向融合。

在数字时代,组织、体系、链条、关系的解构不可避免。个体将成为产消者、动态细胞式生产的一部分,系统在物联网的支持下将实现横向集成,而C2B和动态细胞式生产将相互促进。组织会围绕具有核心竞争力的功能形成一系列强关系的数字化场景,形成一系列物联网连接的智能工厂、智慧组织、场景活动、文化小镇、工业城市等。组织之间也会基于不同场景的相关性形成一系列弱关系。产业链条、产业体系正是基于这些以弱关系相关联的强关系场景进行重组。数据的应用日益广泛、累积不断升级、产品化和工具化趋势显著,巨大价值陆续呈现。当然,这个数字化的实现过程仍然充满挑战。

二、数字时代的创业环境

创业环境包括影响个体创业行为的一切社会文化、经济、政治和获取创业帮助的可能性,是影响创业活动的重要因素组合。从企业管理角度来看,我们必须考虑企业所处的内部环境和外部环境,从而分析企业所面临的机遇与挑战。企业内部环境涉及体制、组织结构、管理流程和企业文化。企业外部环境涉及社会、经济、规章制度、竞争、技术、顾客、劳动力以及供应商等。

企业外部环境一直处于变动之中,这是一种连续不断的变化,派生出源源不断的新挑战。企业外部环境主要包括以下几个方面:

(1)经济环境

经济环境包括宏观经济形势、世界经济形势、行业在经济发展中的地位以及企业的直接市场等。其中,企业的直接市场是与企业关系最密切、影响最大的环境因素,具体包括资金市场、销售市场、供应市场、劳务市场等。企业的生产经营需要考虑生产成本、产品价格、利率、税收激励、汇率、经济周期的不可预测性等因素。

(2)技术环境

技术环境指与本企业从事行业有关的科学技术的水平和发展趋势,包括:本专业新技术的加速发展、产品淘汰速度加快、产品生命周期缩短、保护知识产权的难度更大等。

(3)劳动力环境

劳动力环境主要指企业必须面对的劳动力问题,主要有:熟练工人日益缺乏、员工流动性高且忠诚度低、员工福利成本高、高度依赖合约劳动力等。

(4)竞争环境

竞争环境指企业必须面对的竞争者的数量和类型以及竞争者参与竞争的不同方式。在任何市场上销售产品,企业都面临着竞争。市场上从事同类商品生产经营的企业,其竞争者包括现实的竞争者和潜在的竞争者。同一市场,同类企业数量的多少,构成了竞争强度的不同。竞争环境主要包括:日益激烈的竞争、高度创新的竞争者、使用非传统方法的非传统资源竞争方式、来自利基市场的威胁、顾客或伙伴成为竞争者等。

(5)顾客环境

随着顾客的成熟度越来越高,对产品的服务的要求也不断增加,企业必须面对具有高需求且日益复杂的顾客和更细化的市场,企业需要强调投资于顾客并学会更善于吸引和留住顾客。

(6)资源环境

资源环境的产生是人们由自然资源到环境资源的认识的一种深化,几乎所有的自然资源都构成人类生存的环境因子,主要包括矿产能源资源、土地资源、水资源、森林资源、海洋资源和环境资源等。企业在生产经营中面对的资源环境问题主要有:资源日益稀缺、资源日益专业化、未知的供应来源、资源报废加快等。

(7)法律和管制环境

随着各国的相关法律和监管制度越来越成熟,企业必须面对更严格的管制,如无限期的产品责任、环境规制的遵从成本、日益增加的环境规制、日益强调的自由和公平贸易、强制性的员工福利成本等。

(8)全球化与逆全球化环境

全球化是指在各种领域中,全球范围内的经济、文化、政治、科技等方面的交流和互动加深和加速的现象,而逆全球化是指一种反集中化的趋势,它反映了一些国家、地区和社会群体对全球化所带来的负面影响感到担忧和抵制。在这个复杂多变的世界经济政治格局下,企业需要随时面对遍布世界各地的实时沟通、生产和销售;面对遍布世界的更为精明的供应商、顾客和竞争者;需要考虑通过全球外包和国际战略联盟获取竞争优势;需要面对通过回归传统的国家主义立场稳固国际地位的反多边主义现象和通过制造业回流、再工业化与贸易保护主义维护国家利益的民族主义现象;以及考虑如何处理利用政府权力对资本流动加以限制的极端政治倾向。

当前,数字技术的应用正在影响并逐步塑造社会、经济和生活的各个领域。以大数据、云计算等为代表的数字技术的突破和融合发展推动了数字经济的快速发展。以数字技术为基础的创新在多个领域并发进行,商业领域的新模式和新业态持续涌现,产业组织形态和实体经济形态不断重塑。数字技术的不断渗透,同时改变了创业行为和创新绩效。

(一)数字时代的创业资源

近年来,以移动互联网、大数据、人工智能、区块链等为代表的数字技术极大地改变了企业的运作模式和行业格局,数字技术也为创业者提供了更广阔的创业空间。依托数字技术,一大批数字初创企业呈现出爆发式成长。世界主要国家均在加速数字技术、产品和服务创新,积极制定相关激励战略。2011 年美国发布《联邦云计算战略》(Federal Cloud Computing Strategy)、《大数据研究和发展计划》(Big Data Research and Development Initiative)、《支持数据驱动型创新的技术与政策》(Data Innovation 101: An Introduction to the Technologies and Policies Supporting Data Driven Innovation),将技术创新战略从商业行为上升到国家战略。德国通过对信息与通信技术、信息安全、微电子和数字服务等领域的投资,推动大数据创新在"工业 4.0"、生命科学、医疗健康领域的应用。英国鼓励本土数字科技企业成长,并通过吸引世界各地的科技创新企业来促进经济发展。欧盟在《欧洲 2020 战略》中提出了数字创业的政策愿景,认为数字技术的发展和应用为欧洲创造了更多的新商业机会。中国信息通信研究院 2021 年发布的《中国数字经济发展白皮书》显示,2020 年我国数字经济规模为 39.2 万亿元,占GDP 的 38.6%,保持了 9.7%的高位增长,是同期 GDP 名义增速的 3.2 倍,数字产业化规模达到 7.5 万亿元,占数字经济的 19.1%,产业数字化规模达到 31.7 万亿元,占数字经济的 80.9%,农业、工业和服务业数字经济渗透率分别为 8.9%、21.0%和 40.7%。

数字时代的创业与传统创业相比,创业资源的可获得性和可替代性更高。传统创业资源相对有限,沟通成本和资源拼凑成本较高。数字技术的开放性能够降低创业者感知到的风险,提高创业者开发机会的可能性;数字技术的嵌入以及平台型企业对数字技术的共享行为,能够减少创业者的进入障碍、降低市场扩张成本。例如,云计算等数字技术产生的信息与通信技术服务更有效地支撑了中小企业创业,为中小企业提供了进入全球市场和加强合作创新的机会。这种数字技术背景下的创业趋势将会不断改变社会生活和经济发展的模式与速度。另外,数字技术的关联性促使创业者以较低的成本与多样化的主体建立连接,促使创业者网络的建立及深化,降低创业活动中资源的获取门槛。

传统创新从创意产生、研究开发到商业化,各环节边界清晰且确定,具有一定的自律性和模块化创新特征,创新机遇和成果相对稳定。随着数字时代的到来,在数字技术的赋能下,数字创新与产业呈现出显著的融合性,社会经济存在更多有待改进的机会空间,在产业数字化的进程中,将催生新的创业机会。以大数据技术为例,新兴的创业企业可以通过出售数据和服务,为不同行业企业提供更专业的解决方案,这种新型创业正成为数字经济时代重要的商业模式。像今日头条、滴滴出行这些估值动辄十亿、百亿元的数字化宠儿,正是近年来数字经济发展中涌现的佼佼者。

新的数字技术,比如移动互联网、社交媒体、云计算、3D 打印等,正在以前所未有的汹涌态势,重塑传统产业,加速产业融合,催生新的业态,改换竞争图景,并渗透到社会生产和生活的每一个角落。数字技术已然成为一种无可比拟的重要生产要素,赋能财富创造,激发创新创业;数字技术已经成为新经济发展的发动机,是重塑社会生产力和生产关系的关键力量,更是世界各国竞争力比拼的新竞技场。

数字技术的广泛应用为创新和创业活动的开展提供了不同以往的商业环境,其影响不仅在于打破原有企业成功的条件,更在于深刻地改变着创新和创业活动中蕴含的不确定性。在全球数字技术与数字经济快速发展的背景下,数字创业应运而生,它将新兴的数字技术与创业活动融合在一起,为新价值创造带来无限的想象空间。

(二)数字时代的创业机遇

在新一轮科技革命和产业变革的带动下,依托着充满活力的巨大市场和庞大的制造业体系,中国企业的创新能力正在不断提高。特别是在数字技术的应用及政府的大力推动下,中国正在数字经济领域掀起新一波创新创业浪潮,创业企业、创业投资、创业平台的数量呈现爆发式增长,创业群体迅速扩大,全社会创新创业蔚然成风。

1. 数字化催生新产业、新业态和新模式

在数字时代,数字知识和信息转化为关键生产要素。信息技术创新、管理创新和商业模式创新相融合,不断催生新产业、新业态和新模式。数字经济的发展以及互联网创新科技成果的涌现催生出一批全新的产业形态,如移动支付、共享经济、人工智能等。在全球数字技术与数字经济快速发展的背景下,以大数据分析、社交媒体、云计算和智能制造等数字技术与商业机会相融合的商业新模式正在不断涌现。

2. 数字化与传统行业深度融合

在数字时代,传统行业迎来数字化驱动的转型升级热潮,不断催生出智能化生产、网络化协同、个性化定制、服务化延伸等新型模式。数字技术与实体经济融合,已成为数字产业增长的重要引擎。我国数字技术、产品、服务正在加速向各行各业融合渗透。从"机器换人""工厂物联网"到"企业上云""工业大脑",从数字化车间到智能工厂,数字技术对制造业的融合改造和提升正在向更深层次推进。金融、物流、旅游、交通等行业正在深化大数据的运用,推动着这些领域向平台型、智慧型、共享型融合升级。当前,大数据、人工智能、云计算等数字技术更新换代的速度越来越快,数字化浪潮为传统行业的深化发展带来崭新机遇,传统行业插上"数字"翅膀,正在发生"数字化蝶变"。

3. 数字技术降低了创业门槛

在数字时代,创业门槛降低主要体现在三个方面。首先,数字技术的应用使得成本较为低廉的信息资源成为新的创业要素,减少了中间环节和沟通成本。其次,数字创业基于线上线下相结合的创业网络的资源整合和团队组建,突破了传统实体模式,大大降低了沟通成本和资源获取成本。比如借助车库咖啡、氪空间等各类创新型孵化器,依托其背后巨大的投资人网络,创业者的团队组建和融资等活动成本大大减少。最后,数字技术能把市场信号更快、更准确地传递给创业者,并加快创业者和需求方之间的信息交换,通过线上方式实现供需精准匹配。例如,云计算等数字技术产生的 ICT 服务更有效地支撑了中小企业创业,为中小企业提供了进入全球市场和增加合作创新的机会。这种数字技术背景下的创业趋势将会不断改变并提升社会生活和经济发展的模式与速度。

4.数字技术促进产品和服务更新

在数字时代,以数字技术为基础的创新创业在多个领域和行业并发进行,商业领域的新模式和新业态持续涌现,产业组织形态和实体经济形态不断被重塑。在多数情况下,创新创业过程包含着一种新产品或新服务的诞生,这对创新创业能否成功来说具有关键作用,而从整个经济社会的角度来看,这无疑是产品和服务不断更新的重要推动力。

(三)数字时代的创业挑战

数字时代的创业面临以数字技术为基础设施所带来的不确定性挑战。

1.数字技术对企业的生存带来威胁

从企业生存来看,数字技术的可再编程性和可供性在一定程度上给新创企业的生存带来了威胁。一方面,由于数字技术的可再编程性,平台内数字基础设施的修改可能会破坏现有生态位,直接危害新创企业的生存,如淘宝、天猫、京东等平台 App 对其数据共享协议的修改,可能会使许多原本以通过分析用户购买行为数据而进行决策的创业企业失去活力。同时,数字技术的可再编程性可以实现突破式创新,大大提高了创业过程中的不确定性,不利于企业的生存。另一方面,数字技术的可供性使得平台所有者所获得的信息量远大于平台内创业企业所获得的信息量,形成极大的信息不对称,可能会造成平台所有者对创业企业的吞并,危及创业企业的生存。

2.数字技术的开放性可能阻碍企业的发展

从企业发展来看,数字技术的开放性和可编程性在某种程度上阻碍了创业企业获取资源和提高资源配置效率,同时也会产生相应的法律和道德问题,阻碍创业企业的发展。首先,数字技术的开放性使得创业活动的负面信息难以掩盖,而这些信息的揭示不利于创业企业获取资源。其次,数字技术的开放性使得一些创业活动可以凭低成本进行复制和传播,阻碍创业企业对内容创造者资源的整合和利用,企业难以建立长期且持久的竞争优势。最后,数字技术的开放性和可编程性使有些创业企业收集个人隐私信息、进行数据交易、传播虚假信息,产生相应的道德问题。以上这些都在一定程度上限制了创业企业的进一步发展。

3.数字技术可能会造成"跨界"打击

数字时代的创业将面临由创新驱动所导致的"跨界"打击。科技的快速发展、环境的复杂多变消灭了传统的竞争壁垒,行业边界和竞争壁垒的消失则提供了这个时代最大的机会。不同的组合与合作,可以给消费者带来极致的体验。因此,越来越多的企业采取跨界合作的方式。一些传统的创业活动,如果不是创新驱动型创业,恐怕会遭遇"跨界"打击。比较典型的案例是小米。小米以手机终端为控制核心切入智能家居市场,依托长期积累的智能硬件生态链,形成较为成熟的生态闭环,于2021年跃居我国智能家居市场榜首。小米在智能家居市场能够获得如今的成就,在于其从产品到生态和技术的创新驱动,小米的 IoT(Information of Technology)平台也逐渐发展成为全球领先的消费级 IoT 平台。总体而言,低端创业时代已经落下帷幕,如果不是创新驱动型创业,恐怕很难在以技术创新为主导的数字时代生存或建立竞争优势。

三、数字技术对创业的影响

数字技术包含数字组件、数字平台和数字基础设施三种不同但相关的元素。

数字组件是指可以为终端用户提供某种特定功能和价值的数字元件、应用程序或媒体内容,包括电子设备上单独的硬件和软件,或者数字平台的构成部分,比如智能手表上的应用程序、运动鞋内置的运动传感器等。数字组件不仅能够被在线访问和调整升级,而且,由于实现了信息内容与物理实体的分离,不同的数字组件易于连接和重新组合。比如,如今的汽车生产厂家可以方便地通过修改数字组件为其已售产品提供软件升级服务。数字组件的上述特性被称为可再编程性和可重构性。

数字平台是一组共享和通用的承载数字组件以及其他部件的服务体系

和架构,包括具有可扩展性的操作系统或开源社区等,比如谷歌的安卓平台。数字平台将以数据为中心的业务管理和运营策略引入传统企业,为企业提供高效率、低成本的核心业务流程应用。通常情况下,数字平台是包含多个层次的模块化结构,这些模块化结构的存在使得单个组件不再是产品导向,每个平台层都有可能产生一个不同功能的设计层,这就使得数字平台中跨越多个层次的组件不再局限于产出某种特定的产品,而是成为与特定产品无关的新产品开发平台。因此,数字平台允许不同组件之间重新连接并进行功能的再组合、扩展和再分配。比如,安卓手机和百度地图在不同平台层次的有机组合催生了手机导航和打车服务。数字平台的这些特性被称为自生长性和可扩展性。

数字基础设施是以数据创新为驱动、通信网络为基础、数据算力设施为核心的基础设施体系,指可以提供沟通、协作和计算功能的数字技术工具或系统,如数据中心、云计算、5G 通信技术、社交媒体、在线社区、人工智能、物联网、区块链等新一代信息通信技术,以及基于此类技术形成的各类数字平台。数字基础设施使得更多的主体可以参与到创业活动中来,这有助于创业主体利用大数据和云计算等数字技术低成本地构建和测试商业模式。比如,爱彼迎和滴滴打车等公司利用数字技术打破时间和空间约束,在不拥有客房和汽车的情况下对社会闲置资源进行优化配置。同时 3D 打印、智能机器人、AR 眼镜、自动驾驶等新型数字科技,则广泛拓展了数字基础设施建设的应用范围。从这个角度看,数字基础设施具有开放性和集成性等特点。

在创业领域,数字技术带来的不仅仅是对传统工作方式的更新,更是对传统商业模式的颠覆。

1.建立数字性

数字性体现在数字技术与载体的开发与应用过程,包含数据性、虚拟性以及无边界性。其中,数据性的核心为数字技术,其载体为数字数据,整体过程受大数据驱动。虚拟性是指借助网络载体,实现产品和服务无形化。无边界性是指数字创业所具备的高度开放性、流动性,能够完美吸引多主体共同参与创业,达成高度协同。数字性强调在创业过程中对数字技术、载体、内容的开发与应用。数字技术利用其特有机制生成海量的数据资源,并

以此为基础,促进新旧资源的绑定与再利用,从而实现无限的发展潜力。

2. 重塑创新性

创新性是一种对新开发、新改进或应用新模块的描述。数字技术在一定程度上颠覆了传统创业的底层逻辑,在改进现有实体的基础上发展出新的趋势,重塑创新活动的规模、范围和导向。

数字技术打破了创业过程的时空边界。基于数字组件和数字平台的可编程性和开放性等特性,不同层次的数字组件和数字平台进行低成本、快速的试验与迭代,创新过程各阶段的边界被打破,持续、快速和多样化的迭代使创业过程的动态性更强,非线性特征更为突出。另外,在此过程中产品或服务的范围、功能、价值主张甚至商业模式都在不断演变,从而衍生出更多机会。例如,数字搜索和数字档案的结合可以实现交通导航、音乐点播等不同机会。

3. 提高开放性

开放性是指企业在吸纳参与者、输入要素、创业过程以及创业结果等方面的开放程度、规模及范围,是关于创业过程开放程度、规模和范围的综合描述。数字技术能够以各种方式促进开放,借助其可编辑性和可沟通性,企业能更好地实现开放式协作、集中分散的数据。例如,数字制造商可使用开源协议发布相关程序,以供同行交流、重复使用。数字新时代的创业者更偏向于与合作伙伴进行开放式的协作,从而实现价值的共同增长。

数字技术打破创业的结构边界,即产品的范围、特征和市场范围。基于数字技术的可编程性、可重构性、自生长性等特点,更加多样化的新产品、新功能涌现出来。而且,具有开放性的数字技术赋能更多主体的参与,使新产品、新机会在多主体之间以及他们与数字技术的互动中不断迭代,这在很大程度上模糊了产品或服务的产出界限,比如微信通过红包衍生出支付、转账、电商等很多新兴业务,与之相关的创业机会仍在持续地迭代和酝酿之中。

4. 保持灵活性

灵活性是指企业感知整体环境,鉴别、评估、发现并利用创业机会的灵敏度。尽管创业企业最初有相当强的灵活性,但是随着企业规模扩大、人员冗余,组织结构不可避免地出现一定僵化,由此会带来管理决策滞后等问题,如何保持灵活性成为一个巨大的挑战。数字技术的计算特征和连接特征可以帮助创业企业在复杂的市场环境中拥有更强的灵活性。通过大数据以及快速响应机制,数字技术可以帮助企业快速感知、适应环境条件的变化,并捕捉机会,提升其灵活性。通过时刻关注外部环境的变化,数字技术尽可能地避免了企业受到复杂外部环境的不利影响。依托数字技术搭建的数字平台,则为企业交换有价值的知识与信息提供了更为便捷的途径,有利于创业者及时获取信息、修正相关创业战略。

5. 放大价值性

价值性是指创业过程中的价值创造、分配以及可实现的结果与回报,包含低成本性、高回报性以及资源易整合性等。其中,低成本性是指企业可将低廉的数字信息资源作为新的创业要素,以此减少中间环节和沟通成本;高回报性是指企业借助数字创业的创新模式,获得高收益、高成长;资源易整合性是指创业者或者创业团队可基于网络,利用数字技术的信息优势,整合现有资源,降低创业资源的匹配成本。

价值性揭示了创业活动的价值创造结果。数字技术对创业的影响主要体现在数字技术的多层级模块结构和开放性特征有助于打破空间限制,使得来自不同层级、不同位置的多样化创业者和创业团队得以产生更多的联合与互动,促进集体性的价值创造过程。数字技术绕过中介,实现价值网络参与者之间的信息资源直接交换。价值网络参与者之间的耦合得到加强,数字技术有助于实现参与者之间的密切协作和协调。创业团队、用户、投资者等怀有不同目标、动机和资源的主体能够更为便利和有效地参与创业活动的各个环节,从而为数字创业者带来更多创意、资金、人才和问题解决方案。数字技术还可赋予客户成为价值网络中价值共同创造者的能力。数字创业在价值创造、分配、获取等环节中的价值性被数字技术放大,从而实现更大的价值。例如,众筹网络平台能够将创业者与全球范围的潜在消费者和投资者连接在一起,有效促进了资源的获取和创意的落地。

数字技术给传统创业理论中的创业机会识别、创业过程转换、创业产出以及创业主体带来了颠覆性的改变。数字技术对创业过程的影响见表2-1。

表2-1　数字技术对创业过程的影响

创业阶段	影响过程	影响特点
创业起步阶段	·创业机会识别 ·数字技术平台搭建 ·数字组件架构重构	·创业机会的认知是创业者、用户和市场不断交互的过程 ·数字技术平台推动了异质性创业团体的形成、创业思想的产生和发展 ·数字组件的重新连接改变了产品、服务和已有创业机会的边界
创业实施阶段	·数字创业的优势 ·创业机构与主体 ·创业时空分布	·创业试错更快、成本更低;交易费用、管理成本、机会成本降低 ·创新主体动态有机重组,共创价值 ·创业阶段划分灵活,突破时空界限
创业产出阶段	·产品和服务边界模糊 ·创业产出更具灵活性	·产品或服务的范围、特征和价值通过数字组件和构成的改变而持续演变 ·产品和服务具有自生长性,其功能、内容与传播媒介分离

在未来,数字创业将是创新创业资源、创新创业平台、创新创业主体、市场和环境、用户与创新创业服务机构等多方参与和交互的过程。

发展以数字基础设施治理、数字用户群体、数字市场和数字创业为核心的数字创业生态将是未来的重点。需要从国家、区域、产业和企业等多个层面,探索构建软硬件开源平台、云计算和大数据计算能力平台、众筹和创客等创新创业平台以提升创业主体核心能力,并探索完善数字创业服务相关政策,鼓励创业者、投资人、用户、企业、创业服务机构和科研机构等各类数字创业主体形成良性互动机制,实现区域、地区创业平台与创业供需方之间的对接,为我国数字创业提供全方位支撑。

四、数字时代的创业模式

大量事实证明,选择合理的创业模式,组建卓有成效的创业团队是创业成功的重要基础。在数字时代,创业者可选择的创业模式主要有以下几种。

1.捍卫者创业模式

捍卫者创业模式是指企业在现有行业或发展轨道,利用成熟的数字技术进行组织创新和价值创造。这种模式对企业的数字技术资源要求不高,强调通过对已有资源的创造性应用,实现企业在各个职能领域的组织创新。在零售、消费、中介等传统行业,企业往往缺乏数字技术资源和资金实力,同时也较少有强烈扩张的意愿,适合选择捍卫者模式开展数字创业。捍卫者模式下强调创业应用渐进式数字技术成果,降低企业经营成本,从而实现对现有领域的坚守,以及对已有市场位势的巩固。如实体店引入数字化平台进行线上交易,向顾客推销产品和服务,传统制造型企业使用数字化系统对生产经营等环节进行精细化管理等。

2.重塑者创业模式

重塑者创业模式是指并未完全颠覆创业的所有底层逻辑,企业在行业内引入全新的数字技术进行组织创新和价值创造,通过修订类和创造类机制在改进现有实体的基础上发展出新模式,重塑创新活动的规模、范围和导向,推动产业的数字化转型和升级。选择重塑者模式的企业不仅体现其在本行业中的领导地位和关键角色,往往更注重整个行业的良性发展,希望能够成为相关行业的引领者。

3.赋能者创业模式

赋能者创业模式是指企业将持续改进的数字技术引入新行业,从而开辟新的发展路径以实现自身的发展。它强调跨行业应用数字技术来实现企业目标市场范围的扩张。运用赋能者模式的企业需要具备系统的、可迁移的成熟数字技术方案,强调持续改进数字技术,以此模块化技术方案,从而构建具有高度普适性的数字商业模式;助力数字技术实现稳健的跨行业应用,从而帮助企业进入新行业和新领域,形成基于通用数字技术的商业生态系统或价值网络,使企业处于核心生态位。

4.冒险者创业模式

冒险者创业模式是指企业脱离现有发展轨道,将全新的数字技术应用于新行业开展新事业,形成新的发展路径。选择这种模式进行创业一般有主动和被动两类情况。在被动情况下,往往是因为企业所在行业是夕阳产业,受到内外部影响,整体发展停滞,缺乏发展前景,企业被迫跳出原有发展路径。而在主动情况下,则是受政策或企业家精神等内外部因素的驱动,企业选择将数字技术应用于新的行业,希望能够取得新发展,成功完成二次创业。

数字技术以其独特的技术属性,以前所未有的威力,突破了时间和空间的局限,极大地扩展了新价值创造的可能性空间,在经济社会发展的各个领域和行业发挥出巨大的影响力。数字技术也冲击了我们对于创新与创业的传统认知,因为数字技术带来更为多样化的可能性,以及更多的不确定性,这迫使我们不得不重新审视传统的创业概念与模型,将目光投向数字技术及其关键属性,重新思考创业所面临的机遇与挑战。

对创业者而言,首先,创业者应积极利用数字化红利,发挥数字技术的优势来识别、创造新颖机会和价值。借助于数字技术的独特优势,数字时代的创业通常面临更低的创业门槛和创业成本,互联网带来的丰富的信息资源可以帮助创业者更好地识别创业机会;全球范围内的资源整合有助于提高市场效率,扩大市场范围,提升产品的扩散速度,提高创业成功的可能性。其次,数字技术也对创业者提出了更高要求。数字技术带来的联结和互动的可能性、便利性与低成本,使得创业者需要掌握快速学习的能力和高超的沟通协调能力,创业者既需要顶层设计思维,又需要灵活地整合和编排资源。创业者还必须掌握数字时代的经济规律和竞争规则,以利用其优势,规避风险。比如,创业者可以通过时机优势和网络外部性加速获取信息和资源。另外,数字产品的快速迭代增加了时间压力和竞争压力,只有将时机、战略与创新创业的节奏完全合拍的创业者才有可能从中取胜。

对政府而言,首先,政府应加大对数字产业的支持力度,从相关产业政策、资金支持等方面推进数字经济发展,助推数字领域的创新创业活动的开展。其次,政府应该在数字创业生态系统的构建和完善过程中发挥积极作用,特别是通过制定和完善相关法律法规,如政府在数字网络安全、消费者隐私、知识产权保护、反垄断条款等方面采取相关举措,积极作为,在制度环境方面为数字时代创业的有序发展保驾护航。

第三章
认识创业者

　　创业不仅需要新奇的创意，还需要有一个与众不同的创业者。由于创业有广义和狭义之分，所以创业者也有广义和狭义之别。广义的创业者是指在不同领域和行业内创造性地工作并取得业绩的人。因此，广义的创业者不仅仅是企业家，也可能是医生、工程师、公务员、教师、环卫工以及在非营利组织工作的人员。狭义的创业者被定义为组织、管理一个生意或企业并承担相应风险的人。一是指企业家，即在现有企业中负责经营和决策的领导人；二是指创始人，通常理解为即将创办新企业或者是刚刚创办新企业的领导人。创业者认为自己的创业行为可以创造出有价值的新事物，不仅能满足社会需要，自己还会获得相应的经济回报和声誉，同时也愿意承担可能存在的风险。正是由于创业者对商机的适时捕捉、对成就的需要以及敢于冒风险的个性，使他们能够成功创建企业。那些有理想、有胆识，不通过传统的就业渠道谋取职业发展的创业者，可以利用自己的智慧、想象力及知识，以自筹资金、技术入股、寻求合作等方式主动参与社会竞争，创立新的企业，为自己开辟一条择业新路，成为为自己、为社会创造就业机会的人。

　　哈佛大学拉克教授曾说：创业对大多数人而言是一件极具诱惑的事情，同时也是一件极具挑战的事。不是人人都能成功，但创业也并非想象中那么困难。任何一个梦想成功的人，倘若他知道创业需要策划、技术及有创意的观念，那么成功已离他不远了。创业者并不等于企业家，因为多数创业者并不可能完全具备企业家必备的个人品格。正如路德维希·冯·米塞斯所言："成功的创业者与其他人相比最大的区别是，创业者不会受限于过去和现在,而是在对未来判断的基础上追求自己的事业。创业者对历史和现实的看法和其他人没有差异,但是他对未来的预测与大多数人都不同。"

第一节　创业者定义

创业者是一群"不安分"的人,这和他们的出身以及在社会中所处的地位没有什么必然的联系,他们可以是社会边缘群体,也可以是衣食无忧的中产阶级,他们的共同特点是不安于现状,谋求改变,有强烈的愿望去改变现状,实现抱负。改变首先就意味着不确定性,创业不是为了消灭不确定性,反而是在利用不确定性,利用不确定性所孕育的机会,利用不确定性所带来的各种可能。

一、创业者内涵

创业者(Entrepreneur)这个词源于法语的"Entreprendre"一词,是指那些在军事活动中从事远征、承担风险的领导人。由爱尔兰裔法国经济学家理查德·坎蒂隆(Richard Cantillon)于1755年首次引入经济学,并将其与承担风险联系起来,表示某个新企业的风险承担者,因此早期的创业者也被视为风险的承包商。1803年,法国经济学家萨伊在《政治经济学概论》中指出,创业者是将经济资源从生产率较低的区域转移到生产率较高区域的人,并认为创业者是经济活动过程中的代理人,是将劳动力、资源、土地这三项生产要素结合起来进行生产的第四项生产要素。这一概念被认为是研究创业的基础。著名政治经济学家熊彼特则指出,创业者应为创新者,他们具有发现和引入新的、更好的、能赚钱的产品、服务和过程的能力。管理大师德鲁克给创业者所下的定义是:创业者就是赋予资源以生产财富的能力的人。

在英语中,"Entrepreneur"一词有多种含义,包括企业家、创业者、主办者、提倡者等。因此,欧美学术界和企业界,对创业者含义的理解也和企业家联系起来,创业者被定义为组织、管理一个生意或企业并承担其风险的人。随着国内外创业热潮的兴起以及创业形式的多元化发展,"创业者"一词有了更丰富的内涵和外延。主要的观点包括：

一是从创业者和一般领导者与劳动者的区别出发，将创业者界定为具有以下几个方面特征的个体：①创业者是一种创新劳动方式的领导者；②创业者是具有使命感、荣誉感和责任心的人；③创业者是组织和运用技术、工具或服务创造价值的人；④创业者是具备较强的思考能力、推理能力、判断能力，能够科学合理地实施创业行动的人；⑤创业者是能使他人追随并在该过程中实现双赢的人。

二是认为创业者主要指识别出市场机会，通过把握机会获取收益，又必须为潜在的错误决策承担风险的人。该观点主要强调以下几个方面：①创业者必须能够发现市场机会，这里的市场机会是指创业者发现新的市场需求，并以更低的价格或更高的质量为市场提供产品从而能够满足未被完全识别出的需求；②通过协调和管理人、财、物、信息等创业所需资源，开发新的市场机会，以便获得机会并创造价值；③创业者必须为自己对机会价值判断的失误承担风险，如果自己投入资本，则面临资本和名誉的双重损失，即使没有注入自己的资金，同样也会因为声誉受损，影响自身未来的市场价值。

三是同时关注创业者的商业才能与社会价值，认为创业者应当具备高于普通人的商业才能，具体体现为创业者不仅能创办一个企业，还能在企业发展的不同阶段制定正确的决策，及时解决面临的问题，修正企业的发展方向，使企业长期保持活力，从而不断发展壮大，成长为具有影响力的企业。同时，要界定一个创业者，还应该从社会发展的角度出发，衡量该个体的创业行为是否具有社会价值。例如，那些建立新的商业模式并获得较好发展的企业，可以为其他企业的发展提供样板，为社会提供就业岗位，通过创造财富并促进社会经济发展，这些企业的创立者通常被称为创业者。

狭义的创业者指创始人，而广义的创业者是指创业活动的推动者，是活跃在企业新创立和新创企业成长阶段的企业经营者。创业者是主导劳动方式的领导人，是能够创新的人，是有使命感、荣誉感、责任感的人，是组织运用工具、技术、服务作业的人。

创业者既可以是个人，也可以是团队。创业者不是神话，一个人通过适当的学习和实践以及经验的积累,完全可以成为创业者,每个人都具备成为创业者的潜力。

对创业者而言,创业既是一个创造财富、开展变革的过程,也是一个认识自我、重塑自我的过程,创业创的既是业,也是人;在创人中创业,在创业中创人。

二、创业者类型

按不同标准进行划分,创业者可分为不同类型,主要有以下几种。

(一)按创业目的划分

以创业目的为依据,创业者可划分为生存型创业者、变现型创业者和主动型创业者。

1. 生存型创业者

生存型创业是指创业者为了生存,没有其他选择或对就业选择不满意而无奈进行的创业,显示出创业者的被动性。生存型创业者大多为下岗工人、失去土地或由于种种原因不愿困守乡村的农民,以及刚刚毕业找不到工作的大学生。在创业动机上,这些创业群体主要是为了生存,受生活所迫,没有其他选择而无奈进行创业,因此大多数生存型创业者只能从事低成本、低技术壁垒、低门槛、低风险、低利润、不需要很高技能的创业,显示出创业者的被动性。一般创业范围局限于商业贸易,少量从事实业创业,也有部分生存型创业者所创企业因为某些机遇成长为大中型企业,但数量极少。数据显示,生存型创业者是中国数量最大的创业人群,在我国创业总人数中的占比达到90%左右,但创业成功的人数仅为总创业人数的0.7%。

2. 变现型创业者

变现型创业者是指过去积累了大量的市场关系,并在适当的时机自己开办企业,从而将过去的权力和市场关系等无形资源变现为有形财富的创业者。20世纪八九十年代,第一类变现型创业者占较大比例;随着市场经济的规范和发展,现在则以第二类变现型创业者居多。从经济发展趋势看,变现型创业者的出现会在一定程度上破坏公平、透明的市场经济环境,甚至人为制造市场不公平。

3. 主动型创业者

主动型创业者可以分为两种类型,一种是盲动型创业者,一种是冷静型创业者。前一种创业者大多充满自信,对创业具有极高的热情,并对创业成功抱有较高的期待,这类创业者在创业准备阶段往往体现出赌徒心态,将创业视为一次冒险活动。冷静型创业者相较于盲动型创业者而言,能更理智地评估创业成功或失败的概率,谋定而后动,经过充分的准备(如掌握相关创业资源,或是拥有某些专业技术),才投入创业实践中。归纳起来,主动型创业者的创业活动是由创业者主导和组织的商业冒险活动,要成功创业,创业者不仅需要具有开创新事业的激情和冒险精神、面对挫折和失败的勇气和坚忍的意志品质,以及各种优良的素养,还需要具备解决和处理创业活动中的各种挑战和问题的知识和能力。

(二)按创业驱动因素划分

以创业驱动因素为依据,可将创业者划分为机会拉动型创业者和热情驱动型创业者。

1. 机会拉动型创业者

机会拉动型创业者往往具有抓住现有市场机会的强烈愿望,在出现的商机可能带来超额利润与抓住机会实现个人愿景的双重驱动下,能将创意转变成创业机会并建立起盈利模式。这些创业者会承担一定的风险,在企业发展之初就能够为企业制定未来的发展战略;但是也有些创业者在企业发展过程中与企业一起成长,他们随着企业的发展不断修正发展方向并为企业持续带来利润。

2. 热情驱动型创业者

另外一些创业者的创业首先是从有创业的想法开始的,这些人怀着强烈的创业梦想,被创业热情驱动,被称为热情驱动型创业者。这部分创业者的创业动机一般有三种:自己当老板,通过创业实现自己的创意,获得高于现有职业的财务回报。尽管热情驱动型创业者在创业初期会受到自己当前职业的束缚,但是他们总会寻找机会建立起属于自己的企业,而且成功率相当高。

三、创业者职能

创业者是创业实践活动的发起者和实施者,是决定创业成败的关键因素。创业者的基本职能主要集中在以下几个方面。

1. 创新者

创业者应该有自己独一无二的优势,不可复制或者短期无法被复制和超越才行,所以必须有创新精神。创业者不论是在创建新企业,还是在原有企业中采用新战略、开发新产品、开辟新市场、引进新技术或运用新资源,都是在从事不同程度的创新活动。故而创业者首先是创新者,要具有创新的思维和能力,有自己的核心优势。熊彼特指出,企业家是企业的一种最重要的、独特的生产力要素,而经济发展的根本源于创新,即实现生产要素的新组合。熊彼特从促进经济发展的高度来理解企业家,认为进行新组合的主体就是企业家,创业活动也是创业者本人的专业知识、工作经验和社会文化观念的反映。此外要注意的是,任何创新活动都不能脱离实际,要根据企业的原有条件、现实状况及未来发展方向进行。

2. 风险承担者

承担风险是创业者的主要特征之一。18 世纪法国经济学家坎蒂龙曾经将企业家与风险承担联系起来,他这样描述企业家:那些从事经济活动的人,比如商人、农民、手工业者,都是企业家。为什么呢?因为这些人都是风险承担者。如果创业者只是负责"天马行空"的想象,丝毫不管计划与落实,这样的公司和企业主,是很难被称为合格的企业家的。美国经济学家奈特也将创业者看作风险承担者,他认为,厂商为了市场需求而生产,而市场需求存在不确定性,企业家就是在不确定的环境中进行决策并承担决策风险的人。同时,从企业家的精神来看,冒险是企业家的天性。没有敢冒风险和承担风险的魄力,就不可能成为企业家。

3. 资产代理人

制度经济学者从"技术决定论"出发,认为最重要的生产要素决定社会权力转移和社会制度演进。在封建社会,最重要的生产力要素是土地;资本主义时代,最重要的生产力要素是资本;后资本主义时代,最重要的生产力要素转变为专门知识以及管理者才能。此时,理论知识成为社会核心与决策的依据,权力也从资本家转向技术阶层,即科技人员和管理阶层。创业者是指某个人发现某种重要资源、关键信息、商业机会或掌握某种专业技术,利用或借用相应的平台或载体,将其发现的重要资源、关键信息、商业机会或掌握的专业技术,以一定的方式,转化、创造成更多的财富、价值,同时实现某种追求或目标的过程的人,所以创业者是经济活动过程中的代理人。1800年,法国经济学家萨伊(Say)首次给出了创业者的定义,他将创业者描述为将经济资源从生产率较低的区域转移到生产率较高区域的人,并认为创业者是经济活动过程中的代理人。科斯(Coase)从产权关系角度研究企业、企业家及现代企业制度,提出了在产权关系下解决企业经营者的激励、约束、监督等问题,而根据经营权与所有权分离的产权理论,委托代理关系随之产生,企业家的角色就是资产的代理人。

4. 决策人

卡森(Casson)认为,经济人的本质是决策人。决策是一个人综合能力的表现,一个创业者首先要成为一个决策者。作为决策者要会分析、判断和创新。决策者能从错综复杂的现象中发现事物的本质,找出存在的真正问题,分析原因,从而正确处理问题。同时从客观事物的发展变化中找出因果关系,并善于从中把握事物的发展方向。而创造和创新的基础是独立思考,独立思考的前提则是思想自由。创业者具有独立的人格,具有独立性思维能力,不受传统和世俗偏见的束缚,不受舆论和环境的影响,能自己选择自己的道路,善于设计和规划自己的未来,并采取相应的行动。

在现实经济社会中,存在信息完备程度、信息获取者能力或获取成本的差异,因此应当将决策权交给那些具有更强信息处理能力的人,由他们制定更好的决策,从而实现资源的有效配置。而企业家就是专为稀缺资源配置做出判断的人。因此,创业者是机会发现者,是创新者;创业者是中心签约人,是主要组织者;创业者还是风险承担者,是资产代理人及决策者。

第二节 创业者特征

创业者的特征是其个人特有的心理品质和特质组成的集合。通过对成功创业者特征的梳理,我们可以对照这些成功创业者的共有特征,来判断自己是否也可以成为一名成功的创业者;通过了解成功创业者怎么想、怎么做、怎么实现预期目标的过程,可以使我们在自己的目标基础上有选择地模仿他们的行动、态度、习惯和战略,少走弯路。

创业者作为创业活动的主体,一直是推动创新产生及转化、新企业创建等一系列活动的关键力量。创业的核心与创业者个人的某些特质有着密切关系。创业者的成功并非偶然,在相当程度上,创业者的特质起着相当大的作用。创业者是实施创业活动的主体,他们整合各种资源开创事业,通过向市场提供产品或服务获得收益,并在创业过程中实现人生理想。什么人更适合创业? 国内外学者通过对大量创业实践进行观察和总结,提炼出以下创业者具备的特征。

一、创业者的人口统计学特征

早先的关于创业者特质描述的实证研究主要是从人口特征方面入手的,研究发现的确有些群体更有可能投身创业活动。例如,安纳利·萨克森宁(Annalee Saxenian)的研究成果表明,移民更具有高创业倾向。还有研究表明,头胎出生的孩子最有可能成为创业者,创业经常发生在人们感到焦躁不安的里程碑年龄阶段(如30岁、40岁和50岁)。上述研究听起来很有趣,但这并不能让我们更进一步了解创业者的真实特征。

人口统计学特征并不能真正决定创业行为,它们只是与真正影响创业行为的特征呈现相关性。例如,移民的事实本身可能并不会激励创业行为,但在一定程度上,移民可能会更倾向于开展创业活动,这是因为他们克服困境的经历,或者可能是因为成为一名移民首先应该具有创业的自选择性。后来,心理学研究发现创业者区别于一般人的特征表现为独立、创新、成就导向、掌控命运的意识、低风险厌恶和对不确定性的包容。近些年来，以前多数被认为是心理方面的因素被归到生理层面了，如注意力是生理因素而不是心理因素，生理因素显然比心理因素更难改变。并不是要求创业者必须完全具备这些素质才能去创业，但创业者本人要有不断提高自身素质的自觉性和实际行动。要成为一个成功的创业者，就要做一个终身学习者和自我改造者。

1. 年龄

创业者的年龄是人口统计学特征中被关注较多的因素，因为年龄可以反映出创业者的工作经验与社会阅历。雷诺兹（Reynolds）认为，年龄在25～44岁的人更有可能进行创业，原因在于这是人的创新思维最为活跃、最好动脑筋、精力最充沛、创造欲最旺盛的时期。该年龄段的人具有丰富的工作经验和人脉关系，且创业激情并未消退。尤其是在软件、策划、网络、咨询、广告、投资、证券等知识密集型行业，经验已经不重要，重要的是创新精神，而人在29岁以前是最有创新精神的。有关专家指出，新经济的核心就是创新，就是促使个人的潜能得到充分利用，鼓励所有人在一切可能的方向上创新。创新与速度是新经济的真正内涵，是市场竞争的不败法则。瓦格纳（Wagner）认为，年龄越大，创业的可能性越大，但年龄大者创业的原因不在于能利用自己的经验把握商机，而在于年龄大者更有可能失业，他们是为了生存而创业。哈佛商学院杰弗里·蒂蒙斯的统计显示，创立高潜力企业的创业者平均年龄在35岁左右。根据《全球创业观察中国报告》，在年龄为45～54岁的创业者中，为了生存而创业的比例要明显高于机会型创业者。有关部门的一份调查显示，上海八成以上已经创业或者正在创业的企业主都是在29岁以下就掘到了"第一桶金"，而且这个年龄越来越呈年轻化的趋势。

2. 学历

不同学历的人群在创业动机和创业类型选择方面存在较大差异。学历高的人群由于接受了良好的教育，掌握较扎实的基础知识，对成功创业有更大的把握，因此更有可能开展创业活动，而且这部分创业者的创业类型更多地属于机会拉动型创业者。《全球创业观察中国报告》指出，我国改革开放时期,高中及高中以下学历的所有者构成了创业的主体,但这部分创业者在创业动机上更多的是生存型创业,在对创业的中长期规划以及创业效果方面,与高学历创业者有较大差距。低学历者即使容易创业成功,从企业的发展空间和后劲上来说,也远远比不上高学历创业者,因为知识是创业和发展的基础,更是增加财富的前提和保证。所以低学历者创业打下基础后,务必尽快进修学习,努力提升自己的理论知识和综合素质,才能实现更远大的目标和理想。

3. 性别

随着经济的发展和社会的进步,从事创业活动的女性所占比例越来越高,但女性和男性在创业过程中仍存在较大区别。例如,女性具备更高超的人际交往才能、灵活性与合作性,比男性更"人性化",在创业中,这些特质使女性创业者对事物的洞察比男性创业者更为细致和准确,女性创业者能够敏锐捕捉到市场中容易被忽略的细节。同时,女性创业者表现出典型的关系性和合作性,在做决定时通常依据客观情况并能考虑到各种关系;男性创业者则表现出典型的自主性与逻辑性,在创业决策过程中通常依据常理和规则。男女创业者不同,各有各的优势。男性创业者的优势在于思维程序化,做事情会很有条理,身体强壮,会有更多的激情和耐性。而女性创业者的优势在于更细心,语言表达能力更强,平衡能力也好,相比男性更容易受到其他人的关注。

二、创业者的心理特征

有学者提出,创业者的心理特征比人口统计学特征重要得多,而且心理特征在一定程度上可以改变和培养,因此对创业者的培养和塑造具有更高的指导性。创业者区别于一般人的心理特征主要表现为以下七个方面。

1. 创新能力

创新是知识经济的主旋律,是企业化解外界风险和取得竞争优势的有效途径,是创业精神的本质,是创业能力素质的重要组成部分。创新能力指在产品、技术、设计、管理模式、管理方法等方面产生不同于常规思路的想法能力。它包括两方面的含义:一是大脑活动的能力,即创造性思维、创造性想象、独立性思维和捕捉灵感的能力;二是创新实践的能力,即人在创新活动中完成创新任务的具体工作的能力。创新能力是一种综合能力,与人们的知识、技能、心态、经验等有着密切的关系。具有广博的知识、熟练的技能、丰富的实践经验、良好的心态的人更容易形成创新能力,它取决于创新意识、智力、创造性思维和创造性想象等。

创新能力被描述为一项重要能力,熊彼特认为,创业者的创业行为本身就是一种创新手段,敢于创新是创业者最重要的人格特征,创新是创业者在应对挑战中更倾向于用不同的方法来应对的可能性大小。创业领域的国内外学者都认同这个观点,指出创业者实际上就是具有首创精神等行为特征,并能在创新方面达到某种共识的人群,由此也可将创新视为创业者区别于一般劳动者的重要特质。

2. 目标导向

所有的创业行为都是具有一定的目标导向的,创业者们会在创业行动中确保自己所设置的目标(无论是个人目标还是组织目标)得以达成。目标导向是指个人为自己及所管理的组织设立较高目标,并具有提高工作效率和绩效的动机与愿望。成就导向是创业者区别于非创业者的一种显著特质,具有较高成就需求的人做事较为主动,同时具备一种想要与他人竞争和比较、想要超越现有标准去实现挑战性目标的强烈欲望。成就导向能驱使创业者制定更高的标准,坚持不懈地追求创业成功。

关注企业发展的成功创业者,往往看重的是机遇而不是公司的现有资源、组织结构或发展战略。他们把机遇作为支点,通过对机遇的把握来规划企业的发展方向。在寻求机遇时目标明确,设定高而且可企及的目标,从而集中精力瞄准机遇,并知道何时应该把握机会、何时应该拒绝机会,其目标导向还帮助他们分清轻重缓急以及评价自己的表现。成功创业者通常是细心和善于分析的人,他们认真计划将要做什么,然后按计划行事。

3. 内控型人格

内控型人格的人通常认为某种结果形成的原因在自身,而不是受外力驱使,他们很少将自身遭遇的不幸归咎于环境、命运等外部不确定因素,因此他们更相信自己,相信凡事操之在己,更倾向于找出并消除一切不确定因素,将成功归因于自己努力,同时将遭遇的不利情况归结于自身的能力问题和工作失误,自愿承担责任,并会通过努力和负责的行动改变自己的命运。在对特定事情进行归因时,内控型人格的人通常会做出如下解释:"我身上发生的事在很大程度上取决于自己的决定和行为,我即使无法改变事件本身,也可以决定以何种方式来应对。"这样的心态和价值观构成创业者应对创业过程中的不确定性情境的重要条件。创业者很少把自己看作外部环境的被动接受者,他们更倾向于认为自己应该掌握命运,而不是被动接受,这可能与创业具有高度的不确定性相关。

4.独立意识与团队精神

具有独立意识意味着对他人的依赖程度更低,在能力允许的前提下,创业者通常更倾向于自己独立完成工作任务。独立意识不代表没有团队精神,事实上在创业中具有团队精神是极其重要的。无论在主观条件还是在客观条件讨论中,没有人可以单独完成创业这种高度复杂和高度不确定的工作,几乎所有的创业过程都伴随着创业团队的组建和优秀的创业者。

5.容忍风险和不确定性

经济活动的本质在于以现有的资源,实现对未来的期望,这就意味着风险和不确定性。刚刚起步的创业者常常会遭遇诸多风险和不确定性,这种挫折和意外是不可避免的,然而,成功的创业者不是赌徒,不是专注于风险,而是专注于机遇。他们将资源从生产力和产出较低的领域转移到生产力和产出较高的领域,其中必然存在着失败的风险。但是,即使他们只获得勉强的成功,其回报也足以抵销在这一过程中可能遇到的风险。事实上,当创业机遇已经存在的时候,再没有比放弃创业行动更有风险的事情了。

创业者对环境的变化和不确定因素的影响比其他人更为敏感也能更快适应,也有研究将这一特质总结为与创业者学习能力的强弱有关。成功的创业者更多的是准备和期望而不是碰运气。创业者属于自我驱动型的高成就需求者,他们有一股强大的欲望去竞争,去不断超越自己设定的目标,去追求有挑战性的目标。其实创业者和大多数人一样通常是适度风险承担者。成功的创业者会精确计算自己的预期风险,在有选择的情况下,他们通过让别人一起分担风险、规避风险或将风险最小化来提高成功的概率。他们不会故意承担更多的风险,不会承担不必要的风险,当风险不可避免时,也不会胆小地退缩。他们倾向于承担适中的风险,善于研究各种变化的环境趋势,认真盘算成功的概率,然后才采取行动。因此,在别人看来是高风险的投资决策,在他们眼里往往只有中低风险。

风险厌恶是个体接受或回避风险的倾向性,是较早被识别出来的创业者的个性特征。相较于高风险厌恶,低风险厌恶表明个体对风险具有更大的可接受度。创业本身就是高风险行为,必须面对来自客户、消费者、供应商、投资方、竞争对手和宏观环境等各方面的不确定性。低风险厌恶的创业者不会规避这些风险,而是对风险有更多的包容性,并且在找到方法降低风险方面更具有创造性。没有证据证明创业者会更倾向于追求高风险高收益的项目,但根据对创业者的风险偏好调查分析,可以认为创业者在对待风险方面有高于普通水平的容忍程度,即使他们可能比常人更厌恶风险。

6. 自我效能感

自我效能感是指个体相信自己能够完成特定任务的信念。在创业情境下,自我效能感是指创业者能够成功扮演创业者和完成创业的信念强度,体现了一个人对自己创业行为的自信程度。自我效能感高的创业者更容易选择挑战性任务,因为他们往往相信自己可以完成任务,而且相信自己所追求的创业目标一定能够实现。自我效能感影响创业者的行为表现和心理健康,对个体潜能的发挥具有关键作用,是人的主体因素的核心。创业者在创业过程中通常会经历挫折和失败,而具有较高自我效能感的创业者会始终保持乐观、积极的心态,从而在困难面前振作起来,寻求解决问题的方法。

7. 忍受失败

创业的过程其实是一个不断学习的过程,相应的,创业型组织也应当是一个学习型组织,创业者通过不断学习,对创业过程中的机会、资源和组织进行总结、积累、调整,在不断的成功与失败中学习和锤炼,从而实现创业企业的完善与成功。创业实践中,不确定的环境和结果以及需要承受较高的风险水平,这些因素都需要创业者具备较为强大的心理承受力。心理状态良好与否也和创业行为是否能够达标和获得良好的结果有关。只有坚定必胜的信念,才能战胜别人认为不可逾越的困难,最终取得创业成功。

创业者要懂得从失败中吸取教训。在创业过程中，困难、挫折甚至失败是在所难免的，成功的背后包含着许多失败。要成为成功的创业者注定要经历许多挫折和失败，输不起的人往往就是赢不了的人。俗话说"错比空好"，只为错过的遗憾，不为做过的后悔。害怕失败的人常常会失去在挫折和失望中获得试错性学习的机会。

三、创业者的非创业特征

虽然前面讨论了创业者创业特征中积极的一面，但事实上创业者的创业特征中还存在消极的一面，即非创业特征。也就是说，一些有助于创业者成功的性格特征也可能走向另一个极端。了解创业者的非创业特征可能会引发的消极作用也很重要，因为它们不仅会给新创企业带来麻烦，还可能成为置企业于死地的因素。下面详细分析可能对创业活动造成伤害的四种性格特征。

1. 过强的控制欲望

控制欲，是一个心理学术语，是指对某一件事情，或者某一个人在一定程度上的绝对支配，不允许意外或者有其他差错，而创业者通常有较强的欲望控制他们的企业和命运。这种内在的控制欲，会逐渐发展为力求控制一切。过度的自主和控制欲，会导致他们只愿在一切都按他们的意愿安排好了的环境里工作。这就会对创业团队的合作精神产生严重阻碍，因为创业者会把来自其他人的外部控制，看作一种征服的威胁，或是对自己意愿的侵犯。可见，成功创业所需要的内部控制，也有消极的作用。

2. 过强的敏感反应

敏感是一种能力，但内心过度敏感就是一种自我消耗。从哲学方面来讲，过度敏感是一种由负面情绪和自我保护思想组成的思维逻辑，过度敏感的人很容易被别人的看法和评论影响。他们过于在意外界的评判，常常会过度解读别人的言行举止，敏感的神经会让他们觉察到很多微小的变化，但又容易产生误判，多心的习惯让交往困难。过度敏感的人情绪变化剧烈，由于内心过于脆弱敏感，只要发生一点儿小事就会有较大的情绪波动，影响心情和表现。

过度敏感的创业者会不停审视周边环境,常常会对竞争者、客户以及政府监督者保持高度的警觉性和不信任感。他们希望先知先觉,抢在别人还没有意识到的时候就先下手为强。这种敏感多疑的心态,常导致他们把精力集中在细枝末节上,从而失去对现实的适当把握,最终偏离理性和逻辑,做出错误决策。所以,有必要提醒创业者在大是大非问题上"勿犯精确的错误,只求大致的正确"。

3.过高的成就需要

创业者的自我主义与对成功的追求是分不开的。尽管许多创业者认为他们奋斗在成败的边缘上,但对成功强烈的渴望,激励着他们无所畏惧、勇往直前。他们渴望被尊重,害怕被轻视,一旦成功,就欣喜若狂。这可能为后期的失败埋下了伏笔。如有些创业者为了炫耀成功,会修建豪华地标建筑,购买高级轿车,出入五星级酒店,盲目开发新项目,追求不切实际的目标。他们的个人欲望一旦超过企业本身,就容易导致企业破产。如果没有意识到这一点,对成功的追求就可能会产生"物极必反"的效应。

4.过度乐观的心态

过度乐观,在心理学中也被称为"乐观偏见",指的是高估了积极事件发生概率,或者低估了消极事件发生概率。比如有些人认为自己生病的概率比其他人要低很多,一些人虽然常年生活作息不规律,但是却认为自己的身体不会受到影响。过度乐观的人往往对未来有着超乎寻常的预期,他们总是估计事情会朝着自己预料的最好方向发展,但实际情况往往并非如预料的那么顺利,那么他们就很容易在选择之后陷入无尽的失望和后悔当中。过度乐观的人总是会低估一些问题反复出现的概率以及可能造成的影响,从而反复做出不利于自己的选择。

保持乐观在任何时候都是决定创业者成功的关键因素。创业者如果保持较高的热情就能从内心变得乐观,这种乐观会使其他人即便在艰难时期也信任他们。然而,一旦乐观走向极端,就会引致企业陷入幻想之中。创业者全然不顾市场趋势、事实和财务利润表状况,抱着"面包会有的"心态,这无疑是一种自我欺骗。这种盲目乐观主义会产生错误知觉,使创业者高估自己成功的概率,也会令企业丧失把握现实世界的能力。

以上这些非创业特征,既不代表所有的创业者都会产生这些问题,也不说明每一种性格特征都会有破坏性的一面。然而,所有创业者或准备创业的人都必须意识到非创业特征的负面性是存在的,防范性格特征中的某一个或某些缺陷,对创业企业的健康成长将有益无害。

关于基因多大程度上影响一个人的创业能力,美国凯斯西储大学教授、创业研究学者斯科特·沙恩(Scott Shane),以同卵和异卵双胞胎间的比较来分析基因与创业之间的关系。这两类双胞胎基本上都同时由同样的父母养育。同卵双胞胎几乎有着完全相同的遗传密码,而与众多兄弟姐妹一样,异卵双胞胎只携带50%这样的遗传密码。通过比较两类双胞胎的情形,人们不难找出遗传和环境、先天和后天形成的关系。沙恩通过研究发现,一个人是否能意识到新商业机会的能力,有45%来自遗传。而想要体验新奇经历的强烈欲望,则有50% ~60%来自遗传。沙恩通过对双胞胎进行研究后得出结论:环境和遗传因素对人迎接新挑战的影响比例分别为45%和61%。研究结果还表明,在对外部环境的兴趣上,遗传的影响最多只有66%。

阿尔维德·卡尔森(Arvid Carlsson)确定多巴胺是脑内信息的传递者,使他获得了2000年诺贝尔生理学或医学奖。多巴胺是一种神经传导物质,是用来帮助细胞传送脉冲的化学物质。这种脑内分泌物和人的情欲、感觉有关,它能传递兴奋及开心的信息。另外,多巴胺也与某些上瘾行为有关。首都经济贸易大学高闯教授的研究显示:企业家属于风险爱好者,是企业家将不确定性转化为利润;企业家多巴胺灵敏度高,他们始终在寻找能够刺激多巴胺释放的活动,不确定性使他们格外兴奋,进而有了冒险精神;企业家凭借创新应对不确定性。

针对这种争论,效果逻辑理论提出者萨阿斯瓦斯指出,更正确的方式是抛弃将人们分成创业者和非创业者这种简单的两分法,而应该将其看成一个概率分布。在这个概率分布中,有一些人,只要不存在严格的限制条件就会成为创业者,即天生的创业者;有一些人,即使在有利的条件下也不会踏上创业的征途,即天生的非创业者;至于大部分人,在某种条件下,他们可能会成为创业者,而在其他条件下,他们可能不会成为创业者。我们所需要思考的问题是应该创造什么样的条件,帮助大部分中间分子克服障碍,成为创业者。事实上,天生的创业者和天生的非创业者所占的比例都很小,就像"二八定律"一样,我们应该承认创业者特质在创业活动中的作用,但不能过分放大少数天生创业者特质的影响。

美国西北大学谢洛德(Shefsky)教授抱着实证研究的心态,历时6年,采访了全世界200多位最具成就的创业者后指出,所有的人天生就具备创业素质,连婴儿也有创业素质,"如果你见过婴儿爬到不该爬的地方,你就会知道他们是毫不畏惧的"。针对许多偏见和误区,谢洛德都通过例子给予反驳。例如,很多人认为,"创业者天生拥有预见性的眼光"。如果你这样恭维苹果公司的创始人史蒂夫·乔布斯,他肯定会反对的。乔布斯可不是创业以前就想到了要开发一种从小学生到商业人士都能使用的微型电脑,从而改变人们的生活。不是所有的创业者天生都具有预见性的眼光,包括乔布斯在内的很多人都是在了解公司的现状和未来以后才慢慢形成这种洞察力的。2009年作家马尔科姆·格拉德威尔(Malcolm Gladwell)基于人才学的一些研究成果写了《异类》一书。他不赞同"非凡的人天生"的观点。他诙谐地说,天才并非一开始就表现出众,一开始只比别人优秀那么一点点,后来的成功靠一系列的运气和努力。森林里最高的橡树之所以长得最高,不仅因为当初它是一颗优良的种子,还因为它在成长过程中没有被其他大树遮挡阳光,生长的土壤深厚肥沃,当初还是幼苗时没碰上兔子啃树皮,长成以后没有被人砍伐……"人们眼中的天才之所以卓越非凡,并非天资超人一等,而是付出了持续不断的努力。一万小时的锤炼是任何人从平凡变成世界级大师的必要条件。"他将此称为"一万小时定律"。在《异类》中,他还提出逻辑智慧和实践智慧的区别,认为实践智慧更难以培训,有启发性。

不少人尝试给予更理性的解释。以对"高考状元"的讨论为例,不少人关心当年的"高考状元"如今都在干什么,有的调查说这些曾经让人惊羡的"高考状元",职业成就远低于社会预期。2017年万维钢写了一篇《为什么优等生不能改变世界?》的文章,也在回应为什么"高考状元"后来大多没成为特别厉害的人物的问题。他跳出了高考分数高低的区别,而是提出一组新词——好学生和极端学生,好学生乐于遵守各类规则,善于取悦老师,是体制的受益者,老师让干什么就干什么,规定的任务全部完成,考试的项目全部达标,这就是标准的好学生。只要有明确的规则,做事有明确的路径,他们都会表现很好;极端学生反感规则,在正常环境中往往很难过,非得找到适合自己的特殊环境,才能表现出色。这两个词经过如此定义就会比较好理解,也容易对号。那为什么优等生不能改变世界呢?大体的意思是好学生善于遵守规则,不愿意进行创造性的破坏,甚至不愿意创新和变革。特别厉害的人,往往也是极端的人。这和只有偏执狂才能成功的观点类似,乔布斯、戴尔等人当年也许更像是这里所说的极端学生。这样的解释不单独看成绩的高低,而是把个人特质与制度环境等因素匹配起来分析,理性成分就增加了。

有关创业者特质的讨论还远没有停止。事实上,只要人们崇尚英雄、崇尚企业家,这种讨论就不会停止,而且这种讨论也不见得都需要多么深奥的知识,一个简单的办法是观察比较,以比较的思路研究创业者的独特性,将创业者和打工者、管理者、职业经理人、领导者进行多方位比较,对了解创业者群体有帮助。创业者自身的独特性对创业活动有直接影响,但不能抛开环境因素单独分析创业者的特质,毕竟创业活动的成败受多方面因素的影响,同时,创业者的心理和性格特征也在不断地变化。下面这个心理学公式非常有名:一个人的行为是其人格或个性与其当时所处情境或环境的函数。换句话说,人的表现是由他们自身的素质和当时面对的情境共同作用的结果。

第三节　创业者动机

当你有了创业念头的时候,不妨仔细想想,自己为什么要创业?需要静下心来认真思考自己的创业动机,只有明白了自己创业的动机,才会树立信心、坚定信念、克服创业途中的种种困难与考验,进而取得创业成功。

一、创业动机的功能

动机是由需要所激发的,直接推动个体活动以达到一定目的的内在动力。创业动机是引起、维持、调节个体从事创业活动,并使活动朝向某些目标的内部动力,是鼓励和引导个体为实现创业成功而行动的内在力量,是创业者愿意冒各种风险去创立新的企业的激励因素。对于创业活动来说,创业动机是激发创业活动开始的首要环节,并在之后的所有创业过程中维持创业者从事创业活动并实现创业目标,它是创业者内心的基础驱动力量。创业者的某种需要激发了创业动机,而创业动机的形成引发了创业行为。作为创业行为的一种内部动力,创业动机对创业行为主要有以下功能。

1. 激发功能

创业动机是创业行为的原生动因,在一般情况下创业活动由特定的创业动机引发,如改变生活质量、当老板、追求成功、实现人生目标等。如同将外力作用于物体使其运动状态发生改变,创业动机可以激发创业者产生创业的心理冲动,改变其本身原有的状态和属性。

2. 导向功能

导向功能和创业者特质中的目标导向有所关联,创业动机是创业行为的引导因素,它将创业行为引导至特定的领域,能使创业者围绕预定的创业目标进行创业实践活动。如果创业者对某一领域特别感兴趣,那么这种创业动机可能引导他前往这一领域进行创业。

3. 维持作用

创业动机对创业行为具有维持作用,可以维持个体创业的激情和信心。创业行为是实现创业目标的手段和过程,创业动机激发并引导创业行为,也持续发挥作用维持创业行为直到达到目标为止。具有强维持效应动机的创业者在应对创业过程中的挫折时,会更好地坚持自己的想法和行动,直到达到目标为止;而具有弱维持效应动机的人,无论创业目标多么明确和具体,也有可能在创业过程中放弃目标。

4. 调整功能

创业动机对创业行为具有调节作用,它可以对创业者的活动进行控制和调整。一般来说,控制效果体现在创业行为受外部变动影响的大小,调整效果体现在创业者对创业目标的修正或者根据创业过程的境遇产生的新目标。

创业动机也对创业者的团队建设和资源获取起着重要作用。创业者的动机可以吸引和激励其他人加入他们的团队,追求共同的目标。创业者的动机还可以帮助他们获得更多的资源进行创业。值得注意的是,创业动机本身具有不断变化和发展的规律,创业动机的激发、导向、维持和调整功能,是创业者个人与环境不断交互作用的动态过程的产物。创业动机不是一成不变的,随着企业的逐步发展壮大,创业者在满足了初步需求后,创业动机也会逐步发生改变,对创业行为的功能也会随之发生变化。

二、创业动机的分类

在行为科学理论中,动机是一切行为的出发点和原动力。创业行为也不例外,创业者在从事任何创业活动时都有一定的原因。在复杂的市场环境中,选择就业成为职业者还是选择创业成为创业者,主动地去行动还是被动地被选择,愿意为此投入多大精力和多长时间来完成自身的目标,这些都取决于行为主体自身的动机。下面我们从众多的影响因素中筛选出社会、心理、经济三个关键因素,对创业者的动机进行分析。

(一)社会因素

不利的境况、榜样的力量、非凡的经历和情境感知,是催化创业者行为的社会因素。每一个创业者都有其特殊的背景和经历。社会因素的分析视角试图从创业者所处的社会环境中揭示驱动创业者行为的原因。研究发现,催化创业者做出创业决定的因素主要有六种:不利境况触发的创业动机、榜样力量点燃的创业动机、非凡经历激发的创业动机、情境感知催化的创业动机、推动社会发展引发的创业动机、健康引发的创业动机。

1. 不利境况触发的创业动机

不利境况是指个人或者个人组成的群体处在社会的边缘。这些个人或者群体被视作"不适合"主流社会的人或群体,但他们对个人自我实现的吸引很敏感,既然没有人可以依靠,干脆就不靠任何人,因而选择自主创业,这成了他们摆脱孤独感、寻找心灵平衡的重要途径。

迪基·克拉克(Dickie Clark)提出的"社会边缘状态"解释了这种创业动机。社会边缘状态是指当个体的属性——身体特征、智力特征、社会行为方式及其在所处的社会环境中承担的角色发生冲突时,个体就处于社会边缘状态。处于社会边缘状态的人,当他们置身于移民、解雇、压抑、离异等不利境况时,获得的现实利益较少,其创业的机会成本相对而言也比较低,因而催化了他们的自主创业行为,往往选择创业作为自己的生活方式。例如,我国改革开放之初的"下海"创业者,大多是难以找到工作的返乡知识青年、城市失业人员、升迁无望的公务员或遭遇升职"天花板"的大公司高管,以及在激烈的市场竞争中难以找到适当位置的复员退伍军人等。这些处于社会边缘状态的人,在现实中没有占据"有利地形",没有太大的现实利益纠结,因此他们创业的机会成本较低,顾虑也少,通过创业既可以获得较多收益,又能获得新的发展平台,还能找到一种控制命运、实现自我价值的成就感。就这类创业者而言,他们普遍抱有一种掷硬币的心态——"正面我赢,反面我也输得不多",毅然做出投身创业的决策。

2. 榜样力量点燃的创业动机

创业榜样是指创业者因感知到某些相似性而学习、模仿的成功创业者。在创业中榜样的力量非常重要,若是没有榜样那就少了很多前行的动力,也就缺少了勇往直前的目标导向。榜样是一种让人积极向上的力量,同时也是镜子和旗帜,榜样的力量是无穷的。拥有创业榜样的创业者因示范效应而对创业的认同感更强,将创业作为职业选择的想法更坚定,会无视其他选择和诱惑。想成为一名创业者,其动机可能与"获得成就感和个人发展"密切相关。积极正面的引导可以促进某些人的创业行为,这种效应通常称为"创业的拉力效应"。这些积极正面的引导可能来自潜在的合作伙伴、创业导师、父母等。潜在的合作伙伴通过共享经验、提供工作上的帮助或者分担风险等方式,使个人受到鼓舞而欣然创业。导师也可以给创业者介绍社会和经济关系网络中对创业有益的社会资本和资源。父母的职业与子女的创业现象之间也存在相关性。据调查,25%~34%的创业者的父母(特别是父亲)本身就是很成功的创业者,拥有家族的小企业,父母的言传身教常常会感染创业者本人。另外,受创业成功者鼓舞,在遇到困难和挫折时也不会放弃,坚信自己能够取得成功。那些给创业者提供初期融资的投资者使创业者坚定了"投资回报很大"的必胜信念,对创业活动的实施起到了关键的推动作用。

3. 非凡经历激发的创业动机

为创业者提供积极动力的另一种情境范畴是"创业的推力效应",积极的推力因素包括如职业经历或教育背景等因素。职业经历可以提供创业机遇,教育背景可以给予个人合适的知识和技能。

什么样的职业经历有助于一个人成为创业者呢?一般而言,越接近某种资源,就越易于依靠某种资源适配自己的需求,一些人之所以比其他人更能识别商机,是因为这些人具有获取某类信息资源的优越渠道,以及具备落地见效的能力。有两种类型的职业经历有助于创业者踏上成功的创业之路:一种是依赖行业路径的创业者,即他们在特定的行业里学到了该行业内所有可以学到的东西,为创业奠定了坚实基础。这类创业者在自己先前工作的行业内,拥有"近水楼台先得月"的资源优势,学到了在这一特定行业内所有可以学到的技术,凭借其技术悟性,很容易捕捉到行业变化发展的趋势,从而填补行业的市场空白,创建一家新企业。例如,在某一技术领域工作的人,往往较容易发现市场的缝隙和顾客未满足的需求,开发出新产品、新技术、新市场,而一旦不被雇主"看好",就可能会离开原企业去创办一家属于自己的新企业。在东南沿海的玻璃厂、鞋厂、热水瓶厂以及一些电子元件厂打工的农民工,由于长时间从事一种技术工种,他们对这种技术已经很精通了,他们回乡创业大多还是在原先行业里创办自己的新厂。另一种是依赖岗位路径的创业者,即那些在关键性的岗位上工作过的人。他们可能是管理者、教师、会计师、律师、银行家或商业经纪人等。他们凭借自身的资源优势和交易知识技巧,很容易捕捉到别人难以发现的机会。当机会窗口打开时,他们不愁创业资金和业务技能,只需组建一个有效的创业管理团队,就能成功实现创业。相关研究发现,新建企业创意的来源中,"原工作经验"占45%,"个人兴趣或爱好"占16%,"偶然发现"占11%,"朋友或亲戚"占5%,"家族企业"和"文化程度"各占6%,"建议"占7%,"其他"占4%。

由此可见,不论采取行业路径还是岗位路径的创业者,通常依附其专业化知识来创建新企业。这些专业化知识可以是新资源、新工艺、新方法、新产品、新服务、新市场,或者新的商业模式。当这些"核心技术"所创造出的利基市场不被先前企业负责人所重视,创业者就会凭借其职业经历所形成的资源路径实施其创业计划。所以,不同寻常的职业阅历,可以诱发不同的创业路径依赖,创业者对这一路径的强烈依赖,将激发他们满怀信心去创建属于自己的新企业。

研究表明,90%及以上的创始人开创的公司都与他们曾工作过的公司具有相同的技术、市场。另一些研究发现,企业创始人通常拥有8~10年的相关经历,受过良好的教育。这些成功的创业者在产品、市场方面和相关交叉领域一般都有丰富的经验。研究还表明,大多数成功的创业者都是在他们30岁左右的时候创立公司的。比尔·盖茨、史蒂夫·乔布斯和马克·扎克伯格等人休学创业成功的事例只是个案,没有广泛代表性,只能学习他们的创新创业精神,而不能复制其创业路径。先积累知识、经验和人脉资源,然后在适当时机再去创业仍为上策。优秀的创业者应该是兼具理性和感性的人——他们拥有狂热而坚定的信念,同时愿意听取理性的现实。当然,创业不言失败。做错了比什么都不做要好得多,错总比空好。例如,爱迪生在发明电灯之前做了无数实验,有人问他为什么遭遇这么多次失败,爱迪生回答:"我一次都没有失败。我发明了电灯。"爱迪生之所以说"我一次都没有失败",是因为他把每一次实验都看作整个实践过程中的一部分。要知道,成功来自正确的判断,正确的判断来自经验,经验却来自错误的判断,每个创业者在创业路上经历过的失败,不啻为人生财富。

4. 情境感知催化的创业动机

一旦个人的创业激情被释放出来,对愿望的感知和对可行性的感知将有助于决定创业者能否去创建一个新企业。首先是对愿望的感知。创立一个新企业必须有创业意愿。影响愿望感知的因素可能来自个人的修养、家庭、配偶、同辈、同事或导师。其次是对可行性的感知。如果欲将创业过程继续下去,它必须被视为可行,仅仅准备充分和有愿望还远远不够,潜在创业者需要来自情感、财力和物质等方面的支持以及导师与合作伙伴的帮助。这些情境感知因素的催化作用将使创业者不再畏惧失败,不再感到势单力

薄,有助于激发创业者的创业激情。

5. 推动社会发展引发的创业动机

首先,当人们认为当前或预期的社会状况会使他们的身体健康处于危险中时,他们将更有动力去利用机会来改善社会。例如,在1983年之前,美国的制度环境不鼓励制药公司生产治疗罕见疾病的药物,因为人们对这类药物的需求很小,因而利润会极低。所以许多患有罕见疾病的人在急需治疗时面临很大的困难。这种对自身健康的威胁驱动一些患者采取行动改变制度环境,促使制药公司研究开发制造治疗罕见疾病的药物。其中一些人建立了全国罕见病组织并于1983年推行了《罕见病药品法》。《罕见病药品法》是一项法律框架,为制药公司提供罕见病药物的营销专有权。这些行动不仅有助于患者本身的健康,也极大改善了社会中其他成员的医疗状况。

其次,随着个体对能力、自主性和相关性的心理需求受到更大威胁,人们会越来越关注推动社会发展的机会。例如,一些国家的法律框架无法应对腐败和暴力,因此,居住在这些国家的人可能认为他们以及他们所居住的社会无法发展相关体制来为他们和后代提供和平安全的环境。

再次,识别可持续发展的机会能够帮助个体处理对相关性需求的威胁。例如,当个体识别到一个促进制度变革和改善少数群体权利的机会时,他们会与少数群体以及支持慈善事业和志愿事业的人建立关系。

最后,个体可能会关注推动社会发展的机会以满足其自主性需求。例如,与一个国家的大多数人相比,少数族裔群体往往没有平等的机会或权利,这阻碍了他们及其子女后代提高其社会经济地位和个人发展的能力。这些人可能会有动力去追求机会,以改善他们的处境并增加他们的选择权,因为这些机会可以满足他们对自主性的心理需求。

社会(预期)状态对个体身心健康威胁的增强,还会影响他们的自然或社区环境知识、创业知识以及发现可持续发展机会的可能性之间的关联。如上所述,不断增加的身体和心理威胁促使人们仔细考虑和确定克服这种威胁的机会,进而可能导致他们发现环境知识和企业知识之间的互补性。例如,一个了解减少污染的技术和汽车市场知识的人可能识别不出向燃油汽车行业引入新技术来减少空气污染的机会,因为他不认为燃油汽车造成的空气污染是自己所处的社会中的问题。然而，如果这个人生活在一个人们因交通导致的空气污染而遭受严重健康问题的国家，他的需求可能得不到满足，因为他和其他人无法维持一个健康的社会。这种心理威胁可能会促使他寻求创造一个让社会健康程度提升的机会，而且他还善于寻找开发减排燃油汽车废气的机会，这一切的基础就是他有关空气污染和燃油汽车市场的先验知识之间的互补性。

除了威胁，利他主义也可以让人们关注推动社会发展的机会。当人们对弱势群体产生共情和同情时，他们通常会有帮助他人的利他动机。共情程度高的人会将自己置于弱势群体的情境中，思考和感受他们的生活，并体验与这些群体相似的情绪。能够与贫困社会中的人共情的个体可以或者至少在某种程度上体验这些人的悲痛。与贫困人口共情的人越多，他们关注机会的动机就越高，这些机会有助于减少贫困人口的消极情绪体验和困扰，而且其中部分情绪是关注者自己的情绪。他们很可能会对有利于可持续发展的机会采取行动，以改善贫困人口的境况，也改善他们自己的情绪状态。例如，这些人可能会关注改善贫困儿童健康状况的同时又保护自然环境的机会，比如开发成本较低的技术流程来将污水转化为饮用水。

与有共情心的人一样，有同情心的人可以思考和感受自己陷入他人的不利处境时的状况。然而，与共情者不同，有同情心的人经历的情绪不同于处于不利处境的人的情绪。例如，那些同情贫困人口的人了解贫困人口对儿童健康和营养的忧虑。然而，他们不会体验这种悲痛，而是会同情贫困人口的困境。同情是一种利他主义的情绪，它促使人们帮助他人缓解痛苦，即使自己需要付出高昂的成本。总体而言，同情贫困人口的人愿意去帮助他们，并有动机去利用那些可以改善贫困人口生活的机会。

共情和同情会驱动个体对促进人与社会发展的机会采取行动，这一驱动程度似乎取决于共情和同情给他们自己带来的痛苦程度。个体的痛苦可能来自过度的共情或同情，因为高度消极的情绪会威胁个体的心理健康情况。例如，那些与贫困人口产生共情，并对贫困儿童的营养与健康感到担忧的个体亲身体验了这种担心，因而感到痛苦。为了避免这种痛苦，人们有时变得不那么利他主义，而是更关注自己，从而降低了自己对创业机会采取行动来帮助他人的动机。换言之,极度沮丧的共情个体反而可能不去关注穷人和他们的痛苦,以避免自己体验这种消极情绪状态。然而,那些能够更好地调节自己的情绪并处理自己的痛苦的人,可以更好地对弱势群体产生共情和同情,自己也不会过度痛苦。当他们感到共情和同情时,这些人的心理健康受到的威胁较小,从而使他们更有动力去帮助他人解决问题,并利用潜在的机会促进社会发展。

如上所述,创业知识能够改善有关自然或社区环境的先验知识与识别可持续发展机会的可能性之间的正向关联程度,其改善程度也受到个体的利他主义、共情和同情的影响。人们可能既有环境知识,也有创业知识,但很少有动机去发现两者之间的互补性,或者将两者结合起来,找出利于保护环境和推动社会发展的机会。然而,利他主义、共情和同情可以提供这样的动机。

6.健康引发的创业动机

研究表明,有健康问题的人往往会选择自主创业。例如,那些认为自己在传统职业环境中难以晋升的人(例如残疾人)可能会被创业吸引。在西方国家,残疾人往往更喜欢创业型职业,因为这些职业会为他们提供便利。虽然大多数组织已经在工作场所为员工安置了便于行动的各种设施,但残疾人通常需要其他额外的条件,如灵活的工作日程安排,以确保他们的健康和治疗计划。这些人往往高度重视自主性,例如,在美国,很多在伊拉克和阿富汗受伤的士兵被迫成为创业者,部分原因是他们需要自主性。而且在健康方面,他们已经不得不遵从医生和护士的命令了。同样,在美国,患有注意缺陷多动障碍(Attention Deficit and Hyperactivity Disorder, ADHD)的个体认为创业是一条有吸引力的职业道路,因为这样可以调整工作环境以纠正ADHD相关症状(如不同的精力水平、不断变化的注意力焦点及日常活动中的问题)。事实上,美国的Edelman Intelligence公司2020年的统计数据显示,美国的自由职业者中,33%是残疾人。相比于非残疾人,残疾人选择自主创业的可能性高出一倍以上。因此,健康问题引起的限制似乎会促使残疾人选择创业型职业。这些职业提供了灵活性,使他们能够照顾与自身健康相关的需求并获得治疗。

（二）心理动机

动机就是激励人们去行动，以达到一定目的的内在原因，是推动人们行动的内驱力。每一个创业者都有其特殊的需求、追求和愿望。对成就的需求、对独立的追求、对生活质量的改善，均促进了创业活动。

就创业动机而言，伊查克·爱迪思（Ichak Adizes）认为："要是创业者创办企业就是为了追求投资回报，那就如同《圣经》中的先知是为了想升入天堂而说出预言或母亲想要生个当医生的女儿才要孩子一样。先知并不想下地狱，母亲并不想孩子一事无成，创业者也不想破产。但投资回报率只是一个限制条件，而不是决定因素。尽管没有投资回报率最终会让企业破产，但投资回报并不能催生一个企业。那些一门心思钻在钱眼里或只想着投资回报率的创业者很可能大失所望，可能在企业产生盈利之前就已经退出角逐了。你不可能总指望财源滚滚。创业的主张要变成可操作的内容，在这一过程中，就难免失误，也就是说很可能就要赔钱。那些只顾追求金钱的人常会觉得备受打击，而那些一心为了满足市场需求的创业者却会不断探索，直到最终找到满足市场需求的正确答案。"爱迪思的这一观念说明，想要成功创办一家企业，不仅需要有好的主意、市场和资金，还需要全神贯注、全力以赴、勇于为新创企业承担责任与义务的创业者。

驱使创业的激励因素多种多样，创业的主要动机也因人而异。驱使创业的动力还随着性别和国家的不同而有所差异。如罗伯特·希斯瑞克（Robert Hisrich）、迈克尔·彼得斯（Michael Peters）认为，男性创业者一般把金钱的激励作用放在第二位，而女性创业者则认为成就感、工作满意度、抓住个人发展的机遇以及金钱收益是她们创业的原因。

具体而言，创业者的创业动机主要表现为以下三个方面。

1. 成就需要激发的创业

美国心理学家戴维·麦克利兰（David McClelland）认为，人类动机是特定环境下特殊需求的觉醒，是"一个反复出现的目标状态，这个目标状态用来衡量产生需要的驱动力，从而直接导致个人行为的选择"。他认为，具有强烈的成就需求的人渴望将事情做得更为完美，提高工作效率，获得更大的成功,他们追求的是在争取成功的过程中克服困难、解决难题、努力奋斗的乐趣,以及成功之后的个人成就感。

有强烈成就需要的人经常通过评价自己来衡量自己取得了多少进步。他们树立目标,努力去进行切合实际的挑战,即目标虽然富有挑战性,但符合实际;崇尚个人活动;喜欢能够清楚看到成绩的工作,如做销售经理或小公司的所有人或合伙人。因此,成就需要高的人成为创业者的可能性较大。以此推断,一个社会如果普遍拥有高水平的成就需求,这个社会将会涌现出更多有活力的创业者,这些创业者将促进经济社会发展。可见,创业者是成就需要和经济发展的一个中间变量。麦克利兰通过实验得出结论:成就需要得分较高的创业者,在解决问题、确立目标和通过个人的能力达到这些目标时,敢于承担责任,有冒险的倾向,喜欢具有中等风险的决策,对决策结果感兴趣。事实上,无论出于何种个人动机——追逐金钱、权力还是猎奇,或是追求名誉、希望博得他人的认同——成功的企业家都会试图去创造价值,做出贡献。因此,有强烈成就需要的人,往往受到希望做得更好和渴望更卓越的潜意识驱动,他们成为创业者的可能性较大。

很多创业者下海创业,既不是生活所迫,也不是职业所迫,而是为了实现自我价值,获得成就认可。在创业者调查中,许多创业者谈创业动机时,提到了追求自身的创意和创新想法这一目标。当他们意识到自己有了新产品、新服务的创意和新想法的同时,也产生了实现心中想法的渴望和诉求。当现实工作的企业阻碍他们想法的落实和创新时,他们有很大可能会带着自己的创意放弃现有工作并开始创业。这种情况也会发生在雇佣关系以外的情形中。一般创业者通过观察他人爱好、休闲活动或者日常生活,认识到了市场中未被满足的需要和以此获得利润的可能,如果获利的情况可以和付出的成本匹配,有能力的人就会选择创业。

成就动机对于个人乃至社会的发展都极为重要,它是驱动个人在相关领域中活动并力求取得成果的内在动力,行为上表现为个人对自己认为有价值和重大意义的目标的追求。从这一点上看,成就动机是后天获得而并非与生俱来的,没有人生来就具有成就动机。同时,成就动机是对个人和社会具有发展意义的追求,在这类动机下行为的成功与失败都存在一定的社会标准,或者与创业者心理追求的条件有所联系。而正因为成就动机的形成并不是生理需求的匮乏,且它需要后天根据个人经历形成,所以每个人的成就动机都是有具体差异的。简单来说,成就动机的强弱水平、导向内容、具体性质是因人而异的。从成就动机生成的角度上考虑,创业的能力及动机被证明是可以培养和强化的。

2. 追求独立激发的创业

自创企业可以为创业者争取一个较自由、较灵活的时间和空间,开创自己喜爱的事业,按照自己的方式去做事,在工作和生活上充分发挥个人的自由意志,这也是创业的动机之一。

创业是一个"痛并快乐着"的过程,其好处在于可以获得独立,不受别人控制,可以按照自己喜欢的方式,去做自己喜欢做的事,去做自己能够做的事,去实现自己的人生理想和抱负。相关调查显示,创业者中有33%是受到独立性需求的驱动,如果没有这种意念,就不可能会独自去承受创业中的各种挫折和辛酸。大多数创业者在创业之前,要么觉得原先所从事的工作难以施展自己的才华,要么觉得那项工作并不是自己内心深处所喜爱的,在这种情况下,他们就会不甘于为别人打工,强烈的独立意识驱使他们去做属于自己的事,并喜欢自己当老板。如作为改革开放第一代科技创业者的柳传志,在不惑之年毅然走上创业之路,虽说历经艰辛,但联想集团取得的业绩足以使他感到欣慰和满足,正是这些向往独立自由、渴望振奋和激励的创业者,创建出许多有前途的新企业,成为经济发展的"发动机"、技术创新的"孵化器"和社会就业的"增容器"。

创业者可以独立经营,自主决策,自由发挥创意和想象,自己安排工作和生活。但独立意味着要用自己的判断去承担责任,而不是盲目跟从别人的主张。因此,作为创业者,在发挥自由意志的同时,必须保持自律、自强与高度的责任感。责任和自律能让创业者享受更多自发行动的自由,只有高度负责并掌控好所有工作项目时,创业者才能被赋予额外的自由。正如美国演说家博恩·崔西所言:"杂乱无章的人难以自发行动,他们只会充满困惑。"

3. 改善生活激发的创业

我们无法否认金钱因素在激发创业者的创业冲动方面所起的作用。由于原先在企业所获得的薪水难以维持家庭生活开支或是提高家庭生活的质量,创业者经过再三权衡后认为需要创业,以改变命运,改变现状,让自己的专业技能得以尽情发挥,并获得最大的经济回报。大多数出身贫寒、收入微薄的创业者,其最初的创业原因就是要改善自己的生活水平和经济状况。

在商业环境中,成就和权力通常与公司的经济业绩相关联,会带来更高的收入和财富,而重视自我提升的个人可以从中获得满足感。除了满足基本需求外,这些人还可能寻求满足欲望和奢侈品的机会。事实上,许多创业者进入创业生涯的主要动机就是有机会实现获得高收入的愿望和被认可,因此,对更重视权力、成就和自我享受的个体来说,经济回报可能在有关创业事业吸引力的决策方面发挥更重要的作用。但金钱并不是创业者的全部,一个有理想、有抱负的人,以自己的智慧、想象力及知识开创新事业,换来的报酬未必一定是金钱,它更可能是生命的充实,内心的满足,以及被人们认可带来的成就感。

(三)经济决策

创业者的创业决策取决于创业的预期收益与投入成本的比较。理智的创业者,其创业行为大多源于内在的理性预期,他们通常会权衡创业的预期收益与成本,然后决定是创业还是就业。可见,大多数创业者作为理性经济人,他们的创业行为是理性使然。

行为科学上,利益驱动是行为人对自身利益的追求而表现出的行为,这是人的一种最基本的动力源泉。在这种创业动机的驱使下,创业目标也相对简单,不同于社会因素和心理动机,此类创业动机下的个人行为目标仅仅是获得财务回报。和传统雇佣关系中承担相同责任的职业经理人相比,创业者利益驱动的动机激励点可能存在于创业行为带来的物质回报在未来具有更大的上升空间,但在此之前的财务回报并不高于职业者(甚至往往远低于职业者)。这类创业动机的创业者也较少能保持高水平的动机来维持他的行为。也许在外人看来,许多创业公司的创始人通过创业获得了上亿的经济收入,但他们都坚持认为物质回报并非他们创业的首要动机。从这一点来看,俗语"为了金钱而创业是庸俗的"是有一定的科学性的。这就如同巴菲特认为黄金只是普通等价物,并不产生价值,因此不值得投资一样。财务回报对创业行动来说是必不可少的,但那是创业成功带来的副产品,如果将财务回报设置为创业的第一动机,那么可能创业行为不一定能够持久,也不一定能达到创业目标。

1.预期收益

预期收益是创业者决定创业的主要动因。创业者的预期收益是指创业者投入一定资源后的实际产出减去创业过程中发生会计成本后的剩余部分。理性的创业者在做出创业决策之前,都会尽力搜寻相关信息,并进行合理的市场分析和预测,在追求预期收益最大化的同时,力求规避创业风险。尽管这种预期是心理的、主观的,但它仍是创业者进行创业决策的基础。预期收益与创业者选择的项目和进入的行业、所掌控的资源相关。不同的项目和行业、不同的资源带给创业者的预期收益是不同的。同时,其他创业者的示范效应,也影响创业者的预期收益。其他创业者的成功概率、财富状况,客观上也会左右创业者的预期收益。

创业改变命运,创业改变现状,创业能够让创业者的知识、技能得以尽情发挥,并获得相应的经济回报。选择自主创业的创业者,至少可以获得精神层面、心理层面和物质层面的预期收益。

(1)精神层面的预期收益

1)实现个人价值

马斯洛需求层次理论指出,自我实现的需要是最高层次的需要,人们在获得生存、安全、社交和尊重的需要后,能继续鼓舞其前行的动力来自对实现自己理想和抱负的渴望。

创业者利用机会整合资源,为社会提供产品或服务,不断积累个人财富,满足个人的成就需要。自主创业给予个人的是一种做老板和领导者的工作,而不是雇员和追随者的工作。很多创业者经商,既不是生活所迫,也不是职业所迫,而是为了追求自我价值的实现。

创业成功是个人实现自我抱负,走向社会上层的一个重要途径。在众多创业者的潜意识里,他们就是为了证实自己是最优秀的人而不断激励自己,追求卓越,永无止境。近年来,一些企业、政府或其他机构的高级职员离开优越的工作岗位和生活环境,积极投身商海创业,如果不是自由意志使然,便是追求自我实现的动因所致。

从社会宏观环境来说,创业是创业者对时代潮流的顺应。一个人是否愿意从事创业活动取决于宏观的经济环境及国家的法律法规政策,包括经济中可用性资本的获取、资本市场的条件和国家的整体经济水平。创业者创业动机与创业配套服务、政策完善性、家庭的支持鼓励等存在显著的正相关性。一般而言,经济活跃期也是创业踊跃期;而创业的踊跃反过来又会促进经济的发展。

2)追求权力

尼采认为人生来就渴望权力,渴望支配别人,因此,创业者并不需要掩藏对权力的渴望。一般来说,创业者对权力的欲望会更加强烈一些,当然,这是以自身能够服众和尊重别人为前提的。许多创业者在创业前就渴望自己成为自己的老板,这一动机驱动的创业者并不代表他们难以和其他人共同工作或者难以接受领导者权威。大多数创业者都希望自己创业是出于自身的企业家理想,又或者出于在传统雇佣工作中遭遇了挫折并希望能够自己做主的一种心理诉求。

这一动机在行为科学中称为权力动机,它是指人们通过某种形式或者手段影响他人和环境的内在渴望。在这一动机驱使下,行为人通过积极参与社会活动并逐步成为某一群体的领导者。在创业者方面则是通过创业创造价值,同时成为创业团队中具有广泛影响力的角色。"权力动机"这一概念最早由麦克利兰提出,他揭示在这一动机驱动下的行动可能存在带有"胜负"观念的权力意识和"领导"观念的影响意识这两种表现形式。"胜负"观念的权力意识认为获取权力的手段应该有物质支配、心理/生理侵犯和非法利用。"领导"观念则更侧重使用沟通、领导和激励等相关方式获得权力。有学者认为前者可能会对组织带来伤害,长远来看也不一定能使该动机下的行为成功。但是,在实证研究中,没有直接证据证明"胜负"动机驱动下的创业行为必然会失败。

3)获得令人羡慕的社会地位

从某种程度上说,所有的人都有追求社会地位的需求。成功的创业者可以获得社会肯定,获得一定的社会地位,可以获得其他人无法得到的荣誉和自豪感。创业者会努力争取企业的最大成功,因为他们想获得社会地位和认可。这些人经常准备投入大量的时间和精力来展示他们事业上的能力和成功。他们知道,创建一个繁荣的企业可以为自己带来正面的公众形象和杰出的社会地位。

(2)心理层面的预期收益

1)开创自己的事业

自主创业的好处在于可以获得自由与独立,按照自己喜欢的方式开创事业,实现自己的人生理想和抱负。搜狐创办人张朝阳曾说:"重视自我,自我内心的感受重于一切,这是我创业的根本原因,当看到互联网的发展机遇时,我感觉我应该创业了。"

2)不用担心失业

当人们有了自己的企业,工作就有了保障,可以获得其他就业方式所欠缺的工作安全感(指能够确保持续获得就业机会及收入),想工作多久就工作多久,不会被强制退休。只要身体条件许可,可以像香港影视大亨邵逸夫那样一直工作到104岁。

(3)提高生活质量

马斯洛需求层次理论认为,人们只有满足了衣、食、住、行等基本的生理需要,才可能进行其他社会活动,因此,创业是摆脱贫困、获得财富的重要途径,追求物质回报是创业者最朴实的动因。创业可以改善家庭及个人的经济状况,这也是创业者创业的理由。打工者的工资上涨幅度总是有限的,想提升自己的生活质量往往较困难,要想砸开这一"金钱枷锁",最好的方法就是创业。自主创业可以调控自己的收入,获得赚更多钱的机会。如果企业成长又快又好,创业者的收入将会远远超过打工时的收益。所以,获得物质层面的预期收益是创业者进行创业决策的一大重要动因。

我国20世纪70年代末到80年代改革开放初期涌现的大批创业者多为农村人口或城镇无业人员,经营方式以个体户经营居多,创业内容通常是开设小餐馆、加工厂等。当时的创业活动与其说是创立事业,不如说是为了养家糊口,摆脱贫困,现在小企业的业主中也有一些是下岗或无业人员,他们为了改善生活状况而创业;还有一定数量的业主虽然有自己的工作,但并不满足于现状,为了争取更大的财务自由而自主创业。同样,在国外也不乏怀有这种脱贫动机的创业者。例如,松下幸之助少年时家贫如洗,摆脱贫困就成了他最初的创业动机。

对于一些创业者来讲,创业是追求更大财富的重要途径。部分调查显示,目前追求金钱和财富成为众多创业者选择创业的首要动机。大企业都是由小企业发展而来的,一旦新创的小企业发展起来,这些创业者就会考虑通过上市来提高企业价值,或通过出售股份或企业而获得大量财富后功成身退。

2. 创业成本

成本是人们从事某一经济活动的总费用,一般包括会计成本和机会成本。创业成本是指为了实现企业的目标而进行的一系列活动中所消耗的资源。创业成本是实施创业活动的壁垒。创业成本越高,创业的障碍就会越大。创业者决定创业一般要选择一个市场潜力大的好项目,并且围绕这个项目投入一定的人力资本、设备、厂房等,构成了创业者创业的会计成本,主要包括直接成本和间接成本。创办公司或企业时支付的工资、租金、保险费用、购买设备和原材料的费用等属于直接成本。由于公司经营而产生的其他方面的开支,如广告费、促销费、管理人员的薪酬等则是间接成本。间接成本虽然不能在短期内得到补偿,却可以通过提高公司的赢利水平来逐步得到补偿。因此,对于那些刚刚起步的小型企业来说,间接成本相对较低,也就意味着企业有更多的资金用于市场推广和新产品研发。放弃原有的职业和收入,或舍弃从事其他固定职业可能获得的收入,构成了创业者创业的机会成本。

一般而言,创业的会计成本反映的是创业项目需要的投资及运行费用,而机会成本则是创业者现有收益与未来收益大小的博弈。具体讲,创业者的机会成本主要表现为以下三方面。

(1)潜在的投资风险

自主创业的首要风险来自投资风险。创业者为了开办企业而投入精力和大量资金、人力、物力,若成功,投资就能得到回报;若失败,投资就会"覆水难收",不仅会损失自己多年的积蓄,还要偿还各种借款和贷款。

（2）收益的不确定性

自己创办企业的另一个机会成本是收益不确定。不像工薪阶层有固定收入,自主创业者的利润随时间波动较大,即使处于正常运营阶段的企业仍然如此。有时即使获得收入,但数量太少也不足以满足个人和家庭的需要,在创办初始的 6~12 个月内,情况尤其如此。

（3）超负荷的时间成本和心理成本

在最初的几年里,创业者可能每周远不止工作 40 小时,有可能每天工作 14 小时以上,甚至没有节假日。创业者很难调控自己的工作与休息时间,几乎所有时间都要花在企业的各种经营管理事务上。

创业者还面临诸多其他方面的压力。例如,只准成功不能失败的压力、家庭亲情的压力、长时间工作的压力、独立决策的压力、一定时期内得不偿失的压力、非程序性事务压力、来自企业内部利益斗争的压力等。这些压力迫使创业者必须花费大量的时间和精力来应对企业日常事务。因此,经营一个新创企业是非常艰辛的,需要透支许多时间成本和心理成本。创业者还面临着社会创业体系缺陷所引致的社会成本。如市场信息不充分导致企业交易成本上升,资源市场缺陷导致获取资源的成本增大,政府对创业的激励不足、社会缺失创业文化、缺少一套有效的社会保障体系等,这些有形和无形成本的叠加,使新创企业很难掌控其创业成本,从而严重制约了创业者将创业计划付诸实施的行动。由此可见,只有降低创业者的创业成本,才有助于促进创业者的创业行为。

3. 创业者的理性决策

成本—收益分析是创业者进行创业决策的重要工具。创业的可能性与预期收益相关,用公式可表示为:

$$p = f(I-C)$$

式中,p 是指创业者选择自主创业的可能性;I 表示创业者创办企业可能获得的收入;C 表示创业者的创业成本,包括从事现在工作获得的工资报酬、项目投资所需资本、时间成本、心理成本以及制度歧视所引致的成本等。

因此,个人创业的可能性与 I 和 C 之间的差额正相关。当 $I>C$ 时,创业者选择项目实施创业的可能性大;当 $I<C$ 时,创业者放弃项目选择就业的可能性大;当 $I=C$ 时,创业者观望的心态会加重。

可见,创业动机在很大程度上取决于创业者预期收益的最大化与创业成本的最小化。总体来说,当收益与创业者感受到的自由独立程度所占比重大于需要的工作量和企业承担的风险时,人们就会选择创业。因此,有创业意愿的人必须客观评估自己的创业能力,科学评价创业环境和创业机会,通过市场调查获得准确数据,权衡创业的成本与收益,全面分析创业计划的可行性、合理性和科学性,方可实施创业活动。

三、创业动机的影响因素

如果将产生创业动机到采取创业行动并完成创业目标看成一个完整的循环过程,那么我们可以发现,是创业者的动机、环境和能力素质、个人特质等的共同作用,使创业者产生创业这样一个行为过程。值得注意的是,不同于学术认知上的动机是行为的基础这一论断,创业行为和创业动机之间有着较为复杂的影响关系。在创业实践调查研究中,也存在少数极端案例显示创业者的创业行为背后不一定有创业动机支撑,而且创业动机产生后也不一定能激发创业者的创业行为。同时,在相同的创业创意和创业动机驱使下,不同的创业者也存在产生不同创业行为的可能性。组织行为学上支持的观点也提出:创业者自身的创业动机也需要和创业工作的难度相匹配,过强或者过弱的创业动机对创业行为都存在一定的负面影响。

调整自身的创业动机,理解一些可能的影响因素,可以积极地对自身的创业动机进行调节,同时对创业成果的评估也能起到一个比较客观的促进作用。基于便于理解的考量,我们将影响创业动机的因素分为直接因素和间接因素两大类。

1. 直接因素

直接因素也称内部因素,创业者自身的心理诉求是影响创业动机最直接的因素,创业者最初的期望和最终的结果会极大地影响到他们维持创业行为和再次进行创业的可能性。根据马斯洛需求层次理论,当创业者前期某一较低层次的需求得到满足后,较高一层次的需求才会成为本期的主导需求,并形成决定行为的最终动机和主要动力。而创业者的个人经历、条件和背景不同,各自的心理预期和追求不同,需求层次也不同,由此产生的创业动机也有较大的差异。

不同的心理需求会产生不同的创业动机,创业的动机不存在绝对的优劣评价标准,和创业目标相匹配的创业动机对创业行为有良好的促进作用。比如良好的家庭背景对创业有正向促进作用,因为这可以支持创业者无后顾之忧地进入不确定的市场环境中进行创业,能够承担一定的创业试错成本。

2. 间接因素

间接因素也称外部因素,从影响创业动机的角度来看,创业动机的形成也受到外部社会和市场宏观微观条件的影响。总体来说,间接因素有以下几种:一是社会经济环境发展带来的个人保障水平,较高水平的保障类似于良好的家庭背景,可以更多地鼓励人们进行创业尝试。二是收入水平,将创业者当成理性的个体,创业短期内的收入水平的提高并不一定会激发创业动机,但长期收入水平的变化对创业者产生创业动机有较为明显的影响。一般来说,创业者长期高水平的收入变化会刺激创业动机的产生,反之则下降。三是人口特征水平,即创业者的人口特征因素,这类因素主要通过社会认知影响创业的动机。

创业对于一个人的意义绝不仅仅是金钱、财富、地位、权力和声誉,更多的是理念的改变、精神层面的提升以及生活方式的重塑。当你为一个创意付诸行动后,你可能想象不到,它有可能成为影响你一生的决策。创业集聚的是一种精神、一种力量,激发了我们蓬勃向上的激情,正在影响和改变着越来越多的人。

第四节　创业思维

创业思维是面对不确定环境,快速行动,在行动中试错和学习,并且通过快速迭代来实现目标的思维方式。创业思维不是对管理思维、逻辑思维的颠覆,而是管理思维与创造思维的结合,本质上是两者的一种平衡。创业思维可以从关注社会问题、拥抱不确定性、发现创新中得到启发,更需要我们有积极主动、领先行动、团队协作和承担风险的精神。

创业思维的主要表现有:利用手头资源快速行动;根据可承受损失而不是预期收益采取行动;小步快走,多次尝试,调整优化;在行动中整合资源,吸引更多的成员加入;把行动中的意外事件看成有利条件;把激情当成行动的动力。

萨阿斯·萨阿斯瓦斯(Saras D. Sarasvathy)认为,创业者怀着初始的愿望,从自己已有的资源(我是谁、我有什么、我知道什么、我认识谁)出发,谋划各种可能的创业行为,并以可承受的损失来确定目标(我要做什么),然后带着这个任务与他人进行互动(和他人分享),以验证自己的想法并寻找志同道合的利益相关者,获得他们的承诺,一起组建创业团队,从而开始创业活动。

一、创业者的成长线

很多创业者在创业之初并没有四处去筹措创业所需要的全部资源,而是从自己手中拥有的资源出发——我是谁、我有什么、我知道什么、我认识谁,思索“我能通过这些资源创造什么价值”。学者朱燕空提出两条“成长线”:一是人的成长线,即我—我们;二是机会的成长线,即问题—方案—产品—商品—呈现。人的成长线包括创业思维、自我认知与新想法的产生、创业团队,而机会的成长线包括问题探索、创意方案、用户测试、商业模式与商业呈现。

创业者在开始时会想出很多行动方案,由于这些方案结果的不确定性,失败的可能性很高。因此,行动方案的选择不能通过其产生的效益来评价,而应该以产生的潜在风险来评价,以可承受的损失作为决策依据,将创业的风险降到最低。

接下来,创业者就要针对自己想做的事与利益相关者互动,并取得其承诺。每一个利益相关者都可能为创业带来新的资源,协助制订新的计划,为创业建立新的子目标,每一个利益相关者同样是在面对不确定的环境条件下做出承诺的,所以他们也会首先明确能承受的损失,并在评估"我是谁、我有什么、我知道什么、我认识谁"后进行决策。

当资源(我有什么)、目标(我要做什么)、互动(和他人分享)、利益相关者承诺(组建团队)、新资源、新目标这个过程不断循环时,创业活动就产生了。创业的过程充满偶然事件且其随机发生,创业者应拥抱偶然事件,而偶然事件可能会提供创造新价值的机会。

二、创业者应具备的正面思维

思维模式决定命运走向。一个人要想成大事立大功,就必须有能成事的思维模式来支撑。创业的开端便是创业者相信自己能成为优秀的创业者,或者成为企业家,并付诸与思维相匹配的行动。

1. 主动迎接变化

重视开放性的创业者喜欢独立思考和行动,并从生活的挑战和刺激中获得快乐。这些人喜欢尝试新的方法,不害怕挑战。此外,愿意改变的人会发觉学习具有刺激性,并喜欢利用他们的智力来创造、创新产品。他们往往在自我监管方面有更高的晋升重点,寻求自我成长并完善理想的自我。因此,主动迎接变化的人会强调创业行为的非经济利益,比如自我实现和经验学习。

对变化持开放态度的创业者会探索新的经历并自己制定目标,创业生涯带来的自由给他们增添了乐趣。自由控制自己的日程安排和工作生活,以及有机会顶着许多"不同头衔",会给创业者带来比经济回报相同甚至更多的精神收益。因此,与不重视开放性的人相比,对变化持开放态度的创业者可能会强调在决策过程中从创业行为中获得的非经济利益。

2. 追求自我超越

自我超越的价值观驱动个体超越以自我为中心的利益,主动去想办法改善他人的生活,包括熟人、同事、自己生活的社区甚至整个世界。追求自我超越的创业者倾向于关注与自己互动的人,他们乐于助人、以诚待人。当他们与他人建立积极关系时,他们就迈向了成功。他们通过改善自己与伙伴的生活而受到启发和激励,且会因从其他受益者处获得的心理益处而欢喜。

具有高度自我超越价值观的创业者会被激励去开创新事业,而这些事业提倡每个人享有平等机会、保护环境,有更好的生活水平或其他社会改善措施。在创建新企业来解决这些问题时,拥有自我超越价值观的创业者可能会获得满足感,从而对利益相关者,如客户、员工等的生活产生持久的积极影响。因此,自我超越追求较高的个体在创业决策中更倾向于强调这些形式的非经济效益,而不是仅仅为了追求财富的增加。

3. 适度保守

适度保守的人通常致力于遵守传统的标准、理想,并十分看重社会稳定和日常的生活习俗。适度保守的创业者在开始创业时往往优先考虑稳定性。个人或家庭安全也可能成为这些创业者决定开始创业或坚持创业的另一个动机。他们的行为强调自我控制以及谨慎,并且可能会注重维持现状,往往与传统角色保持一致,同时他们会努力与他人建立和谐的关系。此外,他们往往会遵守社会规范,并且普遍认为人们有责任履行自己的职责。因此,适度保守的创业者更有可能设有预防监管重点,以通过避免变化来减少他们与"应该"的自己之间的差异,因为他们担心这种变化会产生负面结果。因此,当决定创业时,他们经常关注变化的潜在成本。

保持一致性常规会让人们坚持可能导致失败的行动计划,从而产生沉没成本,因为他们不想被看作放弃机会或无法做出决定、没有魄力的人。保持一致是一种无意识的反应,可以让个体在挑战性的情况下有安全感。因为适度保守的人喜欢维护习俗和规范,他们可能特别容易受到前后保持一致性常规的影响,从而在他们决定坚持其创业努力时强调与转换机会相关的成本。

三、创业者应避免的负面思维

随着创业在经济发展中扮演越来越重要的角色,企业家精神也受到重视和尊重。乐观、自信、创新、不断挑战、敢于冒险⋯⋯这些积极的形容词都是对企业家精神的高度凝练。综观国内外成功的创业者,如柳传志、张瑞敏、乔布斯等,他们无一例外地具备这些特质。所以,可以说企业家精神为推动经济发展和社会进步做出了卓越的贡献,值得弘扬。但是稍做反思,不由得发问,每一个成功创业者背后都有千千万万失败的创业者,他们是否就不具备企业家精神?企业家精神之于创业者是否也如外向性格之于销售员一般,积极与消极影响并存?有时候,某些负面思维可能会影响创业者的决策,从而导致创业失败。

1. 过度乐观造成承诺升级和过度自信

创业的道路充满风险和不确定性,若不是对未来存有乐观预期,很难有创业行动。所以,创业者基本都是乐天派。乐观水平高意味着对未来充满希望,这是创业者为人称道的品质或心智模式,也被证明对创业过程有积极影响。比如,面对环境不确定性,高度乐观的人更容易去创业,因为他们对未来有积极预期,会放大成功概率,而且在创业过程中,创业者将会面对重重艰难和挫折,乐观的创业者在逆境中更加坚毅。

但是,当乐观水平超越一定界限后,就会表现出消极的一面。首先,过度乐观会导致创业者的决策偏差,甚至创业失败。乐观的人总是透过"玫瑰色"的眼镜看待周围世界,他们在把整个世界看得光明美好的同时也会忽视消极信息,对潜在的风险甚至是危险视而不见。所以有学者认为,对成功过分乐观的预期是高创业失败率的重要原因。其次,乐观虽然会促使创业者更坚毅,但过度坚持就是承诺升级,即对所做事情的过度承诺,在出于理性判断应该放弃的时候依然坚持,并持续投入资源,造成资源浪费,甚至带来失败,产生沉没成本。

2. 情绪高涨造成感情用事

创业者总是看起来情绪高涨、斗志昂扬,高水平的积极情绪也被视为创业者的优势。积极情绪能够提高个体认知广度和灵活性,提高创造力水平,同时也意味着更好的健康状况、更广的社交网络等。积极情绪水平高的创业者思路开阔,有更高的创业警觉,在快速变化的环境中更能够敏锐捕捉到创业机会;此外,积极情绪水平高的创业者容易给人积极向上、胜任能力强的印象,有更广泛的社会关系和更多的资源获取途径等。

但同样,乐极便会生悲,不合时宜的积极情绪会付出代价。在日常生活中,我们常常听到"不要感情用事""冲动是魔鬼"这样的话,所谓感情用事,就是让自己当下的情绪状态左右了判断,其结果是非理性决策。过于强烈的积极情绪会增加创业者决策的冲动性,导致做决定时不考虑可能产生的不良后果。此外,情绪有时是创业者决策的线索。当积极情绪水平过高时,创业者会产生"一切运转良好"的错觉,对未来的预期过分乐观,带来判断失误。

3. 过度创新带来只破不立

不断探索、勇于创新是企业的生存和发展之道,也是许多成功创业者表现出的优秀品质。毋庸置疑,勇于创新对企业发展有好处,尤其是在当下复杂多变的国际国内市场环境中。环境对企业有自然选择的作用,高度不确定性和高动态性是时代的主题,这样的环境往往孕育着更多的机会。只有不断尝试和突破的创业者才能打破传统思维模式的禁锢,抓住更多机会,进而在自然选择中保持优势。所以,勇于创新的创业者能够更好地把握时机、适应环境。

对创新的度把握不好,也会制约企业发展。鉴于创新的重要性,很多创业者都抱着怎样强调创新都不为过的态度,大有将其神化之嫌。创新在一定程度上意味着破坏,不破不立,但也只有在"能立"的时候,"破"才有价值。如果创业者单纯为了追求创新的噱头而创新,对企业来说将是一种灾难。大多数企业的可利用资源是有限的,创业者过于追求创新,不断引入新项目,则意味着资源会被分散,每一个创新项目的发展也只会浮于表面而不精专。另外,过度创新不仅会导致企业发展方向与愿景背离,降低员工的控制感,还会引起企业绩效的大幅变动,不利于长期发展。如任正非在一次演讲中提到的,如何把控创新与秩序的均衡,如何拿捏变革的节奏与分寸,恰恰是企业管理的真正难点。

4. 直觉思维造成脱离实践

创业者面对的是复杂多变的商业环境,而且每天要处理大量经营事务,所以在很多情境中,他们无法对每一个问题都思虑周详后再做决定,直觉就显得尤为重要。因为很多创业机会稍纵即逝,直觉有时可以作为决策的依据,在捕捉和把握机会上十分重要。事实上,直觉式思维是人类普遍采用的认知策略,可以帮助人们在决策过程中节省认知努力,减少认知负荷。由于创业者所处环境的动态不确定性,直觉式思维是帮助他们应对环境挑战的有效决策方式,甚至可能会带来巨大的盈利。

直觉式思维虽然不受限于实践经验,却依赖于实践。基于对大量经验的反思和学习而形成的直觉是实践智慧的结晶,但如果一个初出茅庐的年轻人,不寻找更多的事实证据,仅凭直觉决策,其结果可能与之前的预期大相径庭。而且,不管是身经百战的企业家还是缺乏经验的创业者都不可滥用直觉。因为直觉式决策缺乏深思熟虑,通常仅依据自己最熟悉、最易获得的信息做出,过度相信自己的感觉会对一些重要信息选择视而不见,导致严重的决策失误。

积极的品质超越了一定程度或是在不恰当的情境中会显现出它的消极影响。同样的道理,许多消极的特质也存在积极的一面。比如自恋,自恋是形容自我陶醉的行为或习惯。说到自恋,大家可能首先会想到哗众取宠的表演和夸张的自我表现方式。在心理学早期研究中,自恋确实被当作病态的人格看待。自恋的人以自我为中心、自私,有夸张的行为表现方式和过激的情绪反应模式,并且缺乏同理心。因此,自恋也通常被视为消极的企业家特质,因为自恋的创业者过于强调自我重要性,难以进行团队协作;而且自恋总是伴随着过度自信,难以听取他人意见而一意孤行。

但随着研究的深入,越来越多的研究者开始关注自恋的积极面,并发现自恋的企业家善于自我推销,他们热情洋溢、雄心勃勃,能够在交往初期给人留下深刻的印象,有利于他们在创业初期获取资源,因此适度的自恋是有助于创业者成功的。

综上可见,整个创业过程要求创业者在积极和消极之间做好平衡,他们既要乐观,又不能过于乐观;既保持敏锐直觉,又不能过分依赖直觉;既要勇于创新又不能盲目行动;等等。这启示我们更加理性地看待创业者思维,大多性格特质之于创业过程并没有绝对的好坏之分,创业者不应当过分关注特质本身,而应将注意力转移至特质对创业行为和过程的影响。逻辑、情境、任务类型和创业者的差异可能导致同一特质的作用效果差异悬殊。比如,科学研究表明,面对简单任务时,自恋的创业者能够有更好的表现水平,但随着任务的复杂度和挑战性增加,自恋的消极一面会逐渐显露;在整个社会环境对创业支持水平高时,企业家的过度乐观会显现出优势,但是环境形势严峻时,过度乐观可能会令创业者付出惨重代价;当创业者的实战经验丰富时,直觉思维能够有效协助他们的判断,但缺乏经验的人则需要周详计划,谨慎决策。高超的思维能力本身就是创业者成功的重要能力之一,包含强大的行为控制、认知监控和情绪管理能力。这些能力并不可能一蹴而就,需要创业者在实践中不断探索,不断反思和学习。

第四章
创业者素质与能力

在探讨创业者应具备的基础条件时，通常选用"能力素质"一词，将能力与素质合在一起论述。实际上，素质与能力并不相同，不可混为一谈。"能力"一词出自《吕氏春秋·适威》中的"民进则欲其赏，退则畏其罪。知其能力之不足也，则以为继矣"，指的是顺利完成某一活动所必需的主观条件，常与个体完成某些活动的效果相联系。而素质则与个体后天的生活习惯密切相关，体现为个体通过训练和实践而形成的道德修养，是一个人在社会生活中思想与行为的具体表现。对创业者的能力与素质区别看待，能更深刻地理解成功创业者的特殊性，帮助有创业意愿的人实现梦想。

第一节　创业者素质要求

美国创业教育家杰弗里·蒂蒙斯认为，创业者是通过多年积累相关技术、技能、经历和关系网才被塑造出来的，这当中包含着许多自我发展历程。创业者成功的三个首要因素是"对挑战做出正面反应以及从错误中学习的能力""个人创造"和"极大的恒心与决心"，而这些是成功的创业者后天努力的结果。

创业是由思考、感受、观察、实践、交流、学习、组织等特别的行为过程所构成的，而创业者的素质却是通过个人的知识、技能、品质、行为和动力所养成的。创业素质作为任何人都不可或缺的一种关键竞争力，可以帮助人们在从事任何事业时都具有创意和信心。创业素质是每个人所拥有的最宝贵的财富，将伴随终生，帮助人们实现自己的职业梦想与个人志向。创业素质是一种人生之道，将帮助人们发现机遇、解决问题、面对挑战并实现理想。创业素质帮助人们用企业家的精神去感受生活，用企业家的思维方式、感知方式、沟通方式、组织方式、学习方式和行事方式去观察大千世界。培养具有创业素质的人，是指使创业者具备一系列个人技能、品质、行为和动力，且能在任何情况下（社会、工作甚至休闲娱乐等）加以应用。其中特别重要的是拥有战略性思维、凭直觉做出决策的能力、创造性地解决问题的能力、因势利导的能力、交际能力、主动性和机遇识别的能力、自信心等。因此，对创业者来说，通过后天学习，努力将信息转化为知识、知识转化为智慧、智慧转化为成功，来培养和塑造自身的创业素质，显得十分重要和迫切。

创业者是新创企业的核心，是创业成功的关键。正如张九龄所言："有制之兵，无能之将，不可胜也；无制之兵，有能之将，不可败也。"创业者是引领新创企业在市场中乘风破浪的"有能之将"。创业者优秀的综合素质，犹如航行中的指南针，能够给组织带来向心力和凝聚力，从而使企业到达胜利的彼岸，因此，要成为创业者，要获得创业成功，创业者必须自觉地培养自己的创业素质。具体来讲，应努力塑造自己的心理素质、身体素质、知识素质和能力素质。

心理素质主要是创业者的心理条件，包括创业者的性格、气质、自我意识、情感等心理构成要素，表现为自信、自主、理性、开朗、坚持、果断、刚强、积极向上等。身体素质表现为身体健康、思路敏捷、体力充沛、精力旺盛等。知识素质表现为具备基础知识、专业知识、社会知识，甚至具备一定的历史、地理、社会生活和文学艺术知识。能力素质主要包括创新能力、分析决策能力、预见能力、应变能力、识人及用人能力、组织协调能力、社交能力、激励能力等。创业是极具挑战性的社会活动，是对创业者智慧、能力、气魄和胆识的全方位考验。

一、心理素质

心理素质是指创业者的心理条件，包括自我意识、性格、气质、情感等心理构成要素,主要体现在人的独立性、坚韧性、克制性、适应性和合作性等方面,反映了创业者的意志和情感。创业之路充满艰险与曲折,要随时面对变幻莫测的激烈竞争以及各种突发问题和矛盾,这需要创业者具有非常强的心理调适能力,能够持续保持一种积极、沉稳的心态,即有良好的创业心理素质。创业的成功在很大程度上取决于创业者的心理素质。创业之路不会一帆风顺,如果不具备良好的心理素质、坚忍的意志,一遇到挫折就垂头丧气、一蹶不振,在创业路上就走不远。正如宋代苏轼所言:"古之成大事者,不惟有超世之才,亦必有坚韧不拔之志。"只有具有处变不惊的良好心理素质和愈挫愈强的顽强意志,才能在创业路上不畏艰险、自强不息、竞争进取、顽强拼搏,才能从小到大、从无到有,闯出属于自己的一番事业,取得创业的最后胜利。

1. 进取精神

进取精神是一种向上的、立志有所作为的精神状态,意思与进取心相近,但更能形容主体的决心和魄力,是人全面发展和不断进步的必要条件之一。创业者有进取心,即有强烈的成功欲望,通常表现为对超越现状的渴望和自我实现的渴求。这种强烈的信念激励着创业者将其创业的想法付诸实践,并使其在面对外界环境压力时表现出不凡的能力,从而克服前进中的困难,取得创业的成功。进取精神还使得创业者具有很强的持续学习的能力,不断学习的习惯可以提升创业者自身的能力和素质,更好地应对知识经济和信息技术发展带来的挑战,这对于创业者走向创业成功具有重要的意义。

2. 独立自信

独立自信即依靠自己的力量,相信自己能够去做某事。大部分创业者都是特立独行,喜欢按自己的方式处事的人,他们渴望独立,希望自己做领导,并急切地希望得到社会的认可。成功的创业者都有很强烈的自信心,通常坚信自己的决策,相信自己的判断,而不习惯于听命于人。自信本身就具有一种积极性,自信就是在自我评价上的积极态度。自信是与积极密切相关的事情,没有自信的积极,是软弱的、不彻底的、低能的、低效的积极。对创业者来说,自信是不可缺少的品质,尤其是在创业期间,只有自信的创业者才能顶住各种压力,坚定执着,最终取得创业成功。

3. 意志坚定

意志坚定能使人的生命力得到最大限度的发挥,即使失败,也败出动人心魄的辉煌来。坚定的意志,能激励创业者不断前进,并最终取得成功。坚强的意志,甚至可以创造出惊人的奇迹。只有意志坚定的人才有可能走向成功的彼岸。古语有云:"天将降大任于斯人也,必先苦其心志,劳其筋骨,饿其体肤,空乏其身,行拂乱其所为,所以动心忍性,增益其所不能。"一个人如果没有坚定的意志,那么在逆境中,他只能随波逐流。伟大的音乐家贝多芬的许多乐曲为后世所称赞,但他的生活很不尽如人意。生活上的困苦、身体上的疾病都给他以沉重的打击。面对逆境,贝多芬没有消沉,他以极强的意志,战胜了困苦与疾病,创作出了留传于世的辉煌音乐。

4. 风险意识

风险意识是指对风险的感受、认识和由企业利益与风险之间的关系而产生的对风险的态度,人们对风险的观念把握就是风险意识。风险意识包括两个方面的内容:一是人们对风险现象所持有的理解与态度;二是人们对风险现象的理论认识与把握。创业过程显然是一个与风险紧密相随的过程,任何一个创业者都需要在这个过程中承担相应的风险。只有具有风险意识的创业者,才能抓住最佳的市场机会,使新创企业迅速发展成长。纵观许多创业成功的典范,几乎没有一个成功的创业者是按部就班地去成立和发展企业的。由于创业存在着各种风险,因此创业者必须在对创业环境进行整体和全面分析后采取谨慎行动。创业行为应是创业者经过努力有可能获得成功才发生的,而不该是一种贸然行动。另外,创业者要在创业机会出现的时候,不惧怕风险,抓住机会并利用自有或创业团体的资源努力降低风险,逐步走向创业的成功。创业者在创造性地解决问题的过程中,也将不断成长,逐渐增强自己抗风险的能力,推动企业发展壮大。

创业不能靠运气,而是要靠胆识和谋略,但又不能靠不计后果的赌博,它需要一种理性的风险投资意识。创业集融资与投资为一体,因此必须有一定的风险意识以及防范风险的意识。判断一定要准确、合理,考虑自己的能力及风险承受能力;还要时刻注意环境的变化,把风险控制在最低程度。

5.理性思维

理性思维是一种有明确的思维方向,有充分的思维依据,能对事物或问题进行观察、比较、分析、综合、抽象与概括的一种思维。理性思维是人类思维的高级形式,是人们把握客观事物本质和规律的能力活动,是人区别于动物的最大特点。创业是一步一步进行的,创业者要克服好高骛远、好大喜功的想法,树立务实的创业精神。作为创业者,应当志存高远,但是同时也需要有脚踏实地的实干精神,步步为营,按照市场规律办事,从小处做起。企业要根据现有的条件以及外部环境提供的可能性,制定切实可行的方案,进行理性决策。

6.领袖精神

领袖精神即以实践为导向,推进事业达到最接近真理的程度,并带领一群人不断前进,保持思想的不断进步,引领社会进步。一只狮子领着一群羊,胜过一只羊领着一群狮子,这个古老的谚语正好说明了企业中领袖精神的重要性。一个新创企业的成败虽然离不开团队力量,但创业者本人仍起着决定性的作用。创业者是企业的一面精神旗帜,其一言一行影响着企业的荣辱兴衰。企业文化是企业的灵魂和精神支柱,是一种战略性的软资源。积极的企业文化更能培养员工同甘共苦的意识,也更能有效地协调员工工作,从而为新创企业打下坚实的发展基础。而企业文化的核心就是创业领袖及领袖精神,它包含创业领袖对公司创业过程的领悟,以及以创业领袖人生哲学为核心的企业共同价值观,这是新创企业凝聚员工的一笔无可替代的财富,更是创业企业赖以生存和发展的无形资产。

创业是一个充满艰辛的过程,创业者在创业过程中总会遇到各种困难,承担巨大的财务风险和精神压力。创业者必须具备坚定的意志来面对各种各样的挑战,勇往直前,去解决创业过程中遇到的每一个问题。这要求创业者不仅要有吃苦耐劳、坚韧不拔、顽强拼搏的执着精神,还要有忘我的热情和勇于奉献的精神。成功的创业者往往在经历过一次又一次的失败之后,仍然矢志不渝,反复总结、吸取过往的经验教训,继续前行,坚持不懈地向目标前进。

7. 战略眼光

战略眼光就是能够在竞争对手之前发现企业可能存在的机会和可能面临的威胁,要有一定的预见能力,通过周密细致的分析、判断而做出的一种理性的决策。战略眼光要求创业者在处理问题时从全局角度和长远利益出发,而非着眼于眼前利益。正如《孙子兵法》中所说:"不谋万事者,不足谋一时,不谋全局者,不足谋一域。"由于有了这样的判断和决策,企业可以及早采取行动,避免困境或危机出现,高效率地进行运作。

在创业过程中,创业者敏锐的战略眼光可以发现新的商业机会,并最终把握住这些机会。创业者通过观察和分析,对潜在顾客自身未必察觉到的需求做出判断,他们所关心的是"市场该卖什么,而不是正在卖的东西"。开个夫妻店是创业,办个工厂也是创业;三百六十行,行行都有自己的门道。但是国际形势在不断地变化,国内政策也在不断地调整,市场的波动可能带来机会,也可能带来毁灭性的灾难。培养战略眼光有利于抓住机会,避开危险。创业者要培养全球化意识,学会用战略眼光分析问题,从高处往下看,反过来再寻找向上的阶梯。创业者要从小做起,但是最终能够发展起来的都是具有战略眼光、能够把握住机会的人。

8. 人品正直

人品正直即指一个人为人诚恳正直,不要小心眼,不走歪门邪道。作为创业者,企业规模小的时候,实行人管人;企业发展到了一定程度,创业者必须建立规矩和标准,实行制度管人。创业者必须以人为本,学会管人、育人、用人、激励人;切忌一言堂、家长制,克服个人英雄主义倾向,尊重人才,用好人才。创业者必须遵守诺言,这是创业者最重要的商业品德之一,信誉是金字招牌,忌信口开河、廉价承诺。自己做错了事情就要勇于承认错误,绝不狡辩;同时要做规章制度的模范执行者。

9. 个人魅力

个人魅力就是指自身所能散发出的气质,能潜移默化地影响他人的情感和活动。个人魅力作为职务影响力的必要补充,可以凝聚人心,鼓舞士气,使员工乐意为自己所在的企业工作,也可以给自己的合作伙伴留下美好的印象。个人魅力对于创业者来说,一是讲信誉,即"言必信,行必果";二是诚实,要切合实际制定方案;三是胸襟宽广,厚人薄己,勇于承担责任;四是要懂得一些必要的专业知识。此外作为创业者,还应该关心员工的工作、学习与生活,服务于企业,造福于社会。

二、身体素质

身体素质一般是指人体在活动中所表现出来的力量、速度、耐力、灵敏、柔韧等机能,是一个人体质强弱的外在表现。身体素质经常潜在地表现在人们的生活、学习和工作中,自然也表现在体育锻炼方面。一个人身体素质的好坏与遗传有关,但与后天的营养和体育锻炼的关系更为密切,通过正确的方法和适当的锻炼,可以从各个方面提高身体素质水平。

对于创业者而言,良好的身体素质是指身体健康、体力充沛、精力旺盛、思维敏捷等。身体素质是创业者成功的本钱。新创企业的经营活动常常面临诸多事情,创业者面临特殊的工作压力和极高的工作要求,工作繁忙、时间长、压力大,这使得他们的精力、身体和心理健康变得十分重要。倘若身体素质不好,心有余而力不足,则难以承受创业重任,势必会导致企业因创业者的健康出现问题而中途夭折。因此,创业者良好的身体素质是确保创业成功的基本保障。创业者要学会工作、学会休息,牢记身体健康也是企业的生产力。创业者可通过不同方式来调节自己的身体与精力,如精心安排饮食、定期锻炼和适当休息放松。

三、知识素质

知识主要指创业者识别创业机会、获取资源、构建商业模式以及创造价值过程中所必需的相关知识,包括基础知识、行业知识、专业知识、市场知识、管理知识以及开展创业活动所要求的其他知识,例如商业、法律、财务等知识。良好的知识结构对创业者开阔视野、发挥才智具有重要作用。

知识素质指的是一个人的知识素养(或修养),也即他所掌握的知识与对知识的运用能力,创业者的知识素质对创业成功起着举足轻重的作用。创业者要进行创造性思维,要做出正确决策,必须掌握广博知识,具有一专多能的知识结构。创业者首先应当掌握扎实的基础知识。基础知识不仅可以加深创业者对创业活动本质的认知,也能使其看清创业精神的价值方向。在具备基础知识的前提下,创业者还应当进一步学习专业知识。与创业活动相关的专业理论以及创业所涉及行业的相关知识,都属于专业知识的范畴。只有掌握精湛的专业知识,才能形成创业的核心竞争力,在市场竞争中更容易取得成功。

具体来说,创业者应该具有多方面的知识,做到用足、用活政策,依法行事,用法律维护自己的合法权益;了解经营管理知识和方法,提高管理水平,掌握与本行业和本企业相关的科学技术知识,依靠科技进步增强竞争能力;具备管理学、经济学方面的知识,如财务会计、市场营销、国际贸易、国际金融等。毫无疑问,创业者的知识素质是创业成功的基石,不断地提升知识素质是创业者的制胜法宝。

从创业知识角度看,首先,创业者需要具备通用性知识,包括社会政治和经济发展的相关知识、商业活动的相关规则、企业经营和管理的知识和方法、法律法规、人文知识等。其次,创业者需要具备专业知识,每个行业都有其自身的规律及特殊性,具备了与所要从事的创业活动密切相关的专业知识,将在创业活动中事半功倍。最后,创业者还需要实践工作经验,也有些创业者获得的是亲人、专家等传授的间接经验,比如家族式创业,耳濡目染接受了很多间接的经验。

为什么一些人能识别出其他人不能识别的机会?一些针对创业管理的研究发现,创业者及其创业管理团队的知识结构、创业目标和价值观对创业成功具有关键作用。创业者个人的知识和先前丰富多彩的工作和生活经验,会引导创业者形成一个"知识走廊",使得个人拥有独特的信息储备,能够识别和发现其他人不易识别的创新性的机会,而且创业者在组织中的经验类型还影响着新企业创建的新颖程度。甚至可以说,当创业者拥有较少的某个组织领域的核心经验,而拥有较多的组织边缘领域的经验和其他产业领域的经验时,更有可能成为一个创新型的创业者。尤其是当创业者质疑或挑战现有产业里的主导商业模式的合理性和有效性时,更有可能从事创新型的创业活动。

成功的创业者往往具备高水平的成功智能,即实践、分析和创造智能的有机融合。成功智能是指创业者需要用创造智能(形成解决问题的新方法和新创意的能力)来产生新想法,需要用实践智能(解决日常问题的能力)找到实施这些想法的途径,需要用分析智能(批判性思维能力)来评价这些想法,然后决定新的想法是否值得去做。创业者有时被人批评为"梦想家"——想得太多而脱离现实的人。事实上,情况并非如此,他们通常都是实践智能很高的人,具有解决日常生活中各种问题的能力。实践智能绝不是固定不变的,它可以培养。提高实践智能最好的办法,就是不要接受按思维定式想出的问题解决方案。这样才能使实践智能得到提高,进而提高识别机会的能力。

然而,对一名创业者来讲,不论准备投身何种创业项目,提前储备一些商业知识与经营之道是必要的,而且还须具有很强的针对性。对拟涉足的创业领域,创业者不仅要精通专业知识,还要对这个产业的市场发展趋势及经营模式了如指掌。否则,创业者在创业过程中就会因知识结构偏颇或欠缺而交纳"昂贵的学费"(决策失误)。因此,创业者必须熟知以下创业知识。

1. 合法开业知识

掌握在某国或某地合法开业的知识有助于合法经营,避免无意识的违法违规行为发生。合法开业的知识主要包括:有关合伙企业、有限公司的法律法规;怎样申请开业登记;哪些行业要进行环境影响评估;哪些行业须办理有关的前置许可手续等。

2. 市场营销知识

营销是企业成功不可或缺的关键因素。在激烈的市场竞争中,新企业尤其需要重视市场营销管理工作。商场如战场,谁能把营销工作做好,谁就能赢得市场的主动权,获得新产品或新服务所带来的利润。因此,创业者应熟悉的市场营销知识包括市场预测与市场调查知识;产品定价和价格策略;消费者心理学知识;销售渠道的拓展知识;商品物流及仓储知识;商务礼仪与社交技巧等。

3. 产品知识

若创业者拟经销或生产某一类产品,就需要对这一类产品的属性进行了解。这些内容包括:产品种类、质量和有关计量知识;产品的保管储存知识;产品装卸、运输知识;产品的批发及零售知识;真假产品鉴定、识别知识;对有关危险品的管理知识等。

4. 金融与财务知识

若想成为成功的创业者,掌握一些常用的财务知识与金融知识是非常必要的。这些财务与金融方面的知识主要包括:货币金融学知识;信用及贷款知识;财务管理基本知识;资金核算及记账知识;证券、信托及创业投资知识等。

5. 服务行业知识

若创业者拟进入服务行业开展创业活动,需要对该服务行业的属性进行了解。这些内容主要包括:各专业服务行业的行业规则、业务知识;当地服务行业管理的法律法规等。

6. 经济法规常识

依法经营是企业和谐、稳定、发展的基础,是企业长寿的"护身符"。创业者必须重点熟悉的经济法规知识包括《中华人民共和国公司法》《中华人民共和国劳动合同法》《中华人民共和国产品质量法》《中华人民共和国消费者权益保护法》《中华人民共和国反不正当竞争法》《中华人民共和国企业所得税法》《中华人民共和国商标法》,以及涉及创业行业的其他专门法规及条例。

创业者要想成功创业,首先应该拥有丰富的创业知识,当然,创业者可能并不需要全部掌握以上知识,但有针对性地学习是很有必要的。现在获取创业知识的途径很多,如专门的创业培训与指导、创业讲座等,都可以让创业者获得自己想要的知识。另外,学习对创业者来说,是一门永远不能丢掉的功课,在创业路上,不仅要读"有字的书",更要读"无字的书"——从他人的创业经验和遇到的各种问题中习得知识,为己所用,为管理创新企业所用。学习创业知识的途径主要包括:

首先,充分利用丰富的书本资源以及社会实践等。在知识经济时代,创新创业类书籍非常丰富,能够满足各类创业者掌握专业知识的需求,也能为创业者提供与自己兴趣爱好相关的学习资料和平台。

其次,充分利用线上线下各种媒体。其中,人才类、经济类媒体是创业者学习创业知识的首选,管理类、专业创业类网站也能为创业者提供创业所需的知识。

最后,与成功的创业者进行交流。通过面对面交谈、发送电子邮件或者打电话,向成功的创业者请教和咨询与创业项目相关的信息,以获得更多在书本上学不到的知识。

四、能力素质

成功的创业者至少应具备:提出创意并做出评价的能力;将问题转化为机遇的能力;知人善任的能力;向所有相关人员学习的能力;寻求解决问题的能力;人际交往的能力;始终从利益相关者特别是从顾客和客户的角度出发,正确看待自身和企业的能力。当然,这并不是说创业者必须完全具备这些能力素质后才可以去创业,而是强调创业者本人要有不断提高自身素质的自觉性和实际行动。想要提高自身能力素质,一靠学习,二靠恒心。要想成为一个成功创业者,就要做一个终身学习者。

成功的创业者不仅要具备一般人才的基本素质,还要具备独特的创业素质。作为创新型人才应该具备的基本素质包括政治素质、道德素质、文化素质、心理素质和身体素质。从创业意识角度看,成功的创业者往往在创业之前和创业过程中具有强烈的创业欲望,创业欲望决定着创业开始与过程中的斗志与动力。创业者在创业过程中坚定的创业信念,是指所持的坚定不移的态度和坚决执行下去的信念,是认识、情感和意志三者的有机融合与统一。要想创业成功,必须保持积极向上、锐意进取的乐观心态。积极的心态是创业成功的催化剂,创业的过程不可能一帆风顺,困难与挫折在所难免,消极的心态必然会成为创业成功的巨大阻力。

从创业品质角度看,勤奋是所有成功的创业者的共同特征。有成功者说,事业成功虽然有运气在其中,但主要还是靠勤奋,勤劳苦干可以提高自己的能力,能力提高了就会有很多机会降临在面前。创业者无论遇到何种逆境,只有增强承受力,勇敢面对并坚强忍耐,才能越战越勇。创业是需要全身心投入的事业,只有脚踏实地才能成功,马云曾说:"这个世界没有优秀的理念,只有脚踏实地的结果。"创业是一项富有风险的活动,创业者要锻炼自己敢于冒险的勇气和能力。

总而言之,好的事物的出现是有条件的。去追求成功就要努力地让自己获得相应的条件,这是一个艰辛努力的过程,同时也是一个自我提高的过程。只要创业者树立必胜的信心,自觉地提升自己的综合素质,就一定会取得创业的成功。

第二节　创业者能力要求

创业者的成功是无法复制的,但创业成功的案例却并非独一无二。创业者也具有很多相似的能力和特质,也正因为这些能力和特质,创业者在当今社会中形成了一个相对独特的社会群体。而这些能力特质对个人创业是否存在积极的作用,成为当今学术界的一个热门研究领域,理解这些能力和特质对创业实践具有积极意义。

作为追求创业成功的创业者,需要具有与之相匹配的能力。创业是一种综合而复杂的市场行为和行动过程,其要求的能力相较于平时我们语言上的能力含义更为广泛。根据所处的环境不同,所应对的问题不同,各项能力的重要性也会有所不同。

创业领域已经达成的一个共识是,创业者开展创业活动仅仅具备专业技术能力是远远不够的。尽管拥有专业技术能力可以保证创业者牢牢掌握产品或服务的核心技术,保持创业项目在技术方面的领先地位,但过度关注专业技术能力,则可能导致创业者忽视创业所需的其他能力。在现有成功的创业案例中,并不是所有创业者都具有所在领域的专业技术能力。腾讯公司的创始人马化腾认为,当前大部分产业都发展了很长时间,已经形成红海竞争态势。创业者在进入这些行业前,应该关注不同产业的跨界部分,这里最有可能产生创新机会。

创业能力是指创业者解决创业过程中遇到的各种复杂问题的本领,是创业者基本素质的外在表现,在实践中表现为创业者把知识和经验有机结合起来并运用于创业管理的过程中。在创业过程中,创业者一般应当具备以下几种能力。

一、创新能力

创新是一种对未知世界、未知领域的探索性活动,是推动人类社会发展的动力,是知识经济的主旋律,是企业化解外界风险和取得竞争优势的有效途径。创新的实质是通过科学研究、生产活动和管理实践,创造新的理念、产品或服务成果并转化为生产力,以促进社会经济的发展。创新贯穿于创业的全过程,在创业过程中,无论是发现新的创意、捕捉新的机遇、寻找新的市场,还是撰写一份有潜质的创业计划书,乃至于创业融资、创办公司和企业运作、管理和控制,都包含着创新的内容。

创新能力是在技术和各种实践活动领域中不断提供具有经济价值、社会价值、生态价值的新思想、新理论、新方法和新发明的能力。企业家就是创新者,不断创新将企业家与一般的管理者区别开来。创业要成功,要求创业者具有卓越的创新能力。对于创业者而言,创新能力指创业者在经营活动中要善于敏锐地察觉事物的缺陷,准确地捕捉新事物的萌芽,提出大胆的、新颖的推测和设想,继而进行周密论证,提出可行的解决方案的能力。由于创新能力来源于创造性思维,一个成功的创业者一定要具有独立性、求异性、想象性、灵感性及敏感性等人格特质。中国科学院院士朱清时把创新人才的能力归结为好奇心和兴趣、广博的多学科交叉的知识、直觉或洞察力、刻苦勤奋、注意力集中,以及包括诚实、责任感和自信心等在内的各种被社会所接受的能力。

二、沟通能力

一般来说,沟通能力指沟通者所具备的能胜任沟通工作的优良主观条件。简言之,人际沟通的能力指一个人与他人有效地进行沟通信息的能力,包括外在技巧和内在动因。其中,恰如其分和沟通效益是人们判断沟通能力的基本尺度。恰如其分,指沟通行为符合沟通情境和彼此相互关系的标准或期望;沟通效益,则指沟通活动在功能上达到了预期的目标,或者满足了沟通者的需要。

对于创业者而言,沟通能力即理解他人通过不同方式表达的意见和通过适当的方式传达自身意见给他人的能力。松下幸之助说过:"企业管理,过去是沟通,现在是沟通,未来还是沟通。"沟通是现代企业管理的核心和灵魂。因此,创业者必须具备良好的沟通能力,主要包括内部沟通能力和外部沟通能力。

内部沟通能力,一方面指创业者能够通过制定合理的制度,借助恰当的媒介,使企业的各种指令、计划信息得以及时上传下达,相互协调,统筹执行。对此,建立与规范公司会议系统,定期发行公司内部刊物等都是很好的选择。另一方面,创业者应以真诚的态度和开放的心态来听取员工建议,了解员工需求,努力提升其工作满意度。创业者的大门应该是永远敞开的,时刻欢迎各层级的普通员工进来沟通谈话,无论是意见还是建议,都须认真听取,并快速做出回应;了解各级员工的需求动态,并尽力满足合理需求;把员工当作绩效伙伴而非"打工者",形成命运共同体,而非单纯利益共同体。

外部沟通需要通过公共关系手段,利用大众传媒,与客户、政府职能部门、周边社区、金融机构等建立良好关系,争取社会各界支持,营造良好的发展氛围;同时,导入企业形象识别系统,把理念系统、行为系统、视觉系统进行有效整合,进行科学合理的传播,树立良好企业形象,提高企业的知名度、美誉度、资信度,为其持续发展提供良好的环境。因此,对创业者而言,如何获得广泛的社会支持,并在这种支持下充分利用各种有利因素推动事业发展,就成为取得成功的最重要的能力之一。

创业者良好的沟通能力有助于企业员工感受到企业对自己的尊重和信任,进而产生极大的责任感、认同感和归属感;有助于减少冲突,化解矛盾、澄清疑虑、消除误会,增强团队的凝聚力。创业者好的沟通管理,不仅可以使管理层工作更加轻松,使普通员工大幅度提高工作绩效,同时还可以增强企业的凝聚力和竞争力。可见,高效沟通能力是创业者、创业团队和企业健康快速发展的推进剂。恰如我国古代著名军事家孙武所言:"上下同欲,士可为之死,为之生。"只有充分沟通,才能创造和谐的环境,从而赢得人心,支撑起企业大厦。

三、策划能力

策划能力是策略思考与计划编制等能力的统称。策略思考指的是为达成某种设计,编制具体行动计划的过程,或对所需方法的思考。计划编制是指按照已经确定的方法,编制具体行动计划的过程。根据外部环境和创业机会,进行富有创意的策划,对成功创建新企业是至关重要的。

创业者进行策划时必须考虑以下问题:①弄清策划项目的价值所在、所涉及的范围和有关的限制因素,明确所创建企业的市场定位;②确定由谁负责该项目的策划;③考虑策划的时机。创业者要充分认识和完善自己,知晓企业自身的竞争实力,为企业量身定制策划方案,真正成为开拓市场的领路人。创业者策划能力的高低,直接决定着创业活动的绩效,它是衡量创业水平的一个重要标志。具体来讲,创业者的策划能力包括以下几方面。

1. 机会洞察能力

机会洞察能力是指通过分析市场、社会、技术等因素,从中发现新的商业机会或创新点,开拓新的领域并取得成功。发掘和识别潜在的市场机会和顾客需求,并将其转换为价值创造,是创业者应当具备的重要能力。机会洞察主要解决的是"知己知彼明方向"的问题,包括洞察环境、需求、供给三个方面。环境重在观察企业发展的宏观环境和行业环境,需求偏重观察企业所处市场与需求的变化,供给偏重观察企业所处的行业竞争态势。通过观察这三个方面,深刻认识到市场变化趋势及关键驱动因素,识别机会与风险,为路线设计指明方向。成功的创业者会将大部分时间和精力用于寻求市场中的商业机会,对市场中存在的失常、矛盾和不平衡现象产生强烈兴趣,从而识别商机,激发灵感。

2. 方案配置能力

创业者要有追求差异化的意识,要能针对市场商机寻找新颖的、别人未尝试过的解决方案;同时,也要能将自身拥有的技术资源与创业机会进行匹配,提升方案的可行性。具备方案配置能力的创业者能够对纷繁复杂的数据和资料进行思考和分析,并围绕创业行动目标,从不同的可行方案中选择一个最优方案,从而提升创业行动的科学性和可行性。

3. 合作能力

合作能力是指工作、事业中所需要的协调、协作能力。其突出的特点是指向工作和事业,这正是许多企业、组织极端重视员工合作能力的原因所在。创业中出现的许多问题都关系到企业发展方向,往往需要综合运用多学科的知识进行策划。而创业者自身往往并不具备完备的多种专业知识,这时创业者应能够组织和依靠有关专家、学者共同探讨解决问题的方法,发挥合作精神,用组织能力去弥补自身技术能力的不足。

4. 优化能力

优化能力是人在对比分析中优劣排序、好坏分等、抑制落后、提携先进的技能和本领。决策对象众多时,决策主体需要权衡比较,将不满意的对象剔除,将满意的对象保留,优化能力就能发挥这样的功能。优化能力以认识能力为基础,只有对决策对象全面观察、深刻了解,优化才能有的放矢。确立标准和运用标准是优化能力的关键技能。优化能力使策划方案既能切合实际需要,又能够方便贯彻执行。创业者从多种可行性方案中进行选择时,必须有掌握"优化点"的能力,认识到在实际中不存在"最佳化"的理想状态,只有接近于"最优化"的状态;同时,解决问题永远不会只靠一种方法,组合最优方法要有几种备选方案。

5. 逻辑分析能力

逻辑分析能力是指正确、合理思考的能力,即对事物进行观察、比较、分析、综合、抽象、概括、判断、推理的能力,采用科学的逻辑方法,准确而有条理地表达自己思维过程的能力。严谨的策划必须能够落实到行动里,只有逻辑严密的策划才能让执行力更完善。所以,除了从整体上策划,创业者还必须考虑并规避执行过程中可能会出现的问题,这要求创业者充分发挥严谨的逻辑思维能力。此外,创业者在做完策划之后,应对方案的实施情况做一个预测,并做好相应的风险防范。

6. 运筹能力

运筹能力指运用一定方法和知识,深思熟虑、合理筹划、安排未来行动的本领。运筹能力是一种高层次的能力,主要体现在对较长时期的活动的筹划安排上,对较长时期内的活动安排是否符合事物发展的客观趋势,是衡量运筹能力的主要标准。初创企业的发展总是从小到大、从弱到强的。企业规模小时,创业者需要务实;做大了就要适当务虚。创业者必须能妥善分配企业的资源,调整企业的发展方向,应该追求运筹帷幄、决胜千里,切忌凭借感觉和冲动做事;如果做错了再去补救,事态可能已经无法挽回了。创业者对日常每一项工作都应该按照统筹学的要求,慎重地对待每一次决策,时刻警惕市场上的点滴变化。

四、组织能力

组织能力是开展组织工作的能力,是指公司在与竞争对手投入相同的情况下,具有以更高的生产效率或更高质量,将其各种要素投入转化为产品或服务的能力。对于创业者而言,组织能力即有效联合不同性格、能力的人并在此基础上构建团队或者集体的能力。创业者运用行之有效的手段把企业生产经营活动的各个要素、各个环节高效、科学地联结起来,对资源进行分配,同时控制、激励和协调群体活动过程,使之相互融合,以实现创业目标。创业者组织能力的发挥,能使企业形成一个有机整体,并保证其高效率地运转。组织能力主要包括组织分析能力、授权管理能力、冲突处理能力、激励下属能力、团队管理能力和资源整合能力等。

1.组织分析能力

组织分析是指通过分析研究,明确现行组织机构设置和运行中存在的问题和缺点,为提出组织发展的问题和改进方案打下基础。组织分析能力是创业者针对企业的现实状况,依据组织理论和原则进行系统分析的能力。这种能力要求创业者对企业现有组织状况的效能进行全面分析,对其利弊进行正确的估计,并能够找出现有组织结构中存在的问题,加以不断改进与完善。

2.授权管理能力

授权管理能力指通过授予下属某些权力,使得他们能够开展或完成某项工作并达到目标的能力。有效的授权是领导的一项基本职责,授权意味着准许并鼓励其他人来完成工作,达到预期的效果;授权能力使创业者能够通过其他人员的努力来完成工作,但授权并不意味着放弃自己的职责。

在竞争日趋激烈的今天,创业者如果事必躬亲、对一切都抓住不放,就会使企业裹足不前,使自己陷于企业繁杂琐碎的事务之中,因此,一旦企业从初创期进入发展期,创业者要学会有效授权。有效授权首先要建立对团队成员的尊重和信任。如果对成员不尊重,不相信他们有能力做出正确的决策,则不可能建立授权系统。对管理者而言,授权可以让他们腾出较多时间做策略性的思考;对于员工而言,授权可以让他们学习新的技巧和专长,让主管及员工都有机会发展能力,在事业生涯中更上一层楼;对于企业而言,通过有效授权可以增进企业整体的效能,带领团队奔向企业的目标。

3. 冲突处理能力

冲突处理是指组织或个人为了使群体有效地完成组织目标和满足个人需要,建立群体成员之间和群体之间的良好和谐关系而采取的所有积极的措施。正确地处理同事之间、上下级之间的冲突是非常重要的,创业者的冲突处理能力包含对冲突原因的理解,如何避免冲突,以及如何妥善处理冲突。

4. 激励下属能力

激励就是组织及其个人通过设计适当的奖酬形式和工作环境,以及一定的行为规范和惩罚性措施,借助信息沟通,来激发、引导、保持和规范组织及其个人的行为,以有效地实现组织及其个人目标。作为领导者,应尽力去激励下属,使他们的工作更有效。因此创业者应该懂得激励下属的方式,以此推进工作,并确认自己在激励过程中所扮演的角色。一个有效的管理者,应创造促使下属达成各自目标的条件;最重要的是,针对不同的人应采取不同的激励方式,而非对激励问题提供一个通用答案。

5. 团队管理能力

团队就是一群人为了共同的目标集结在一起,相互协作,相互支持的群体。从承担工作的本质看,创业者必须是领导者,成功的创业者要依靠他人,借助于系统解决方案,创立、管理并运营创业团队,最终实现创业目标。团队管理能力是一种较高层次的综合能力,包括团队组建与管理能力、战略设计与实施能力、市场决策制定能力、应对突发事件的能力等。创业者需要具备优秀的团队管理能力，因为在创业过程中，创业者及创业团队需要与客户、供应商、投资人、债权人、合伙人、政府相关人员以及内部员工等不同角色的人相处，只有运用团队管理能力才能将团队成员凝聚在一起共同努力，创业企业才能形成协同优势。

6. 资源整合能力

资源整合是指企业对不同来源、不同层次、不同结构、不同内容的资源进行识别与选择、汲取与配置、激活和有机融合，使其具有较强的柔性、条理性、系统性和价值性，并创造出新的资源的一个复杂的动态过程。资源整合是企业战略调整的手段，也是企业经营管理的日常工作。整合就是要优化资源配置，获得整体的最优。为了避免创业失败，创业者需要充分利用自身资源，并整合外部资源以实施系统解决方案，这是创业者资源整合能力的体现。例如，创业者应当对前期的成本投入有明确的认识，虽然可以通过向专业人士寻求帮助，但创业者应该具备基本的财务分析、开拓资金获取来源等能力；此外，创业企业的生存与发展离不开产品和技术创新，要解决产品的技术性与服务性问题，就需要有人员、厂房、机器设备等资源的支持，尤其是在创业企业成立之初，能否具备获取这些资源的能力是创业者生存与发展的关键。

五、领导能力

领导能力是把握组织的使命及动员人们围绕这个使命奋斗的一种能力，即在团队组织中，通过沟通、激励、惩罚等方式影响组织成员达成组织目标的能力。领导能力是领导者的个体素质、思维方式、实践经验以及领导方法等个性心理特征和行为的总和。创业者应有出色的领导水平，具备统帅能力和用人能力，有对自己下属的指挥、协调、调动以及对非人力资源的集中分配、调度和使用能力。

领导能力是创业者能力的核心，出色的领导能力是创业者成功的关键因素。在创业过程中，创业者的领导能力通常体现在以下几个方面。

1. 活力

活力指有旺盛的生命力、思想力和行动力，是指行动上、思想上或表达上的生动性,是积极向上的体现,也指创造力、创新力,展现的是干事创业的激情和精神。创业者要有巨大的个人能量,对于行动有强烈的偏爱,不惧怕变革,不断学习,积极挑战新事物。

2. 鼓动力

鼓动力是带领团队驶过风浪的核心力,创业者要有激励和激发他人的能力,能够活跃周围的人,善于表达和沟通自己的构想与主意。

3. 锐力

锐是指感觉灵敏、精明、锋利和勇往直前的气势。锐力则是指锐利进取,创业者要有竞争精神、自发的驱动力、坚定的信念和意志,才能全身心投入创业事业过程中,最终取得胜利。

4. 决策力

决策力就是做出决定或选择的能力。它是指通过分析、比较,在若干种可供选择的方案中选定最优方案的过程。从创业者的角度来说,管理就是决策,决策是管理的核心。美国著名管理学家赫伯特·西蒙指出:"决策是管理的心脏,管理是由一系列决策组成的,管理就是决策。"决策关系着企业前进的方向,关系到团队的优胜劣汰。因此,创业者要具备这种及时做出恰当决定的能力。决策能力是指领导者或经营管理者对某件事拿主意、做决断、定方向的领导管理效绩的综合性能力。它对企业决策者的能力要求是快速判断、快速反应、快速决策、快速行动及快速修正。决策力包括经营决策能力、业务决策能力、人事决策能力、战术与战略决策能力等。

5. 执行力

执行力指的是贯彻战略意图,完成预定目标的操作能力,是把企业战略、规划转化成为效益、成果的关键。执行力包含完成任务的意愿,完成任务的能力和完成任务的程度。创业者必须能够将构想和结果联系起来,把企业战略、规划转化成为效益、成果。创业者的执行力就是经营企业的能力。很多人眼高手低,只会夸夸其谈,因执行力不强而失败,或者沦为平庸。

执行力可以理解为有效利用资源,保质保量达成目标的能力。执行力是否到位既反映了企业的整体素质,也反映出创业者的角色定位。创业者的角色不仅仅是制定策略和下达命令,更重要的是必须具备执行力。执行力的关键在于透过企业文化影响员工的行为,因此创业者很重要的角色定位就是营造企业执行力文化。

六、控制能力

心理学中的控制能力是指人自觉地确定目的并支配其行为,以实现预定目的的心理过程,具有两个特点:①有意识、有目的、有计划,向着预先制定的目标前进;②内部意识向外部转让,表现为意志对行为的支配、调节作用。

控制能力是人的自觉能动性的主要表现之一。人类要适应和改造自然环境和社会环境,就必须具有控制能力。离开了控制能力,人既不能改造客观世界,也不能改造主观世界。对于创业者而言,控制能力是指创业者运用各种手段保证创业活动的正常进行,并保证创业目标如期实现的能力。首先,良好的控制能力可以帮助创业者进行自我控制,经常对各项工作进行反思,并确定下一步如何改进工作,如何进行自我调整。其次,控制能力可以帮助创业者设定恰当的目标。创业者要实现有效控制,必须先明确定量与定性相结合的目标,如果只有定性目标而没有定量目标,就难以将目标与实际结果相比较来发现二者之间的差异。最后,卓越的控制能力使得创业者能够及时发现计划执行中出现的偏差并予以纠正。发现偏差的能力是对执行结果与预定工作目标之间发生的差异及时测定或评估的能力。发现偏差是改进工作的开始,对于创业者来说极为重要。因为创业者如果不具有对实现创业目标过程中出现的偏差的发现能力,就无法控制全局,从而导致新创企业遭受严重损失。

七、财务管理能力

财务管理能力是指协调、控制企业财务管理循环过程,整合完整的财务管理工作体系的能力,是企业所积累的与财务管理相关知识的集中表现,包括财务预测能力、财务决策能力、财务计划能力、财务控制能力和财务分析能力。初创期的企业通常会遇到如下两类问题:一是需要多少资金投入,以及形成多大的产量和销量,才可以使企业盈利;二是对既定的资金需求额,自己出多少资金,再借入多少资金,能够使企业的经济价值最大化。解决这两个问题,要求企业管理者具备财务管理的能力,在风险可控情况下实现企业利润最大化和成本最小化的目标。同时还要求企业管理者能通过阅读和分析财务报表,发现企业管理运作方面的潜在隐患或明显缺陷,及时采取相应措施和决策,有效防范企业的财务危机。

八、危机管理能力

危机管理是企业为避免或减轻危机带来的损害和威胁,有组织、有计划地学习、制定和实施一系列管理措施和对应策略的过程。它包括危机规避、危机控制、危机解决与解决后复兴等动态过程。危机管理需要组织性、学习性、适应性和连续性,要在偶然性中发现必然性,把握危机发生的规律性,掌握处理危机的方法与艺术,尽力避免危机所造成的危害和损失,推动企业的健康发展。

危机管理有狭义和广义之分。狭义危机管理指危机发生后的应急管理,即事中管理;广义危机管理指对危机全过程的管理,包括事前管理、事中管理和事后管理三个阶段。危机管理是为了应对突发的危机事件,抗拒突发的灾难,尽量使损害降至最低点而事先建立的防范、处理体系和对应的措施。对企业而言,为了应对与社会大众或顾客有密切关系且后果严重的重大事故,在企业内预先建立防范和处理这些重大事故的体制和措施,其目的在于消除或降低危机所带来的威胁和损失。企业在面对危机时采取的不同态度和方法,对塑造企业形象将产生"差之毫厘,谬以千里"的效果。企业在生产经营中发生意外或者事故的消息,一旦在互联网上发酵,就会迅速扩散到全国甚至更大的范围,产生不良后果。所以,创业者的危机管理能力对企业安身立命至关紧要。

危机并不等同于企业失败,危机之中往往孕育着转机。危机管理是一门艺术,是企业发展战略中的一项长期规划。企业在不断谋求技术、市场、管理和组织制度等一系列创新的同时,应将危机管理放到重要的位置。一个企业在危机管理上的成败能够显示出它的整体素质和综合实力。成功的企业不仅能够妥善处理危机,而且能够化危机为商机。

成功地创建和管理一个企业,仅仅知晓一些商业知识和法律知识,是远远不够的。一个人识别商机的能力如同创造力一样,在很大程度上依赖于他能储备多少知识信息。拥有的知识信息越多,就越有可能先于别人识别构成机会的联结点和模式。无论什么时候,学习一切能够学到的知识信息,结果将是机会识别能力的提高。一般而言,创业者特别重要的创业能力包括:拥有凭直觉做出决策的能力,即对社会经济发展趋势的分析判断能力,因势利导能力,机遇识别与分析能力,合法地综合利用各种资源的能力,人际交往能力,团队合作沟通协调的能力,管理财务能力,创造性地解决问题的能力,战略性思维能力等。

从创业者的能力角度看,在激烈的市场竞争中,改革和创新永远是企业活力与竞争力的源泉,要鼓励所有人在一切可能的方向上创新,创新与速度是新经济的真正内涵,是市场竞争的不败法则。创业是需要不断决策的过程,任何一个阶段都离不开创业者的决策,包括创业项目的选择、创业机会的识别、企业产品的定位、企业的运营模式、企业的发展战略、企业的用人模式等,都需要进行准确的判断。创业者的领导决策能力即在自身能力基础上对问题生成解决方案、评估方案和进行方案选择的能力,直接关系着企业的生存与发展。创业者的经营管理能力是创业成功的核心能力,是对企业所拥有的资源、企业经营活动的各个方面和各个环节进行有效管理的能力。在社会分工日益细化的今天,创业者很难只靠个人取得成功,而是需要大量的人脉资源。人际协调既包括处理与政府部门、新闻媒体和客户之间的关系,也包括处理与企业成员之间的关系,人际协调能力是创业者发展和巩固其人脉资源的重要保障。

创业者通过培养终身学习的习惯和积极主动的自我学习、自我完善,来不断提升自身能力和素质,将助力创业成功。

第三节　创业精神

德鲁克认为,"企业家"和"创业精神"这两个词的定义完全令人分辨不

清。他在 2002 年出版的《创新与创业精神》一书中指出,创业精神是一种
"超经济"的事物,它既对经济有着深远的影响,又能控制其发展,但它本身
并不是经济的一部分。在他看来,创业精神并不是一种"自然现象",也不是
一种创举,而是一种踏踏实实的工作。从这一点来看,任何一家企业都能获
取创业精神并从事创新。要实现这个目标,必须经过有意识的努力。"在我
们这个社会里,要引进急需的创业精神。现在该是轮到我们对创新和创业
精神付出努力的时候了:制定原则,努力实践并形成学科。"

创业精神是指创业者具有的开创性的思想、观念、个性、品质、作风、意
志等,是从事创业活动的心理基础。它是由多种精神特质构成的,如开拓精
神、进取精神、创新精神等,表现为勇于打破常规,想前人未曾想过、做过的
事情,如产品创新、市场创新、方法创新、技术创新等。

创业精神与创业活动存在密切联系。创业精神是产生创业理想的原动
力,是创业活动的精神基础,也是创业成功的重要保证。创业活动是创业精
神的具体体现,没有创业精神,创业活动是无法顺利进行的。只有具备创业
精神,创造性思维才能产生、生根、发芽、成长,创造性能力才能发展。总之,
创业精神决定着一个地区和一个国家的创新能力。

一、创业精神的本质

创业精神经常与创业激情联系到一起,而激情概念的最早提出是在 20
世纪 20 年代,如尤金·加佛(Eugene Garver)在 2014 年出版的《品格的技
艺——亚里士多德的修辞》里指出,当时大多数研究认为激情是任何激起人
们能力和创造力的深切渴望和强烈情感。到了 20 世纪 90 年代,社会心理学
领域开始关注激情,强调激情是有意识的体验,有助于促进个体更好地投入
活动。激情是促进专注于某活动的强烈的心理状态,是给予个体"愉悦和希
望"的能量,鼓励个体"全心全意投入所喜欢的事情中"。基于情绪视角的学
者认为创业激情是创业者在创业过程中体验到的情绪。

创业过程被视为一个情绪之旅,情绪对支持创业行动具有重要意义。
由于创业是高度紧张、带有极大风险的活动,很多任务和决策都需要情绪的
支持与配合。创业激情作为积极情绪的重要组成部分,是驱动创业活动的

关键因素。在创业实践中,众多成功创业者均认为创业者永远要有激情,没有激情则难以逾越创业过程中的重重困难。

在个体层面,创业激情作为创业者的个人特质,不是直接作用于企业,而是通过对个人行为的影响,如动机、目标、自我效能的调节,间接对企业发展产生影响。根据创业者在创业活动中的不同身份,可将创业激情分为发现激情、创建激情和发展激情。其中,发现激情是指创业者识别、创造和探索新机会的激情;创建激情是指创业者创办企业或利用市场机会盈利的激情;发展激情是指创业者培育、壮大企业的激情。卡登(Cardon)指出,创业者是否具有创业激情、激情能否保持稳定,取决于创业者为三种不同身份角色所付出的激情水平,而在企业发展的不同阶段,创业者所表现出的激情类型会各有侧重。如在企业初创时期,创业者身份带来的自我认同程度更高,创业激情表现得更为明显;在企业发展的成熟阶段,发展激情占据主导,创业激情水平降低甚至可能会逐步消失。

在团队、组织层面,团队激情是创业团队成员所体验到的创业激情的集合,包括每位成员个体激情的潜在差异性。团队中的成员可能分别承担发现者、创建者和发展者的角色,也可能承担相同的角色,据此可将创业团队分为专注激情的团队、混合激情的团队、平衡激情的团队。团队会产生凝聚力以及冲突。团队凝聚力是团队成员之间为实现群体活动目标而团结协作的程度;认知冲突是由组织成员对任务的不同看法引发的冲突,通过理性的讨论来解决,有利于团队决策;情感冲突是由情绪对立引发的冲突,对团队工作和绩效具有极大的破坏性。在专注激情的团队中,所有团队成员都有相同的角色,身份认同的一致性高,情感相似性高,因而团队凝聚力强,情感冲突低,对于工作中存在的问题,团队成员会畅所欲言,认知冲突高。

创业精神的本质是一个追求机会、创造价值和谋求增长的创新活动的反映。创业精神的主要含义是创新,也就是说创业者通过创新的手段,将资源更有效地利用,为市场创造新价值。虽然创业常常是以开创新企业的方式产生,但创业精神不一定只存在于新企业。一些成熟的组织,只要创新活动仍然旺盛,该组织依然具备创业精神。创业精神类似一种能够持续创新成长的生命力,一般可区分为个体的创业精神及组织的创业精神。个体的创业精神,指的是以个人力量,在个人愿景的引导下,从事创新活动,进而创造一个新企业;组织的创业精神,是指在已有组织内部,以群体力量追求共同愿景,从事组织创新活动,进而创造组织的新面貌。可见,创业精神是独立生存的自信心和不断创新的进取心的统一,表现为对生存环境的主动适应、对文化与生活的综合思考和对奋斗目标的执着追求。

创业精神所关注的是"是否创造新的价值",而不在于是否设立新企业,因此创业管理的关键在于创业过程能否将新事物带入现有的市场活动中,如新的产品或服务、新的生产流程、新的管理制度、新的商业模式等。创业精神就是一个人不被当前有限的资源所约束而捕捉和利用机会,敢于承担必须承担的风险,为创造某种新的价值,努力发挥创造力、实现创新的一种敢吃螃蟹的心理驱动程序。因此我们可以说,创业精神不仅可以推动科技创新、开发新产品、创造新服务、开拓新市场、运行新商业模式,而且还是促成新企业形成、发展和成长的原动力。

创业精神既是创业的动力源泉,也是创业的支柱。创业精神有三个层次的精神内涵:①哲学层次的创业思想和创业观念,是人们对于创业的理性认识;②心理学层次的创业个性和创业意志,是人们创业的心理基础;③行为学层次的创业作风和创业品质,是人们创业的行为模式。

综上所述,创业精神一方面体现为一种以创新为基础的做事与思考方式;另一方面体现为一种发掘机会,整合资源创建新企业,进而创造市场新价值的行为过程。精神是指人的意识、思维活动和一般心理状态,而创业精神则是指创业者的意识、思维活动和一般心理状态。创业精神是创业者在创业过程中具有开创性的思想、观念、个性、意志、作风和品质等重要行为特征的高度凝练,包含自主创新精神、不惧威胁精神、踏实进取精神、协作精神、团队精神和勇于担当的精神等,主要表现为勇于创新、敢担风险、坚持不懈和团结合作等。

二、创业精神的构成要素

创业是具有创业精神的个体与有价值的商业机会的结合,创业精神对创办新企业尤为重要。创业者如果没有创业精神,那么就会失去创业的动力,从根本上卡在创业的瓶颈。如果一个创业者具备全面的创业精神,那么他将在创业路途上勇往直前。创业精神包含以下9个要素。

1. 强烈的创业意识

创业意识指对创业者在创业过程中起动力作用的个性倾向,包括需要、动机、兴趣、理想、信念和世界观等心理成分。这些心理成分是创业活动的诱因。创业意识是创业素质的重要组成部分,包括创业动机、创业兴趣和创业理想等。创业动机是指推动创业者从事创业实践活动的内部动因。创业动机是一种成就动机,是竭力追求获得最佳效果和优异成绩的心理动力。有了创业动机,才会有创业行为。创业兴趣是指创业者对从事创业实践活动的情绪和态度的认识指向性,能激活创业者的深厚情感和坚强意志,使创业意识得到进一步升华。创业理想是指创业者对从事创业实践活动的未来奋斗目标有较为稳定和持久的向往和追求的心理品质。创业理想属于人生理想的一部分,但主要是一种职业理想和事业理想。创业理想是创业意识的高级形式,有了创业理想,就意味着创业者的创业意识已基本形成。

创业意识不仅支配着创业者的态度和行为,还规定了创业者态度和行为的方向、力度。创业者决定创业时必须首先树立正确的创业意识,同时具备不懈追求、敢于担当、直面挑战、自省自警的意识。创业者的创业意识越强烈,精神力量越是强大,越容易顺利推动创业活动的展开。

2. 鲜明的创业个性

创业成功者一般有鲜明独特的个性品质:一是敢冒风险,敢于走别人没有走过的路,创业本身就具有极大的挑战性,这样更容易抓住创业机会,创造出自己独特的东西;二是执着,能够全身心投入创业活动中,无论做什么事情都能持之以恒、善始善终,决不虎头蛇尾、半途而废;三是能独立自主地解决生活及创业过程中遇到的困难,不受各种外来因素的干扰。

3. 充沛的创业激情

创业是一件美好的事情,创业者往往会勾画出一幅美好的蓝图,但是在这条路上创业者要面对的逆境和风险要比给别人打工时多得多。打工时,只要完成领导分配的工作就可以了,即使出现一些问题,造成一些损失,也会有领导来解决,不需要担心什么后果。而创业者则不能推卸责任,也不希望有损失,因为损失的是自己的利益。创业路上没有一帆风顺,也不会有平坦的大道。激情是创业不可或缺的优秀品质,创业的过程总是困难重重、艰辛曲折的。创业者需要具备极大的创业激情,将创业团队成员凝聚在一起,克服困难。

4. 顽强的创业意志

顽强的意志指性格坚强,不屈不挠。对于任何一个创业者而言,具有坚韧顽强的意志力都是追求成功的必然要求。创业者要拥有顽强的创业意志,百折不挠地将创业行动坚持到底,因为创业的道路是一条艰难的道路,创业过程本身就是克服困难、战胜挫折的过程。很难想象,一个创业者没有坚韧顽强的意志力,见了困难挫折就退缩,最后还能创业成功。可以说,坚韧顽强的意志力是创业者面对打击、挫折乃至失败时最重要的力量。

创业意志主要包括创业目的明确、决断果敢、具有恒心和毅力。人生中永远都需要面对重重困难,只有意志顽强的人,才能最终抵达成功的彼岸。顽强不等于顽固,它是一种坚定的信念,一种不达目的誓不罢休的决心和勇气。

5. 诚信精神

诚信作为中华民族的传统美德,最初源于对天地之道的敬畏和理解。孟子说:"诚者,天之道也。"在古人眼中,诚是信的根基,信是诚的体现。人因为具有道德品质之"诚",方能表现出道德行为之"信",从真诚的心灵自然流露出的言行,才能具有感染他人的力量。随着我国社会信用体系建设的不断发展与完善,推动讲诚信、重诚信、守诚信的社会氛围日益浓厚,"一处失信、处处受限"的信用惩戒大格局正在逐步构建起来。相关制度举措,对于弘扬诚信精神、培育信用意识具有重要作用。

诚信精神要求我们在不断地自我反省中守住自己的本心,在将心比心、推己及人的前提下待人以诚、取信于人。不管做的是小买卖还是大生意,创业者都需要具备诚信精神。一个创业者或一家企业,如果没有诚信就无法在竞争残酷的市场立足。很多成功企业最注重的就是"诚信"这两个字,做人诚信,做事诚信,才是企业持续发展、持之以恒的真谛。这里说的企业不分规模大小,一个企业的灵魂文化来源于企业领军人物的诚信素质。

6. 合作精神

"团结一致,同心同德,任何强大的敌人,任何困难的环境,都会向我们投降。"这个时代呼唤许多精神,而合作精神将永远是推动时代前进的不竭动力。没有合作精神,单纯依靠个人的力量创业会非常困难,而具备合作精神则能够寻找到更多的创业机会,拥有更多的创业资源。合作精神,简单来说就是大局意识、协作精神和奉献精神的集中表现。团队协作是核心,明确的协作意愿能产生强大的向心力、凝聚力。将个人目标与集体目标高度统一、个人利益与集体利益紧密联系,能促使团队成员为了一个共同的目的而自发地合作,这是团队协作的根本,是团队高效运转的源动力,是团队合作精神形成的关键因素。

7. 批判精神

批判精神是指评论人或事物是非的一种意识、思维活动和一般心理状态,或是对某种思想言行进行系统分析所坚持的一种原则和立场。批判精神是一种十分宝贵的创业精神,是一个成功的新创企业领导者需要具备的精神品质。要想成为优秀的创业者,首先需要的就是敢于走出经验的误区,大胆地进行创新及实践,从而捕捉到商业机会。

从就业者到创业者,有时会犯经验主义错误。经验是一种宝贵的财富,背离自己的经验、倾听属下的建议对于创业者来说有时不容易做到,但却是非常重要的。刚愎自用、拒绝否定自我是创业过程中最大的敌人,也是许多创业者最容易犯的错误。从某种意义上看,创业者大多数是理想的现实主义者,他们希望以一种浪漫的手法来实现自己的目标。想要取得成功,创业者必须做好两点:一是要对经验采取审视态度;二是善于倾听,静下心来读书、思考问题,认认真真地向别人请教,使自己具有持之以恒的创新精神。

8. 适应能力

适应能力一般指的是社会适应能力,即人为了在社会更好生存而进行的心理上、生理上以及行为上的各种适应性的改变,与社会达到和谐状态的一种执行适应能力。适应能力对于任何人来说都很重要,如果一个人没有适应能力,那么在任何企业都无法待下去,毕竟每个企业多多少少都会出现让自己看不惯的事情。而对于创业者来说,适应能力就显得更加重要了,毕竟连创业者都没有适应能力的话,何谈事业的发展?很多创业者在创业初期都会绞尽脑汁为事业的定位和发展方向做出规划。由于市场的发展趋势变幻莫测,有时会毫无征兆就将一个行业的发展前景毁掉,这时就需要考验创业者的适应能力了。因为所处行业如果没有发展前景的话,创业者必定需要更换发展方向,而想要在另一个方向上谋求发展,那就需要创业者有超强的适应能力了。

适应能力是优秀创业者应具备的重要特质之一。具有创业精神的人,必然具有较强的环境适应能力,在人与环境的互动过程中,能够以前瞻性的眼光与思维做出预测与判断,并及时改进、提升或按照顾客意愿定制服务,以持续满足顾客所需,而不是被动地等待时机。

9. 领导力与协作能力

成功创业者是富有耐心的领导者,能够勾勒出组织愿景,根据长远目标进行管理。他们无须行使正式权力,既能协调好企业内部员工的利益,又能处理好与顾客、供应商、债权人、合伙人、政府机构甚至竞争对手等利益相关者的关系,共同分享财富和成功。好的领导人一定具有很强的个人魅力和感召力,能够很好地凝聚创业团队,成为创业团队的精神力量和榜样。

在创业活动开展过程中,创业者需要与关键利益相关者建立起良好的关系,包括合作者、服务对象、新闻媒体甚至竞争对手,善于搭建关系,从而为自己的创业项目获取资源和创造价值提供多种渠道。学会如何与他人合作是创业者要解决的一大难题。许多合作不欢而散,很大程度上一是因为个人过于主观,怕被别人轻视;二是因为利益上的冲突难以协调。但是对于企业来讲,协作是非常重要的,许多情况下把人组织好,就会有成就。创业者选好自己的项目以后,要培养与他人协作的精神,不能自以为是、目中无人,也不能钻到"钱"眼里,协作主要包括两个方面:一是与外部组织的合作,在这方面需要眼光长远;二是与企业内部员工的合作,不能斤斤计较,在利益分配上要公正、合理,经常与员工交流,加强与合作者情感上的沟通,增进感情投资。

三、创业精神的作用

创业具有高度综合性、整体性、超前性和鲜明的时代性等基本特征。随着工业社会向信息社会和数字社会的转型,以及随之而来的世界各国对于创业活动的普遍重视,创业精神逐渐深入到社会的各个领域,对相关的个体与组织的社会生活产生了广泛而深远的影响。

创业精神能够在人的主观意志中起重要作用,让人们在遇到困难时不断突破自我,找到更好的解决方法,让人精神振奋,获得持续发展的动力,从而实现创业梦想,实现个人的自身价值。精神意识影响人的行为,创业精神在一定程度上能够帮助创业者发挥出创新的潜在的巨大生产力。比尔·盖茨、埃隆·马斯克、马云等人的成功都离不开创业精神的支持。对于正在创业或准备进行创新创业的奋斗者而言,积极培养创业精神是具有重要意义的。

对于创业者而言,创业精神是心理基础,是一种内在的因素,是创业者在进行创业活动之初最重要的内在因素。创业精神能够提升创业者的创造力,影响创业者的信息处理和决策过程,同时,激情十足的创业者更容易将自己的创业激情传递给合作伙伴、顾客、员工和家人,进而从他们那里得到支持,获得更多资源,促进创业成功。充满激情的创业者会更加积极主动地向创业网络中的成员寻求帮助,以解决企业发展中的问题,获得更好的财务绩效。

对于企业而言,创业精神是企业文化的核心力量,是企业生存和发展的不竭动力,其实也是企业的价值取向,应该注入企业的每一个细胞里。

对于国家而言,创业精神是一个国家精神意志的体现,是推动经济发展、促进社会进步的动力源泉。

创业精神是一种推动人类社会由低级阶段向高级阶段不断发展的精神动力,是任何企业发展壮大必备的精神准则,是创业者和创业团队共同协作、共谋发展的前提。创业精神有助于鼓舞士气,锻炼解决实际问题的能力,为创业者披荆斩棘不断向前提供精神动力。

四、创业精神的培养

企业家并非生来就与众不同,他们在没有运作大型公司之前,可能有过在街边售卖饮料、在自家的储物间或车库里生产些小玩意儿的经历,他们正是借着这些经历逐步提升自己的创业精神的。可见,创业精神是可以后天培养锻炼的。有创业意向的人可通过模仿、历练、实践和培训等途径培养自己的创业精神。

1. 学习

创业者首先应学习技术性知识,这类知识帮助创业者了解自我的创业潜质,了解创业的流程及所需的知识,选择适合自我价值的创业领域;其次要学习实践性知识,这类知识帮助创业者在变幻莫测的环境中把问题转化为机会,并能识别、评估、把握与利用机会,最终将商业机会转化为计划和行动;最后应学习开放性知识,这类知识要求创业者将文化背景和全球治理结合起来进行创业,在创业中不仅要考虑利益相关者的利益,还要考虑社会伦理与道德,使创业者的创业实践不断走向完善。

2. 模仿

很多行业的领头羊都是先通过模仿前人的经验,再加上自己的探索创新实现的。很多成功的创业者都有这样一种感受:他们的成功离不开一个或几个特定的人物,他们在人生奋斗中,会时刻按这个或这些人物的言行来要求、鞭策自己。从优秀创业者身上汲取经验,学习模仿他们的创业精神,可以让自己更快成熟起来。

在市场上模仿是一个比创新更为广泛的现象,而目前大多数创新并不包括突破性的发明,有些模仿不仅是重要的学习机制,也是重要的创新机制。例如,腾讯的核心产品 QQ 就是这种模仿创新的典型案例。马化腾从不讳言 QQ 当初是作为 ICQ 的一个模仿者出现在中国用户面前,但 QQ 的成功绝不是因为模仿。虽然 QQ 本身是一个仿制品,但是像离线消息、QQ 群、魔法表情、移动 QQ 炫铃等都是腾讯的创新。正是有了创新的产品才有了 QQ 庞大的用户群,这成为撬动整个腾讯体系的支点。这些创新是 QQ 能够最终超越 ICQ 的关键所在。微信和企业微信的成功也是建立在 QQ 的基础之上的。

3. 提升

为了适应不断变化的商业环境,创业者要不断提升自己的创业情感,比如对创业的感觉,包括感知、感情和愿景等;比如创业心理结构,包括意向、想象和思维等;比如创业者的文化、道德和伦理等。除了要娴熟地运用基本的创业技能外,创业者还要有促进人类可持续发展的创业品质。

创业是创业者有意识的行动,任何开创新实践、新惯例的行动都与创业者的能动性有关。创业精神是创业的原动力。创业者需要让创业精神"浸泡整个人",要具备理性、自我意识和批判精神,还要具备领导能力,并能言传身教影响他人。创业是个体实现对别人支配的一个重要途径,能够将自己正确的意识贯穿于整个创业团队当中,通过自己的指挥取得成功,从而得到别人对自己权力的尊重和认可,是每个创业者创业的动因之一。

4. 实践

创业者既是理性和非理性的综合体,也是能动的、具有自省意识的行动者。从理论到实践,创业者需要让自己理论的创业能力与实际需求的创业能力无缝衔接,这样才能把创业知识变为创业蓝图,把创业信仰变为创业方案,把创业意志变为创业行动。

创业能力的获得和提高,除了通过学习理论知识来培养自己的创业知识和能力外,更应注重在实践中锻炼和培养。事物是多种多样、变化无常的,客观情况和环境也是复杂多变的,创业者必须重视实践活动,并在实践活动中积累经验,培养自己的分析、判断、决策、交流、组织指挥能力等。培养创业精神较有效的方法是让创业者在真正的创业环境中进行磨炼。人们往往是在巨大压力下做出一番事业的,在创业环境中切身感受残酷的竞争,能够帮助创业者培养出坚韧不拔的创业品质,成为一个敢想、敢做的人。同时,在实际的创业环境中,创业者可以感受创业团队的氛围,领略其他创业者的智慧和才能。

"实践出真知",良好创业精神的形成重在实践经验的积累,积极实践能带来及时的反馈和成就感。只有通过创业实践,创业者才能更加清晰地明确创业目标、制订创业计划,创业信念才会更加坚定,创业精神才能更加强大。

5. 培训

创业培训是对具有创办小企业意向的人员和小企业经营管理者进行企业创办能力、市场经营素质等方面的培训,并对他们在企业开办、经营过程中给予一定的政策指导,其目的是通过提高企业创办者创业的心理、管理、经营等素质,增强参与市场竞争和驾驭市场的应变能力,使小企业创办者在成功地创办企业、解决自身就业问题的同时,创造和增加社会就业岗位,帮助更多的人实现就业或再就业。

如今不只是一、二线城市,很多三、四线城市的政府部门都开设有创业培训班。有些社会组织也为创业者提供了个性化的创业辅导服务。这些培训服务是由经验丰富的企业家或职业经理人担任指导老师,对提高创业成功率能起到很重要的作用。

在成熟企业中,企业整体的力量超过了企业家个人的力量。而创业则不同,在企业创建初期,创业者既是企业发展方向的制定者,也是真正的业务实践者。更精确地讲,创业活动本质上就是创业者的创业动机、创业品质和创业技能再现的结果。例如,在创建新东方的艰难过程中,很多最初参与创建的人都退出了企业,没有创始人俞敏洪的不懈坚持,也就没有后来的新东方。

第四节　创业者的时间观

时间,对创业者来说是最特殊的资源,也是最稀有的一次性资源,企业要经营,时间最贵重。有时抓住一个机会,可以使企业起死回生,大展宏图;而失去一个机会,则可能使企业由盛转败,一落千丈。因此,当代创业者一定要树立现代时间观念,正确认识时间的特点与重要性。

一、时间太匆匆

古往今来许多圣人君子、文人墨客留下了不少警世之言,对时间发出了无限的感慨。一切都是匆匆而过。很多创业者和企业家十分辛苦,每天早出晚归,疲于奔命,忙忙碌碌,抱怨没有时间,其实时间正在一声声的叹息中流逝,如董必武在诗中写道:"逆水行舟用力撑,一篙松劲退千寻。古云此日足可惜,吾辈更应惜秒阴。"经济的发展,社会的进步,竞争的加剧,使人们的日常生活节奏与频率普遍加快,作为创业者更应该珍惜时间,光阴好比河中水,只会流去不复回。

二、时间有哲理

时间的伟大之处就在于它的公平性,对谁都一视同仁。"时间是我们生活中最无情和无伸缩性的要素",在同样多的时间里,有识之士能有许多建树,有些人却一事无成。时间里充满了辩证法,莎士比亚有句名言:"抛弃时间的人,时间也在抛弃他。"不会利用时间的人总是事倍功半,会利用时间的人则事半功倍。时间既是绝对的又是相对的,高尔基说:"世界上最快而又最慢,最长而又最短,最平凡而又最珍贵,最容易而又最令人后悔的就是时间。"聪明者利用时间,愚蠢者等待时间,劳动者创造时间,懒惰者丧失时间,有志者抓紧时间,闲聊者消磨时间,勤奋者珍惜时间,自满者糟蹋时间。

三、时间是资本

学者奥格·曼狄诺说:"时间是成功者的资本。"成功的人尽自己最大的努力去实现时间的价值,那些还没有成功的人就会不断地感叹时间的价值,而有的人却不明白时间的价值,迷茫地走完今生。创业者都知道在财务管理上要以较少的资金办更多的事,取得更多的效益要考虑资金的价值,但是,却很少有人考虑到时间的资金价值。其实时间是一种最宝贵的资源和最浪费不起的资本。资金的运用,不能只重视其投向、大小,而要更重视时间。有道是"一寸光阴一寸金,寸金难买寸光阴",时间就是金钱,时间就是希望,赢得了时间就赢得了成功。马克思曾指出:"一切节约归根结底归为时间的节约。"商品的价值量也是由社会必要劳动时间所决定的。随着现代生活节奏的加快,时间的价值越来越明朗化,办证件,加急比普通程序贵;坐火车,高铁比快车贵。时间就是希望,效率就是生命,赢得了时间就赢得了一切,然而时间抓起来就是金子,给勤奋者以智慧和财富;抓不起来就是沙子,给懒惰者以枉费和悔恨。因此,每个创业者都应该珍惜光阴,失落黄金有分量,错过光阴无处寻。

四、巧用时间有学问

有些创业者整日忙忙碌碌,但却收效甚微,有的人精明强干、周密细致,在有限的时间里工作起来井然有序,完成了许多有价值的事情。善于运筹和利用时间,既是一门科学,又是一种艺术。在利用时间方面,应该注意以下几点。

1. 抓住重点,照顾一般

企业家应有自己的时间安排,抓住关键,掌握重点,科学安排,合理使用,有张有弛、游刃自如;利用时间要学会"弹钢琴",对自己眼前的工作应分清轻重缓急,大小主次分类排队,把主要精力放在解决关键问题上;实行ABC 分类法,因为人的时间和精力毕竟是有限的,绝不能眉毛胡子一把抓,更不能捡了芝麻丢了西瓜。

2. 目标管理,成本控制

在市场经济中,时间就是金钱,效率就是生命。创业者对时间的使用也要实行目标管理。大文豪托尔斯泰说得好:"要有生活的目标,要有一生中的目标,要有一分钟的目标,还要有为达目标而牺牲的目标。"对时间的使用也要计算成本,凡是劳而无功、得不偿失的事尽量不做;少花时间多办事,时间就是资本,资本的经营哲学就是少投入、多产出、高效益。

3. 零存整取,提高效率

要把零碎时间利用起来,就像存款一样,积少成多,积沙成塔。要发扬雷锋同志的钉子精神,有挤劲和钻劲才行。锲而不舍,金石可镂。抓住时间,做任何事情都要集中精力,以便缩短时间,提高办事效率。有一个效率公式可供参考:有用功=时间×效率。因此办事应提高单位时间的利用率,效率越高,功值越大。"时间"是个常数,但对勤奋者来说是个变数,用"分"来计算时间的人,比用"时"计算时间的人,时间会多5~9倍。

4. 计划运筹,杜绝浪费

创业者对时间实行计划管理,就是把要完成的任务按小时、天、周、月、年的顺序安排好,然后按计划逐个完成,要有时间日程安排表;虽然进行计划需要时间,但是最后能节省时间,而且取得更好的效果。苦干不如巧干,要尽量避免"汗水淋漓综合征",不要说无用话、开无用会、做无用功、办无用事。科学地利用时间,如何以较少的时间完成更多的工作关键在于用好今天,革命先驱李大钊同志说:"我以为世间宝贵的就是'今',最容易丧失的也是'今',一个人抓不住今天,他就等于丧失了明天;因为当明天到来的时候,又转化为今天了。"应当今日事今日毕。"昨日是一张过期的支票,明日是一张尚未兑现的期票,只有今天才是可以流通的现金。"机不可失,时不再来;莫道君行早,更有早行人。富兰克林说:"你热爱生命吗?那么别浪费时间,因为时间是组成生命的材料。"我们要用时间之砖,构生命之大厦,创辉煌之业绩,这才是当代创业者之人生真谛。

第五章
高效时间管理原则

在吉姆·兰德尔于 2012 年出版的著作《时间管理：如何充分利用你的
24 小时》中，作者建议我们制作一个时间日志，在每一天睡觉前，把这 24 小
时是如何度过的清楚地记录下来，一周进行总结。我们会惊讶地发现自己
花费在烦琐杂事的时间占据了大量醒着的时光。如果学不会时间管理，创
造人生的价值，那么终将一事无成。尤其对于创业者来说，在这个瞬息万变
的世界，创业，拼的就是时间，想要提升自己的创业效率，学会时间管理非常
重要。

第一节　目标明确原则

人生方向转变并不意味着一定要寻找新的工作或创办企业，在原有工
作岗位上找到新的意义也是一种转变。很多人把工作当作任务及得以生存
的保障，而没有挖掘出工作背后的意义，没有站在职业、事业和人生的角度
考虑工作。事实上，每一种工作都是在为自己、他人和社会创造价值。站在
创业视角看待现在的工作，就会赋予它新的意义并给自己带来新的动力和
成长空间，这就是创业导向的人生方向。

我们在进行时间管理时，首先要解决的是目标是否明确的问题。目标
不清晰，目标模棱两可，在实现目标的过程中，行动就会犹豫，分辨不清哪些
行动是正确的，哪些行动是无用的。

一、创业的革命本钱——绝对的时间效应

创业者要想成功,健康的身心是基本保证。世界伟大的女科学家,两次获得诺贝尔奖的居里夫人的"科学的基础是健康的身体"这句名言是千真万确的真理。身心的健康是事业成功的重要保证,是创业的本钱,古今中外有许多名人不仅取得了卓越的成就,而且健康长寿,提高了自身的绝对时间效应。

为了延长绝对时间,使自身产生更大的实效,实现创业目标,创业者应注意以下问题。

1. 增强健康意识,思想指导行动

没有健康意识,就很难有维持健康的行为。这里讲的健康,不只是没有疾病,因为世界卫生组织给"健康"下的定义是"所谓健康,不仅在于没有疾病,而且在于肉体、精神、社会各方面的正常状态"。要有正常的生理,正常的心态,正常的自然生态和社会生态。

2. 重视自身的"体质投资"

这种体质投资就是要求我们注意身体健康必需的营养成分的投资。有的人往往不拘饮食,不注意劳逸结合,长年夜以继日地工作,长此以往,便造成体质下降,未老先衰。现在已不是日出而作、日落而息的时代,但我们也只有顺其自然,顺应人体生物钟,保证晚上的充分睡眠才能使自己精力充沛。人是铁饭是钢,一顿不吃心发慌,有规律地进餐,保证供给身体的必需营养品,才能维持身体的新陈代谢,使自己精神饱满。还要有病早治,防重于治,使身体这部机器不出毛病或少出毛病,大检修的次数越多,越伤元气。

3. 保持乐观主义精神

乐观有利于保护脑的功能,能促进神经系统的兴奋和抑制的调节,促进内分泌系统、免疫系统、心血管系统、消化系统等正常效能的发挥,并达到互相平衡。这样能延缓各脏器的衰老过程,减少疾病的发生。文学家冰心晚年曾说:"我除了注意饮食起居,经常散步之外,还有四个字:心情舒畅。这也可以说是我的长寿催生素。""上海第一老人"苏局仙是苏轼的第二十八世

孙,他自八岁开始练习书法,对世俗一切都不在意,这种淡然的心态让他活到了110岁。发生心理障碍的人往往郁郁不乐,据北京市西城区心理行为健康指导中心对600份心理咨询病例进行的分析,青少年都是由于身心急剧变化,尤其身体成熟和性成熟,使他们有了成人感,但心理上个性尚不完善,情感不稳定,自我评价还不全面,社会阅历浅,心理承受能力差等;成年人则多是由于环境的长期作用,导致性格内向,对事件抱理想化态度。其实,只要实事求是,风物长宜放眼量,保持乐观的积极进取心态,一定能实现远大的理想和抱负。

4. 形成习惯,坚持锻炼身体

坚持锻炼身体,可以使人四肢灵活、头脑清晰、思维敏捷、精力充沛,减少和预防疾病发生,促进已病的身体康复。锻炼身体不能一曝十寒,开始要制定规范,锻炼时间和锻炼方式根据自己的情况而定,用遵守规范来磨炼自己的意志,逐步形成习惯,持之以恒,终身受益。

当今社会进入竞争时代、数字时代,信息在爆炸,在加速度更新,人必须活到老,学到老,不断更新知识,这是对当今的人才体制提出的更高要求,创业者在面对外界的高强度压力下,要增强健康意识,重视自身体质投资,讲究养生之道,乐观豁达,锻炼身体,使自己体魄健壮,精力旺盛,延长自己的绝对时间,提高自己的终身时效。

二、整体设计自己的一生——人生整体时效

人生要想有所作为,有所成就,就应该把一生的时间作为一个整体,及早立志,统筹运用,从全局的观点合理地开发自己的智力、创造力和时间资源,不断地建构和改造自己的知识结构、不同生命阶段的工作重心和工作环境,最合理、最经济、最有效地达到预定的目标,即发挥人生整体时效。

发挥人生整体时效是成功的基础。每一个人,特别是每个创业者,都希望自己成功,希望自己有所作为,对社会有所贡献。但在创业成功的目标与起点之间却隔着崇山峻岭。为了跨越这人生之途中的崇山峻岭,为走过这人生之途中的坎坎坷坷,就应该整体设计人生,合理地利用好人生的时间,特别是利用好各种能力发展的最佳时期。人生有婴儿、童年、少年、青年、中

年、老年等时间阶段,每一不同的人生阶段在生理、心理和智力上都有明显的差异性。从心理学角度讲,2~3岁是幼儿口头言语发展的关键时期,在这个阶段,幼儿学习口头言语最快,最易巩固,容易获得口头言语的能力。4~5岁是儿童学习书面语最佳的时期。儿童掌握词汇能力在5~6岁时发展最快,掌握数学概念的最佳年龄是5~5.5岁。人的最佳时期是25~45岁,人最健康的时期是15~30岁,最聪明的时期是在20岁左右,最富有创造力的时期是30~40岁。美国学者莱曼经过多年研究认为,数学家、物理学家、植物学家、小说家的最佳年龄是30~34岁,运动健将和诗人的成功可能是25岁左右,而哲学家、生理学家、雕刻家成功的最佳年龄可能在35岁以后。

发挥人生整体时效,首先要树立正确的人生目标,设计自己要成为一个什么样的人。人生观决定人生的其他许多方面,如人生道路、人生价值、人生目的等。只有当一个人树立了为事业和真理献身的崇高人生目标,才能一步一个脚印,演出一幕幕可歌可泣的话剧,写下一行行辉煌的人生史诗。古往今来,凡是有伟大成就的人,都是有大抱负、有大志气、胸中装着大目标的人。中国历史上,领导秦末农民起义的陈涉,早年就胸怀"鸿鹄之志";伟大的无产阶级革命家毛泽东,早在学生时代就非常关心国家大事和人民疾苦,把全部精力都用在学习、工作和体育锻炼上;人民的好总理周恩来十三四岁时就立志要"为中华之崛起而读书"。确立了人生崇高目标后,更要矢志不渝,向这一崇高目标不断进击。明朝宋应星的《怜愚诗》写道:"一箇浑身有几何?学书不就学兵戈。南思北想无安着,明镜催人白发多。"要想成就一番事业,"南思北想"是不行的,只有选准目标,专心致志,才能获得成功。目标明确,才能决心大、兴趣浓、激情高、办法多,才会不畏艰难困苦,执着追求。

发挥人生整体时效,还应有对个人能力的充足认识。因遗传因素和后天生活环境以及教育的作用,人与人之间在才能上有很大的差异性,这就要在实践中善于发现自己才能的生长点,发挥优势,趋利避害。科学史上,许多科学家往往也是在徘徊之后,找到了自己才能的生长点,迅速成为科学家的。如英国近代的达尔文,学数学、医学进步缓慢,看到动物、植物却灵光焕发,他选择了研究生物学的道路,创立了科学的生物进化论。中国明代的李时珍,三次乡试都名落孙山,却酷爱医学,他苦读医书,拜访名师,虚心向山农、俚医等学习有关药物的知识,坚持亲采、亲尝、亲试以辨药性、药力,坚持了 27 个年头,写出了 52 卷、近 200 万字,载药 1892 种、附方 11 096 个、药物图千余幅的《本草纲目》,被达尔文誉为"中国古代的百科全书"。

在认识和活动的一般能力上,有的人善于观察,有的人善于想象,有的人长于记忆,有的人勤于思考,有的人善于表达。在认识和活动的特殊能力上,具有文学方面能力的人,往往表现为敏锐的观察力、创造性想象力、情感的体验力和高度发展的言语表达能力。具有绘画方面能力的人,往往表现为知觉的完整性、视觉的敏感性(如线条感、比例感、色调感等)、艺术的想象力、手腕运动的高度灵活性和准确性等。此外,有些人具有技术方面的特殊能力,有些人具有音乐方面的特殊能力,有些人具有体育方面的特殊能力等。认识自己的一般能力和特殊能力,优化奋斗目标,就能及早成才,实现自己的人生目标。

发挥人生整体时效,就不应因一时一事之功而沾沾自喜,也不因一时一事失败或受挫而一蹶不振。善于发挥人生整体时效的人,不会今日复明日,也不会因三十而不学艺。在人们走向成功的大道上,有的人早慧,有的人大器晚成。在早年时期就表现出了某些方面的优异能力的叫早慧,如我国古代有 7 岁能诗的曹植、10 岁能赋的王勃。

发挥人生整体时效,不仅仅是一个人的事情,人都是社会的人,社会日新月异的发展,也内在地要求人们有一分热,发一分光,为人类进步贡献自己的毕生精力,实现人生价值。《钢铁是怎样炼成的》一书中,主人公保尔·柯察金说得好:"生命是应当这样度过的;当他回首往事的时候,他不因虚度年华而悔恨,也不因碌碌无为而羞愧。——这样,在临死的时候,他就能够说:我整个的生命和全部的精力,都献给世界上最壮丽的事业——为人类的解放事业而斗争。"

三、行行出状元——创业不分高低贵贱

一个人能否实现自己生命的价值,能否对人类做出尽可能大的贡献,能否发挥最大的时间效能,往往取决于关键的几步。走这关键的几步时,首先

碰到的是选择。

应该看到,社会存在和社会的需要是我们选择的基础和前提。人的本质是社会关系的总和。人离不开社会,离不开他人,因此,只有当个人选择了为实现人生目标而努力,为社会多做贡献的崇高目标时,才是最高的理想选择。也只有选择了这个最高的目标,才能发挥人生最大效能。

社会存在和社会需要不仅给我们提供了这一最崇高的目标,还给我们提供了许多职业选择的目标。如社会活动需要社会活动家、社会学家;认识自然和改造自然,需要科学家、技术专家、工人、农民;发展经济需要经济学家、企业家、管理学家;精神文明的建设,需要有思想家、大批的知识分子,这其中包括教师、作家、雕塑家、书画家;社会还需要烹饪专家,理发专家等第三产业——服务业的专家等,创业者也对社会和经济的发展有着巨大推动作用。

社会给我们提供了许多职业目标选择的机会,这只是给我们提供了提高人生整体时效和成才的可能性,要把这种可能性变为现实性,重要的是,要善于根据社会的需要和自己的才识,自己的兴趣和爱好,即自己区别于他人的特殊性做出选择,注意发挥自己的特长,避免自身的弱点。如被共青团中央授予"优秀共青团员"称号的张海迪同志,从五岁起就不幸患硬脊膜外血管病变,患病后的六年间,她先后动过四次大手术。摘除六块脊椎板,身体从第二胸脊以下失去知觉。严重高位截瘫,使她失去了站立的能力。可是,在党和人民的抚育、关怀和帮助下,她具有了崇高的理想和信念,以顽强的毅力和勇气,与不幸的遭遇展开了顽强的搏斗。她认为:"残废并不可怕,可怕的是失掉了进取的信心和力量。"她抱着病残之躯,在自己不能站立搞其他工作的情况下,选择了学习外语,翻译作品和资料,以及学习医疗技术,为病人诊病治病。尽管她没有上过一天正规学校,仅靠自学英语水平便达到了大学外语系高年级程度,在同伴们的帮助下,还翻译了十几万字的作品和资料;她忍受着病魔的折磨,刻苦学习医疗技术,忘我地为群众治病达一万多人次。她的惊人表现,使整个社会为之赞叹。

创业者一旦选定了自己的目标,就要目标专一,不能今天选择这个目标,明天选择那个目标。我们不少人在目标选择上浪费时日,不少人因目标选择转换过快,虽忙忙碌碌却成效甚微,也有不少人吸取这种教训后使自己迅速成才。

创业者应该把主观和客观统一起来,要把个人选择与社会选择统一起来,要同自己的远大志向结合起来,要同自己的爱好、兴趣、基础结合起来,要同本专业工作结合起来,要同创新结合起来,最好还要和冷门结合起来,注意这些结合,去选择自己的理想目标、社会职业、主攻方向以及突破口,做出选择并不懈地为之奋斗。

第二节　惜时如金原则

按照马斯洛的需求层次理论,人的需求大概分为五个层次,通常被描绘成金字塔内的等级。从最低层次结构向上,需求分别为:生理(食物和衣服)需求,安全(人身和工作保障)需求,社交(友情)需求,尊重和自我实现的需求。第五层次即最高层次的自我实现就是从认识自己升华到实现自己的人生价值,使自己能够融入社会,并成为对社会有贡献的一分子。创业者一般自我意识都很强,在他们身上有一种本能、一种冲动、一种超乎寻常的自我意识,一旦环境允许、条件具备,这些东西就会爆发出来。

一、我生待明日,万事成蹉跎——要珍惜时间

"你热爱生命吗?那么,别浪费时间,因为时间是构成生命的材料。"富兰克林这句名言道出了时间的价值。人生与时间相伴,时间在飞驰,生命是速度。大千世界天体演化要经历上百万年的历史,人生与此相比如同一瞬间,然而短暂的人生却蕴含着深刻的时间哲理,倾注着人们对时间不同的理解和追求。

翻开人生的时间表,古往今来,有人把时间看成黄金,在我国古代广泛流传着"一寸光阴一寸金,寸金难买寸光阴"的古训。有人把时间视为财富,青年时代的歌德曾花费几年的时间寻找长生不老药,最终明白了"时间是我的财产,我的田地是时间"的道理。也有人视时间如粪土,整日无所事事,虚

度光阴。陈毅曾经有诗言："志士嗟日短,愁人知夜长。"有志者总觉得时间不够用,而无志者总认为时间用不完,青春年华一去不复返,实在让人可惜。

时间是构成生命的材料,热爱生命就要珍惜时间。伟大的发明家爱迪生自感："生命如此短促,我有许多事情要做,必须争分夺秒啊!"但现实生活中的有些人却与此形成明显的反差,整日里吃喝玩乐,不惜把大把的时光泡在麻将桌、酒吧、网络游戏上。爱迪生惜时如金,发自内心的呼唤,无疑是对这种浪费时间的行为的一种精彩的批判。

时间可以比作金钱、财富,但时间又远比金钱和财富宝贵,马克思曾说过："什么是人的最大财富,最宝贵的东西,那就是时间。"因为在人类的历史长河中,金钱需时间来转换,财富也需要时间来创造。时间是生命延续的载体,离开了时间我们将一事无成。由此可见,人世间最珍贵、最伟大、最正确的东西莫过于时间。为此,历史上的伟大人物无不以特殊的偏爱去拥抱时间。朱克曼女士在《科技界的精英》一书中说,"几乎所有诺贝尔奖获得者都极为关心如何最大限度地利用时间这个有限的资源",而一心一意把时间用于对科学与专业知识的向往和追求之中。伟大的文学家高尔基说过:"我是怀着忧郁的心情计算我一生的岁月的。"因为生活的辩证法告诉他,也提醒我们世人,倘若失去一秒,人生则缩短一秒,在人生有限的分秒锁链上,最危险的不外乎是伟大的时间被无为地消磨掉。

时间是生命,生命的全部历程莫过于美好的青春年华。毛泽东把青年人比作早上八九点钟的太阳,朝气蓬勃,无论是体力、精力还是记忆力,都正在兴旺时期。但人的青春年华无法抗拒生老病死的自然法则,短暂的青春又极易被流逝的时光夺去。西班牙作家塞万提斯在其名著《堂吉诃德》中指出:"每个时间都不是一样的。"同样,时间对每一个人的报答也是不同的。青春长与短的辩证法既严峻又富有哲理,青年多努力将会受益终身,在有限的生命中辛勤耕耘,付出的愈多对人类的贡献愈大,就会在无限的时间中青春常在。爱迪生每天坚持工作十几个小时,比一般人的工作时间长得多,相当于延长了生命,难怪他在 79 岁时自豪地说:"我已是 135 岁的人了!"相反,若虚度光阴将遗憾终身,在流逝的岁月中无所作为,对社会无所付出无所贡献,尽管活得日久天长也与青春无缘。这正如宋人朱敦儒 79 岁所云:

"屈指八旬将到,回头万事皆空。云间鸿雁草间虫,共我一般做梦。"深刻的教训告诫人们,平生切莫碌碌无为,但愿青春洒人间。

人世间最公正的莫过于时间,它对我们每一个人都是永远不变的常数。著名文学家托尔斯泰说过:"我们时常追赶着时间。这就是:时间是我们的知觉形式。我们要从束缚我们的这一形式里解放出来。"解放意味着超越。要超越有限的自然生命,既要克服惰性、付出代价,且不容一日闲过,又要发奋努力、日有所知、日有所新、日有所进、日有所取。切莫忘记"真理是时间的女儿",当你在一天中占有了时间,时间也同时占有了你,这就是生命时间的辩证法。假如我们人人都能在时间的无限性与有限性、连续性与间断性、永恒性与瞬间性,以及长与短、快与慢的辩证统一中去把握时间、利用时间,我们的世界强国大业一定大有希望,而我们个体"就是在你停止生存时,也能以你所创造出来的一切为人民服务"。

二、让青春大放异彩——青春期与时效

一个人一生中的不同时期,其价值是不同的。有人说过,生命是奇特的,它让每一个人都开一次花,但并不保证都能结果,这就看你是否不负于自己的青春。

根据现代科学的研究,进入儿童期的孩子,即从六七岁到 10 岁左右这个年龄阶段,生理上主要是长身体。进入小学前,主要活动是游戏,心理上模仿能力强,具有儿童心理学家皮亚杰所说的"自我中心性",对任何事情都以自我为中心,不会从第三者的立场看问题,缺乏客观性,也没有意识到个人与集体的关系。进入小学后,慢慢意识到个人与集体的关系,开始有意识地过社会性的集体生活,有系统地学习文化科学知识,促使他们认识能力的发展,但仍以形象思维为主要形式。

进入少年期,即十一二岁到十四五岁这个年龄阶段,孩子的身心都在发生着剧烈的变化。在生理上,身体迅速成长,身高每年的增长值一般是 6~8 厘米,也有多达 10 厘米左右的,体重增长值一般在 5~6 公斤,增长快的可达 8~10 公斤。性开始成熟,出现第二性征,女孩开始来月经,乳房开始丰满,男孩声音变低,长出胡须,有的在梦中发生遗精。少年期身体形态和机能的

迅速变化导致心理发生剧烈变化,我国儿童心理学家朱智贤教授把少年期的主要特点概括为:这是一个半幼稚半成熟的时期,是独立性和依赖性、自觉性和幼稚性错综矛盾的时期。但他们的主导活动仍是学习。

到了青春期即十五六岁至20多岁,按照身体生长发育的规律,青年在骨骼肌肉系统、心血管系统、呼吸系统、消化系统、生殖系统、神经系统等方面都得到充分的生长发育,达到成熟的水平,体格健壮,精力旺盛,思维敏捷,感情丰富,尤其是生殖系统发育的成熟,是青年成熟的主要标志。随着生活空间(包括地理空间和时间空间等)的扩大,各种实践活动的增加,广泛的学习和大众传播媒介等的作用,青年心理发生显著变化,观察能力、注意力、记忆力、思维能力、想象能力等有明显进步,特别是抽象和逻辑思维能力获得很大发展,对自己的内省和对外部的批评都在增加,独立欲、自由欲、自信心、好胜心、未来欲、自尊心等各种自我意识形态逐步趋于成熟,对人生和世界的基本态度即人生观和世界观基本确立。

当人生30岁左右时,已开始步入中年。随着年龄的增长,中年人的体质将由盛趋衰,生理机能日益下降,精力逐渐减退,诸多心理矛盾和疾病也易于发生。60岁后,人进入老年,生理机能衰退,疾病增加,大脑退化,感觉能力降低,记忆力越来越差,思考力减弱,情绪变得不安。

有研究表明,年龄与智力发展的关系(包括知觉、记忆、比较和判断、动作和反应速度等内容),在18~29岁达到顶峰,30~49岁逐渐下降,50岁以后下降更多。

有人对公元600年到1960年间的1128位科学家、发明家做出的1818项重大发明创造进行统计分析后发现:①大多数人在30岁左右做出重大发明创造;②40岁以前做出第一项重大发明创造者占2/3;③约有60%的重大发明创造是在40岁以前做出的。在各行业取得成就的最佳年龄,一般在25至36岁之间。牛顿23岁创立微积分,开拓了数学新时代;爱因斯坦26岁发表相对论,使物理学发生一场革命;马克思29岁、恩格斯27岁时写出《共产党宣言》,揭开了人类历史的新篇章;爱迪生39岁发明了电灯,给人类带来了世界之光;诺贝尔34岁发明了炸药,对现代工业发展做出了巨大贡献;车尔尼雪夫斯基16岁学会了七种外国语,27岁发表了著名的论文《艺术与现

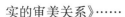

实的审美关系》……

人的生命分期,是人的时间形态,又是人的生命形态,是客观的自然的进程,它不以人的意志为转移。从上面叙述的关于人生少年期、青年期、中年期、老年期的生理、心理等特点,我们可以看出青年期是人生最珍贵的时期,黄金的年华,它像穿在人生金链上的宝石,是人生最闪光的年华,是时间和生命的骄傲。是啊,农民种地是不敢耽误农时的,人误地一时,地误人一年。如果说人生也有准备期、播种期、收获期的话,那么人生的少年期正像准备期,青年期犹如播种期,老年期就是收获期。在播种的季节,种瓜得瓜,种豆得豆,没有播下种子,中老年时就得不到应有的果实。诸葛亮之所以能有隆中对策、赤壁大捷、建立蜀汉,与他 17 至 26 岁之间在襄阳十年,一边种田一边读书,深研古代历史,怀有远大政治抱负有关。这大概就是人们把青春期作为人生最宝贵时期的原因吧。

《全唐诗》中有句诗道:"白日无定影,清江无定波。"意思是说太阳不会静止不动,清江也不会静止不流。比喻自然界万物皆变,光阴迅速,人生短暂,因此应当更加努力奋进。《汉乐府·长歌行》也劝告青少年:"百川东到海,何时复西归;少壮不努力,老大徒伤悲。"时间像江河东流入海,一去不复返。人到老年,不能返老还童,人在年轻时不努力学习,年龄大了一事无成,留下的只能是悲伤、后悔。

我们现在有好的学习环境,好的学习条件,有丰富的学习资源,只要及早立志成才,专心致志,善于学习,勇于探索,勤于实践,就一定能够用丰富的知识武装头脑,创造出令人欣喜的业绩,实现人生目标,从而使自己的人生发出灿烂的光辉。切不可认为自己来日方长,过几年也不迟,而把大好时光荒废在寻求刺激,追求时髦,东游西荡,整日玩乐,无所事事,当一天和尚撞一天钟上。春色无情容易去,惜春切莫误春时。

在希腊神话中,赫拉派斯芬克斯坐在忒拜城附近的悬崖上,拦住过往的路人,向他们问一个谜语,猜不中者就会被他吃掉。这个谜语是:"什么动物早晨用四条腿走路,中午用两条腿走路,晚上用三条腿走路?"一位希腊青年俄狄浦斯猜中了答案,谜底是"人"。生命的早晨,不会走路的孩子用手和脚爬;生命的中午,是壮年时期,用两只脚走路;到了晚年,拄着拐杖就是三只脚了。婴儿站立不稳,用手和脚爬行,虽慢,但天真、纯洁、可爱,给人希望;老年人手拄拐杖,步履维艰,虽壮心不已,但已力不从心;唯有青壮年,两脚立地,气宇昂然,阔步前行。我们应该珍惜年华,及早立志,无所畏惧,抬起头,挺起胸,迈开双脚,去学习,去工作,去干一番事业,使自己的人生之旅闪闪发光。

第三节 合理分配原则

创业充满魅力又高深莫测。实际上,与朝九晚五地工作或不断学习深造的状态一样,创业也是人们众多生活方式中的一种,只是与做其他事相比,创业者往往要付出更多时间与精力,具备更多、更全的技能,还要面对诸多困难与挫折。创业者在创业之初甚至创业之前,就应该认识到合理分配时间的重要,并对自己的时间安排做出合理规划。

一、寻觅增长的时间——时间容量与时效

时间,看起来对每个人是极公平的,一天24小时,一年365天,但每个人对时间却是不公平的。有些人的每年、每月、每日过得充实,富有节奏;有些人则让光阴虚度,带着不少"水分"。有的人在时间这个容器里装进了自己广采百花酿成的甜蜜,有的人则装进了不成熟的果子和悔恨的泪……一年365天,有的人使一年变成了720天,有的人却与之相反,使一年变成了180天,因为他使属于自己生命的宝贵时间白白流逝。可见,超越生命,提高时效,离不开"挤时间"。

历史上一切有成就的人,无不是挤时间的能手,巴尔扎克在20年的写作生涯中写出了90多部作品,塑造了2000多个不同类型的人物形象,他的许多作品成了世界名著,他的创作时间表是:从半夜到中午工作,就是说他在圈椅里坐12个小时,努力修改和创作,然后从中午到四点半校对校样;五点用餐,五点半才上床,而到半夜又起来工作。有时手指写得麻木了,两眼开始流泪,他就喝杯浓咖啡,刺激神经兴奋起来,继续写下去。有时一天他只

睡三四个小时,他曾经一夜写完《普日里的秘密》,三个通宵写好《老小姐》,三天写出《幻灭》的开头五十页。有一次他写作了十几个小时,实在支撑不住了,就跑到朋友家,一头栽倒在沙发上,让朋友一个小时后叫醒他。他说:"写作是一种累人的斗争。"就好像向堡垒冲去的士兵,精神一刻也不能放松,我国的大文豪鲁迅先生也是挤时间的能手,在他生命最后一年的1936年一月到十月,卧床8个月,写出杂文和其他文章54篇,译出《死魂灵》第二部残稿三章,并作附记两则,回复友人信件270多封,还给许多青年看稿,寄书画期刊,他一生写的文章可以从地上一直堆到天花板。鲁迅逝世前六年一直住在上海,住所离虹口公园只有几分钟路程,他却从来没有去公园玩过,用他自己的话说:"时间,就像海绵里的水一样,只要你愿挤,总还是会有的。"俄国大文豪高尔基,4岁时父亲去世,后来因母亲改嫁,他就寄宿在外祖父家里。他从小就有强烈的学习欲望,在小学里学习成绩很突出,可惜由于外祖父家家境不好,不得不辍学。为生活所迫,高尔基10岁时就外出独自谋生,他先后做过鞋铺的学徒、轮船上洗碗碟的杂役、画师的学徒、面包师、更夫、园丁、店员、码头搬运工等。他就是在这种极其艰苦的生存条件下,挤时间读书,有时为了读书受尽了屈辱。他在后来这样回忆道:"如果当时有人对我说:'你去读书吧,不过为了这件事,我可要用棍子狠狠拍你一顿。'大概这样的条件我也会接受。"其他像牛顿、居里夫妇、爱因斯坦、马克思、恩格斯、列宁、毛泽东、周恩来、徐特立、谢觉哉、雷锋、陈景润等都是善于挤时间的专家。

一谈到挤时间,有的人总是说自己"忙",一天工作8小时,有时还有其他事情,每天排得满满的,没法挤。其实,所谓"忙",首先是思想方法有问题,关键在于自己认为自己能挤出多少时间的问题。也正是因为忙才得在忙中挤,正像雷锋所说的那样,一块好的木板上面一个眼也没有,但钉子为什么能钻进去呢?"这就是靠压力硬挤进去的,硬钻进去的。"我们就应该有钉子的精神,去挤,去钻。谢觉哉老人也曾精辟地说:"挤是正常的,不挤才是不正常的,应该欢迎挤,要知道,挤是使人进步的一个重要因素,一个人一生多少有点作为,对人民有点贡献,大凡都是靠挤出来的,一个人如果常年不觉得挤,反而觉得有的是时间,松松垮垮,你将一事无成,虚度年华,浪费了生命。"

挤时间还应该有明确的目的,即挤时间干什么。现实生活中许多人都在不自觉地挤时间,但他们挤时间不是为了工作,为了学习,而是想办法挤出时间多玩一会儿,多乐一会儿,像那些打扑克半夜不睡,打麻将一夜不睡,玩网游、上网购物废寝忘食的人,他们也是在挤时间,他们挤掉了工作时间,挤掉了正常休息时间,这不是我们所提倡的,是我们所反对的。我们提倡的是挤时间去学习,去工作,去为社会多做点儿贡献。

善于挤时间的人,还发明了许多挤时间的方法。如苏联昆虫学家、哲学家、数学家柳比歇夫常用的"时间统计法"就是把每小时做了些什么,都详细地记载下来,像核算金钱一样核算自己的时间,一天一小结,每月一大结,年终一总结,他56年如一日,从来没有间断过,这样通过时间支出的统计,计划用时,挤掉不必要的时间浪费,在其短短的一生中发表学术著作70多部,还写下12 500页的论文,内容涉及昆虫学、科学史、农业遗传学、植物保护、进化论、哲学等。

又如并联式挤时法,即在某项生产活动进行的同时,开展另一项活动,或把两三件不善用脑的事放在一起同时进行,如旅行坐车坐飞机时与邻座聊天做市场调查,或在旅途中构思商业计划书的细节设计。奥地利作曲家莫扎特常常在理发时考虑乐曲创作,他常说:"谁和我一样,谁就会和我一样成功。"爱因斯坦在推着童车散步时常思考他的相对论,他曾对青年人说:"等你们六十岁的时候,你们就会珍惜能由你们支配的每一个钟头了!"

再如串联式挤时法,即按工作、学习内容,巧妙安排,环环相扣,如著名京剧表演艺术家郝寿臣,为了实现"不要让艺术拿住你,要拿住艺术"的宏愿,坚持勤学苦练,在床头上贴着"睁眼即起"的纸条,从不睡懒觉;在洗脸处、练功处、吃饭的地方都贴有不同的警语提醒自己,醒后即起,洗漱完毕就去活动练功,唱、念、做、打、抽身段、练眼神,坚持不懈,最终功到气精,自成一派。

还有嵌入式挤时法(即在空白的零星时间里加进充实的内容),压缩法(即尽力压缩身边琐事),聚沙成塔法等,都是有效的挤时法。

在忙中挤时间,关键要持之以恒。偶尔挤一下时间去学习,容易做到,但要做到坚持不懈却不易。正如苏联作家格拉宁所说:"可以说一个人珍惜每一秒钟,并使每一秒钟都过得很有意义,同时又把这看成是一种自然而然的现象,那是最为困难的事。"难就难在"每一秒钟"和"自然而然"。而要使每一秒钟都过得很有意义,就必须形成自然而然的现象。前述的方法有多种,每个人又可根据自己实践总结出不同的挤时方法,重要的是养成习惯,那种一曝十寒、三天打鱼、两天晒网,缺乏毅力,爱计较小事,处处计较个人得失,常陷入一些无意义的纠纷,小事大作、办事拖拉的人都是挤不出时间的。

挤出的零散时间最好用于学习系统的东西。夏衍在谈到挤时间学习与系统提高时说:"怎么好? 一是钻,二是恒。一门门的钻研……例如每天抽出一个小时专学管理,一年之内,总可以把管理类专业书籍读完,然后再学别的。"恩格斯也曾指出:"自学如果不是系统的研究,那就得不到任何重大成就。"恩格斯在经商业余时间坚持研究军事理论,通过长时间的挤时间钻研,通晓了各个兵种的战略、战术,军队的组织,指挥机构的建立,供应系统,武器技术等专门知识,揭示了产生战争和武装力量的历史条件。在 1870 年普法战争时期,他发表了近 60 篇《战争短译》,预见到法军的失败,在伦敦引起了一次次轰动,这也使他成为无产阶级的军事专家。我国清末植物学家吴其濬(1789—1847),在嘉庆二十二年(1817 年)中状元后,历任翰林院修撰,内阁学士,兵部侍郎,湖北、江西学政,湖广、云贵、山西总督和巡抚,他矢志不渝研究植物,利用做官不断被调迁的机会,走遍半个中国,每到一地便广泛采集植物标本,仔细观察,认真考证,精心绘图,虚心向农民、樵夫、牧童、俚医、僧人等请教,广读经书、本草书、地方志、医书、农书、地理书、方言、杂技等,历经多年苦心钻研,积累了大量的资料,终于写出了逾百万字,配有精美插图的《植物名实图考》38 卷,记载植物 12 大类 1714 种,比明代医药学家李时珍的《本草纲目》新增收 500 多种,综合了前人有关植物的研究成果,纠正了古书中的许多错误,提出了不少创见,成为继《本草纲目》之后影响较大的植物学专著。翻开每一位自学成才者的奋斗史,无一不是在繁忙的工作中、辛苦的劳动中、艰难的条件下长期坚持挤时间学习的结果。

二、让时间属于自己——善处众多的来访者

人在一定的社会关系中生活,就必须交往。交往满足了人一定的心理需要,没有交往和互访,人就会感到孤独。交往还建立、巩固和发展了人们之间的友情。所以,中国古代的大圣人孔子曾说:"有朋自远方来,不亦乐乎。"但现实生活中,为什么又有那么多人因为交往或被访而心烦意乱、犯愁、苦恼呢?细想起来,这并不难理解。因为交往只是人们生活中的一种方式,只是人们心理上的一种需要,只是增进人与人友情的一种途径,它不是唯一的方式,更不是唯一的需要。交往又像从事其他任何一项活动一样,都需要支出一定的时间。除了职业公共人士外,一旦交往占据了大部分精力和大部分时间,且被访又成了交往的主要内容,自己想干的事情干不成,心中会乐意吗?

那么,如何应酬众多的来访者呢?

第一,要善于对来访者进行分类,区别对待。诸如按来访者的住地分,是外地来客还是本地来客;按熟悉程度分,是亲朋好友、常客还是网友、不速之客;按来访内容分,是为公事还是为私事,是业务联系还是纯粹寒暄等。对外地来客,特别是老学友同学、老朋友,应尽同学之谊热情接待。虽在工作上学习上失去了一点儿时间,却增进了友谊。当然,对外地来客也要注意他们是暂时逗留还是长期住下去,以便根据自己的时间决定被访问时间的长短。不论对外地来客还是本地常客,要善于通过短暂交谈,看其为何来访,是为公事还是私事,是有事来访还是无事寒暄。

第二,要善于根据自己的忙或闲安排被访问时间的长或短。对知己者,不妨清楚地说明自己的处境,请他们原谅,说明自己没有更多的时间陪他们。对于不太熟悉的来访者,要让人家感觉到你是个忙人,如让他们看你的时间安排表,清楚你不得不尽早结束被访;或与人接触时言简意赅,不时地"不那么礼貌"地看看手表和手机,发出一些体态语言,表示会谈该结束了,一般人是会识趣的,人家感到你确实忙,就会不好意思再过多打扰你了。

第三,要善于预约时间,疏散来宾。根据自己的时间安排,避开处理要务的时间,安排在自己需要精神调节的时间。事前约好来访人、来访地点和

时间,这也有益于自己的工作,因为这样无伤大雅,也并不会因此而伤害朋友之情,别人的来访还会给你带来意想不到的信息,有时还有"与君一席话,胜读十年书"之效。这里的关键是树立一种新的时间观念,即自主时间观念:时间是自己的,应由你自主安排。如果忙,就要婉言谢绝他人的邀请。对有些与自己学习、工作无关的邀请,还要敢于果断回绝,敢说"没有时间"。

第四,不管对自己、对来访者,都可提前限定访问时间的长短,并遵守执行。革命先烈邓中夏在北京大学读书时,为了避免一些同学找他天南海北地乱扯一通,就写了一张"五分钟谈话"的纸条,贴在书桌上。作家柯云路为了能有更多的创作时间,也是在自己的房间里贴上"谈话勿超过10分钟"的纸条,以启示来客,谢绝闲聊。尽管谈话、闲聊能增进人际感情交流,会带来一定的信息量,对事业的成功有一定的促进作用,但长时间的闲聊就会浪费大量的时间,使你不得自主安排时间。

第五,闭门谢客法。我们常会在商业区看到一些商店门口挂一牌子,上写"今日盘货,暂停营业"。这牌子一挂出,顾客就不再前往购物或观光。我们在日常生活中,不会一直闭门谢客,与世隔绝,因为这样长期闭门的话,我们的物质流、能量流、信息流就会中断。然而,有时为了集中时间、集中精力研究一些重大问题、重大决策,或为了埋头写商业计划,又不得不闭门谢客。一位作家被问及"什么事情最苦恼"时,他的回答是,正当自己文思泉涌、伏案疾书时,突然响起不速之客的叩门声。由此可见一斑。闭门谢客的方式多种多样。如有的人采取不予理睬法,叫不应声,叩门不开,不接电话等,有的人采取让家人或同事反锁上门,有的创业者则利用隐蔽的办公室。当创业者面临重大决策,或必须一个人坐下来冷静地思考时,就应到这种环境安静的隐蔽办公室。

最后,自己在被访时必须自尊、自重、自爱,为人正直,坦诚待人。这是做人的一般标准,在交往中又显得尤为重要。对他人要不卑不亢,不曲意奉承,不违心陪同,不夸夸其谈,不自高自大。善意地倾听别人的心声、他人的欢喜和忧伤、他人的建议和向往,这既是一种美德,也是一种对时间的节约,因为你在短时间内和别人沟通了感情,增进了友谊,使这种善听和善谈的访问变成一种有益的活动。而对于那些藏有歹心、贼心的"来访者",更应理直气壮地回绝,甚至给予正义的回击。切不可贪小便宜,见利忘义,甚至丧失国格人格。

总之,对众多的来访者,我们要变被动为主动,不自艾自怨闷头应付,不唯我独尊藐视一切,属于你自己的时间应该由你自己来掌握。

三、开发心理时效

时间对人的心理有强烈的影响,心理使人们对时间的利用有明显的差异。本来,时间是一种客观存在,是运动着的物质的存在方式,人们看不见时间,摸不着时间,呼唤不来时间。古希腊哲学家柏拉图称时间是"运动着的永恒的形象"。17世纪伟大的物理学家、经典力学之父牛顿认为时间是绝对的,他指出:"绝对的、真正的和数学的时间自身在流逝着,而且由于其本性而在均匀地、与任何其他外界事物无关地流逝着。"但到20世纪初,随着相对论的提出,一种相对论的时间观问世了,即人们认识到,时间与物质有关,与物质的运动有关,与两个不同运动方式的观察者有关。而过去那种时间是绝对不变、绝对均匀的观念被人们抛弃了。

为什么时间也具有相对性?这使我们想起在爱因斯坦的相对论问世后,一些青年人问爱因斯坦,什么是相对论,爱因斯坦诙谐而幽默地说,天热时你们坐在火炉旁,即使是一小会儿,你们也会觉得时间特别长;而一对热恋中的情人度过了数小时欢快的时光,还觉得时间过得特别快。这里,爱因斯坦从客观上强调时间的相对性,不仅与物质的运动有关,而且与观察者所选择的参考系有关。由此揭示了人们在不同的场合、不同的心理条件下,对时间的体验是不同的。国外著名诗人彭特利斯曾在一首诗中写道:"当我是个婴儿,只会哭声哇哇,时间好像在慢慢地爬;当我是个孩子,整天嬉笑不止,时间迈开前进的步伐;在我长大成人以后,时间变成奔腾的骏马;当我老得皱纹满额,时间成了飞逝的流霞。"你看,人们在不同的年龄阶段,对时间的感受是多么不同:或慢爬,或迈步,或奔腾,或飞逝。是的,人们在不成熟的孩提时代,还不懂得时间及其价值,而一踏入社会,顺境时会觉得度年如日,逆境时会觉得度日如年。激情一来,异常兴奋,会觉得或思涌如泉,或流连忘返,或不思饮食,或伏案疾书;情绪低落时,或呆若木鸡,或思绪纷乱,或沉默寡语,或昏睡不起。

我们知道人的心理活动,包括感觉、知觉、记忆、想象、思维等这些心理的认识过程,包括喜、怒、哀、乐、惧、欲等各种各样的情绪或情感体验的情感过程,还包括有意识地反作用于客观事物的动机、注意、意志等主观意志过程,人们的心理还受兴趣、能力、气质、性格等个性特征的影响,在这多种心理因素的作用下,应该说人们对时间的感受是极不相同的。

从心理上分析时间,也就是说心理时间,具有如下一些新特点:

1. 时间长短可以转换

在特殊环境下产生的特殊心境,会使人们觉得很长的时间很短,如前述的情人的约会,亲人久别后的相见等。同理,有时又会觉得很短的时间很长,如天热坐在火炉旁、与话不投机的人在一起聊天等。

2. 时间的一维性、均匀性失衡

时间的一维性及时间的一去不复返性,这本来是客观的,但在心理作用下,时间却往往呈现出倒转、跃迁、分割、错位现象。如当你思考问题时,你可以回忆过去,也可以让某段时间像放映电影慢镜头一样放大,又可以把不同时间下的不同场景、不同时光进行比较。

3. 心理时间存在质量的差异

同一个人在不同的时间,不同的人在同一时间,使时间具有不同的质量,或者觉得时间紧凑,或者觉得时间松散。

4. 心理时间的价值不同

兴奋时期,激情到来,办事效率会很高,因为这一时期思维的火花在闪光,可能给社会创造许多财富,特别是精神财富,会给社会提供许多有用的信息。也有可能在这一时期,你的行为决定了你的人生,或成功的企业家,或失败的创业者。

5. 时间具有感情色彩

时间具有感情色彩,即不同的人具有不同的时间透视感。时间研究专家认为,人的成就欲望与其对时间的感觉有关。成就欲高者,对时间的态度,往往是行动、方向与价值,一般用开朗、活泼、紧张、迅速等词来说明时间。成就欲低的人,则往往用空虚、阴郁、缓慢等词来表示时间。

不同的心理时间里,会有不同的时效,我们把心理时间里的时间效率称为心理时效。为此,要开发心理时效,除了善于观察,使感觉丰富;富于想象,创造出未曾感知过的新形象外,注意以下几个方面是有益的:

首先,在一定的时期内,根据允许的条件,确立高尚的、正确的、有效的动机。动机是促使人们去从事某种活动的内在原因,是行动的动力。如一个青年要想成为优秀的企业家,这一动机就会促使他立志去掌握相关创业知识与管理理论,并围绕这一目的,刻苦学习,不骄不躁,严格要求自己等。

其次,注意力高度集中和适时转移,使我们的学习、工作具有更大的创造性。注意,是我们的心理活动指向于一定的事物,并保持一定的集中和稳定性。当我们的注意力高度集中时,从生理基础来说,大脑皮层的有关区域引起强烈的优势兴奋中心,这样,就能使那些落在这个优势兴奋中心范围内的刺激得到更清楚而且完全的反映。同时由于兴奋与抑制的相互诱导作用,在优势兴奋中心周围形成了一个抑制区域,于是落在这个抑制区域的一些刺激就往往表现为"视而不见,听而不闻,食而不知其味"。科学史上许多科学家正是注意力高度集中,专心致志,达到一种入迷的程度,才做出许多创造性的贡献。例如,牛顿没有长期对引力问题的注意,就不会想到地心引力问题;爱因斯坦没有长期思考同时性的相对性,就不会建立相对论;达尔文如果不是长期注意生物进化问题,也难以建立19世纪自然科学三大发现之一的生物进化论。这种事例举不胜举。当然,注意的基本品质除了稳定性以外,还有一个重要的品质是注意的转移,即在一定的条件下,要有意识地把注意从一个对象转移到另一个对象上,这种转移有利于大脑的调节,保持大脑的兴奋。

再次,培养积极的情感。情感是人们对客观事物的一种反映形式,是人们对客观事物的一种态度。情感按表现形式可分为激情、心境和热情。当人们发生积极的激情时,就能激励人们斗志昂扬,不畏艰险,成为正确行为的巨大动力;人们有着积极的心境,就易振奋、明朗,充满着乐观主义和必胜信念;人们有着强而有力的、稳定而深厚的情感——热情,就会不怕受挫,勇于攻关,坚持艰巨的工作。

最后,培养良好的意志品质。意志是人自觉地确定目的并支配自己的行动,以实现预定目的的心理过程,是人们的意识能动性的表现。特别是坚强的意志,对于渴望事业成功的创业者至关重要。中国目前在至少10个领域的研发与生产都领先世界。在新能源领域,2021年新增光伏发电装机容量5300万kW,连续9年居世界首位,装机总容量达到3.06亿kW,连续7年稳居全球首位。在通信技术方面,建成84.7万个通信5G基站,占全球70%以上,建成全球最大规模的5G独立组网络。在高铁方面,截至2022年,我国高铁营业里程突破4万公里,占世界高铁总里程的2/3以上;商业运营速度世界最快,成为世界上唯一实现高铁时速350公里商业运营的国家。在商用无人机方面,中国消费级无人机已占据全球74%的市场,工业级无人机占据全球55%的市场。在移动互联网和电子支付方面,我国有约6亿网购人群、每年约10万亿的网络零售规模、700亿件的快递物流包裹,移动支付规模和比重均居全球第一。在杂交水稻方面,以占世界不到10%的耕地养活了占世界20%的人口,中国杂交水稻技术居于世界领先地位。在量子领域,量子三大领域量子计算、量子通信、量子测量,全部位列世界第一梯队。在航天航空领域,我国计划在2030年实现载人登月。在家电行业,2021年我国家电行业规模以上企业营业收入1.7万亿元、利润总额1219亿元,全行业实现出口超1000亿美元。在自动驾驶领域,截至2022年上半年,我国高级别自动驾驶全球专利数1000余项,排名全球第一。这些成就的达成,与我国各行各业人民的奋力拼搏与坚强的意志是分不开的。有了坚强的意志,才使人们克服盲目性,增强自觉性;有了坚强的意志,才不会患得患失,优柔寡断,而是当机立断,敢做敢为;有了坚强的意志,人们才会在任何艰难困苦的条件下,控制自己的情感和言行,才能够保持长期旺盛的精力,才会有惊人的毅力。

高尚的动机、集中的注意力、积极的情感、坚强的意志,这些健康的心理,一定能够使创业者的时间效率大大提高。

第四节　提高效率原则

提高工作效率是每个人都需要追求的目标,无论是创业者还是普通员工,都需要注重提高工作效率。可通过合理安排时间、分清优先级、掌握高效沟通技巧、善于利用工具和技术等方法来提升时间效率。

一、聚焦出实效

一个人能同时骑两匹飞奔的马吗？不能。否则,难免要从马背上摔下来,一个人能同时踩两条独自行进中的船吗？也不能。不然,也难免会从船上掉下去。这是浅显易懂的道理。但是,在现实生活中,不少人常犯想同时骑两匹飞奔的马,脚踩两只船的毛病。在成功的道路上,他们的愿望往往是好的,他们想早日成功,加快速度。这些人也往往很刻苦,他们在抓紧一切的时间去读书,去学习,去拼命地工作。他们的时间用得不少,工作做得不少,费了很大的劲,但成效却不大。果戈理在他的《死魂灵》中就刻画了一个这样的典型人物:彼得尔希加有这样的高尚志向,他拼命读书,虽然并不懂得内容是怎样的,"情爱英雄历险记"也好,小学的初等读本也好,祷告书也好,他完全一视同仁——都读得很起劲;如果给他一本化学教科书或随便一本什么书,他都会高兴地、认真地去读、去钻研。他所高兴的并非他在读什么,高兴的是在读书,一个字一个字,一句话一句话地在读,一分钟一分钟地在抓紧读书……愿望很好,精神可嘉,但这种没有计划,没有明确目标,什么都看一看,什么都读一读,没有选择,没有重点的读书,收获是不会太大的。

21世纪的今天,人类已经进入数字化社会,信息量在骤增,知识在爆发,学科专业在分化、在综合,在迅速扩张。仅就自然科学而言,据联合国教科文组织的统计表明,当代基础科技已有500个以上的主要专业,技术科学有400多个专业领域,新的专业还有增大的趋势。现在全世界平均每天发表的科学论文已达1.3万多篇,每年申请的发明创造专利超过340万件。美国学者德里克·普赖斯曾提出把图书馆的藏书量和杂志论文数量作为衡量知识增长速度的重要标准。据统计,目前全世界三大图书馆的藏书量均已超过3000万册。最大的美国国会图书馆,2022年藏书达1.62亿册(件),居第二位的英国大英图书馆藏书量达1.5亿册(件)。据英国科学家詹姆斯·马丁推算,人类的知识总量在19世纪是每50年翻一番,20世纪中叶是每10年翻一番。近20年来,人类的新发现新发明比过去2000年的总和还要多。

当前知识的快速增长,使每一个人都处于知识和信息的海洋中,任何人都无法穷尽它。据联邦德国学者哈根·拜因豪尔统计,今天的一个科学家即使夜以继日地学习,也只能阅读本专业世界出版物的2%。一个掌握34种语言的杰出化学家,每天读24小时书,一年出版的化学刊物也足够他看30年。

由此可见,面对知识爆炸的今天,只撑个口袋不管什么知识都往里单纯地装的学习方法已不适应,我们必须学会学习。这正如美国未来学家、《第三次浪潮》的作者阿尔文·托夫勒所指出的:"未来的文盲不是不识字的人,而是不会学习的人。"面对纷争的大千世界,面对知识爆炸,我们没有时间去空耗自己的生命,没有精力去干那收获甚微的事情。我们没有时间去失败,要争取早日成功。那么,如何运筹我们的时间,提高我们的时效呢?

当我们通过抛物镜面将太阳光汇聚在聚焦点时,强大的光能可以把焦点处的物品烧焦、起火,这是太阳光的聚焦效应。这启发我们:如果人心往一处想,劲往一处使,不论我们干什么,聚焦就能提高时效,聚焦就能成功。

聚焦就是要围绕自己人生的目标,围绕自己做事的目标专心致志。古今中外,倾注全部心力于一身的目标,就易成功。达尔文矢志研究生物学,使他成为生物进化论的代表。俄国数学家罗巴切夫斯基深入研究欧几里得第五公设,使他成为非欧几里得几何学的创始人之一,开创了几何学的新纪元。陈景润目标专一,研究哥德巴赫猜想,创立了陈氏定理,成为闻名于世的数学家。

世界充满着一与多的矛盾,不断在高度分化又高度综合,我们应该在重视知识跨界、知识综合的同时,窄化和深化自己的专业知识。各行各业都有自己的专门知识,没有商品知识、经营知识、经济学知识和管理学相关知识等也很难成为一个出色的创业者。专注于一,就是要从知识结构、治理结构、成功因素等方面专心致志地向"定向目标进取"。

这里,首先要建立自己的据点,要认真学好弄通最基本的专业知识,要下苦功夫精读一些最基本的专业书。循序渐进,一步一个脚印,细致深入地研究自己不懂的东西,勤学好问,弄清专业领域的来龙去脉,发展现状,研究动向,存在问题,接着顺势而下,抓紧时机转入研究课题,通过专题研究运用和消化已学到的东西调整自己的知识结构，逼着自己去寻找新知识、新方法，有所发现，有所发明。

专注于一，才能逼迫自己充分调动一切积极因素，不达目的不罢休。俄国化学家门捷列夫长期坚持研究当时人们已发现的 63 种元素，探索他们的规律性，才发现了化学元素周期律；德国化学家凯库勒长期研究化学结构，在一次睡梦中发现了苯环结构；牛顿是在一直研究引力问题的基础上，想到万有引力定律的。我国生理学家朱鹤年先生说得好："一个人的精力虽然有限，但只要目标专注、持之以恒，不断观察、大胆实现，就很有可能有所发现，有所创造。"也正如弗罗列斯坦所说："珍珠是不会浮到水面上的，要寻找它，必须冒着生命的危险潜到深水里。"

专注于一，并不是对其他的东西一概不管不问。这里涉及专与博的辩证法。在目前的数字时代，要为专而博，不要为博而博。不是专带动下的博，往往会使博变为知识浅薄、知识庞杂，似乎什么都学过，其实什么也没学到；似乎什么都知道，其实什么都没弄清楚。这种博，往往是水过地皮湿，有些甚至是过眼烟云，跑马看花，并没有留下什么深刻的印象，没有变为自己的知识，转化为自己分析问题、解决问题的智力。我们提倡为专而博，围绕专业扩大知识面，围绕专业博览群书，围绕专业广泛观察自然和社会。博览是为了吸取相近或相关专业，以及远离本专业的新思想、新概念、新方法，以便移植过来，为专所用。这样的博，才能够使我们目标明确、视野开阔、思维活跃、不断开拓。数学家、控制论的创始人维纳就提倡科学家在注意本行外还要善于注意科学上的无人区。他说："在科学发展上可以得到最大收获的领域是各种已建立起来的部门之间的被忽视的无人区。……到科学地图上这些空白地区去做适当的查勘工作，只能由这样一群科学家来担任，但是每人对他临近的领域都有十分正确和熟练的知识。"维纳和他的同事们正是在数学、物理、生物和工程领域等的边沿地区建立了控制论。

二、优化事序安排——时间的序化效应

北宋时，有一次皇城遭火灾，宫殿被焚毁，当时的皇帝宋真宗派大臣丁谓主持皇宫的修复工程。丁谓遇到了砖、木、土、石等建筑材料的来源，运输

工具和运输道路的选择,垃圾的处理,工程的按期完工等诸多难题。经过仔细分析,列举不同方案进行比较,丁谓制定了一个被史书称为"一举而三役济"的统筹安排的最优化施工方案:第一步,在皇城前的大道上挖沟,用挖出的土烧砖备料,解决了远道取土烧砖的问题;第二步,把汴河水引入新挖的大沟中,用船把建筑材料直接运入工地;第三步,等到皇宫修复后,把碎砖、杂土等垃圾全部填入河道,修复皇城前的大道。施工结果功效甚佳。这被后人誉为历史上的"系统工程",充分体现了现代系统方法的最优化原则。

其实,干任何事情都有一个事序问题。所谓事序,是指事情的先后、程序。任何客观事物,我们干的任何一件事情,在时空的舞台上变化发展,都具有一定的次序性。客观事物的变化次序,往往是不以人的意志为转移的,如一般情况下,播种季节种子到地里,它要生根、发芽、开花、结果等。但在人们进行的活动中,对事情次序的安排不同,其效果是大不一样的。像前面我们所举的丁谓"一举而三役济",就是优化了事序,这里的所谓优化就是使事情合理、适度,所需时间最短,耗费资料最少,效果最优,一定的事序也形成一定的时序,优化事序也是优化时序。

在现实生活中,并不是所有的人都做到了优化事序,许多人并没有对此引起重视,甚至有时是使事序混乱、劣化。李光伟在《时间管理的艺术》一书中,把不合理的、有弊病的安排工作秩序的方法归类如下:①被动型,这类人的工作顺序是由同事或老板来决定的;②救急型,这类人是按任务的紧迫程度来安排工作的先后顺序,因此常常看到他们到处开"救火车",忙得不亦乐乎;③偏爱型,这类人做工作根据个人爱好而定,喜欢什么就先做什么,不能最合理地使用时间;④压力型,这类人根据压力的大小决定做事情的先后顺序,往往以领导意志为准绳,级别越高,指示越重要,越紧迫,压力越大,办得越早越快,上级的压力成了工作的动力;⑤先来先做型,这类人往往碰到什么就做什么,先来先做,有电话来,先回电话,有人到办公室聊天,就陪着聊天,报刊送来,就看报;⑥习惯型,这类人往往是"往事的俘虏",习惯成自然,一直习惯于先处理一类工作,后处理另一类;⑦突击型,这类人把临时突击当成完成任务的妙法,这将穷于应付,顾此失彼。

当然,我们还可以归纳出一些类型,仅就上述这些类型可以看出他们的通病是无目的性、无计划性、无主动性、无系统性。试想,被动型的人是在别人的支配控制下工作的,自己无主动性怎能统筹安排自己要干的事情呢?

那么,怎样才能优化事序发挥时间的序化效应呢? 这里我们仍回到前面所举的丁谓的"一举而三役济"事例上去。回想一下这个方案及其实施的结果,我们可得出如下一些启发:

1.树立系统观点,注意总体安排优化

系统论告诉我们,我们要开展一项研究,要干一项工作,要干一番事业,要做一件事情,这其实都是不同的系统及系统工程,因为它们都分别是处在一定相互联系中与环境发生联系的各组成部分的整体。而系统论的基本原则就是整体性原则。它要求我们要善于把研究对象作为一个整体,从整体与要素的关系中把握系统的整体功能和系统的整体运动状态,调节各要素间的相互关系,这样就会注意全面考虑,周密计划,科学地组织协调,在总体安排上达到优化。试想,如果丁谓不是把诸多因素综合考虑,贯通一起,而是分散去一项一项地解决远地取土烧砖、建筑材料的运输、垃圾的处理、道路的修复等,不知要花多少时日才能完成皇宫的修复工程。

2.树立有序性观点,使工作条理化

每一项工程,每一个任务,每干一件事情,都是一个过程,都由几个步骤组成,每一个步骤之间都有着动态的联系,都有一个程序安排问题。他们往往是一环扣一环的,丁谓正是把皇宫的修复工程看作一个动态联系的过程,在皇城前的大道上挖土烧砖,挖土引水成运河,修复皇宫后把垃圾填入河道修成皇城前的大道。可以想象,挖不出土就烧不成砖,就没有运建筑材料的河。有条理才能不紊乱,有条理就是有序,在日常生活中,工作无序、没有条理,就必然东抓抓西扒扒,浪费时间。如果医院手术室把医疗器械乱放,岂不耽误病情? 如果操作工人把工具到处乱放,为找一件工具,而花上半个小时,岂不白白浪费时间? 其实一个工人每次把工具放在固定的位置同把工具胡乱地丢进箱子里所费的时间是相同的,一个搞文字工作的人每次把手里的资料乱放与及时归档所费的时间相差无几,我们何不讲条理呢?

3.明确工作目的,善于区分轻重缓急

这里首先要明确自己的工作是什么,如果不真正理解自己的责任、自己

的权限范围、特殊任务、马上就得干的工作和必须花费时间的工作,就很难提高工作效率。譬如说你是领导者,却忙于接待客户或忙于接电话等,就难成为一个好的领导者,因为领导者的主要职能是为系统确定正确的方向目标和大致方针。其次要明确自己工作的目的是什么。不弄清自己工作的目的往往不能通观全局,胡子眉毛一把抓,其实什么也没抓到,常常是无的放矢。日本效率专家桑名一央在其《怎样提高时间利用率》一书中曾就这一问题指出,"把自己的工作内容清清楚楚详详细细地写在纸面上,是有许多好处的"。这样就弄清楚了按岗位分配给你的工作是哪些,可以很好地组织工作,就会清楚工作的主要目标在哪里。

根据目的把所从事的工作分出轻重缓急,是优化事序的重要措施。轻重是工作的重要程度,一般可依次分为非常重要、重要、不很重要、不重要四个层次,非常重要的工作必须做好,重要的应该做好,不很重要的在可能情况下要做好,不重要的可免做。缓急是从工作的紧迫程度来判断的,也可分为非常迫切、迫切、不迫切等,依此,我们的工作就有现在必须做好、应尽快做好、暂缓做也可之分。美国第34届总统艾森豪威尔安排其事务,只让真正重要而迫切的事情通过他的办公桌,他认为重要和迫切这两者很少合在一起,重要性和迫切性二者相较,一般情况下应先考虑轻重后考虑缓急。但有时事情的轻重缓急会相互转化。如你要去一位朋友家赴约,但这时你发现汽车车胎被扎破,那么是按时赴约还是先补车胎?很明显按时赴约是重要的,而补车胎看起来很急迫,但不重要,缓一缓补车胎也可以,因为这时你可以乘公共交通工具或者打车去。

就一天的事情和工作来说,李光伟在《时间管理的艺术》中建议应遵守以下原则:一是以重要活动为中心,制定一天工作的日程;二是以当天必须首先要做的那件工作为中心,制定当天的工作日程;三是把有联系的工作归纳在一起做,如有些邮件和信息可归总起来一次回复,约好时间集中一次会见来访者,集中批阅文件等;四是使工作日程与自己的身体状况、能量曲线相适应,这是利用生物节律。

可见无论是一项工程、一次战役,还是一段之事、一日之作都存在着优化程序的选择。我们不妨效仿"讲系统总体设计—有条理且井然有序—抓重点突出主要矛盾"这三部曲,从而明确目标,使问题迎刃而解。

三、被激活的社会细胞——家庭琐事的时间管理

家庭是社会的细胞,不管是伟大的人物还是平凡的人物,人人都有自己的小家庭。家庭生活对每个人来说,都是一个十分重要的内容。人们要在家中吃饭,在家中休息,在家中享受天伦之乐。家庭是人们休养生息的乐园,是创业者在前方拼搏的坚强后方。为了使家庭成为真正的乐园,成为真正巩固的后方,提高时效,家务时间管理是不可回避的。

家务并非琐事而是大事。家庭是人们生活的场所,家务劳动是人们生活的重要内容,家务劳动的时间几乎要用去一个人一生时间的六分之一。有些人家务劳动安排得合理,就维持了正常的家庭生活,充分发挥了家庭的职能:一是消费职能,解决了衣、食、住等问题;二是抚养和赡养的职能,抚养孩子健康地成长,服侍老人愉快幸福地度过晚年;三是愉快地生活的职能,使家人有一个清洁、宁静、安全、舒适、美观的生活环境。生活在这样的家庭中会感到愉快、幸福,乐在其中,外出也是满面春风,精神抖擞。但是,有些家庭就不同了,由于家务劳动安排得不合理,使家里乱七八糟,家人之间别别扭扭,日子过得紧紧巴巴,一到家就生愁、生烦、心烦意乱,甚至外出工作时间还想着家里的事,总显得手忙脚乱。这也告诉我们,家务时间管理也有科学,也要科学,只有在科学管理的条件下,才能提高家庭时效。

首先,家庭成员要通力合作搞家务劳动。家庭是以婚姻关系、血缘关系为基础组成的社会生活的基本元素。夫妻是家庭生活的主体。夫妻之间要互敬、互爱、互济、互助,民主协商,分工合作,争担重担。家庭是一家人的,家庭事务也是大家的,不是某个人的。特别是夫妻双方在家庭中的地位是平等的,有着同等的权利,也有同等的义务,只有合理分工,共干家务,才能把家管好。说夫妻共干家务并不是说要一半对一半,一般情况是有时丈夫干得多,有时妻子干得多,万不可斤斤计较,否则就难有夫妻和睦,相敬相爱。关键是要合理分工,扬长避短,体谅困难。例如,丈夫力气大可以多干些粗活、重活,妻子可以多干些细活、轻活。再如,丈夫近段时间要集中精力创业,家务就可以少做些,妻子就可多做些。妻子近几日身体不好,丈夫就

要把家务都揽起来。特别是工作疲劳时或工作之余,洗衣服做饭等家务,换换脑子,既有利于工作,又有利于生活。

家庭成员的通力合作,还包括让孩子参加家务劳动,在劳动中得到学习和锻炼;让老人做些力所能及的事情,活动活动,延年益寿。这样全家人在家务劳动中得到感情的交流,谁都会感到幸福,是一种感情的黏合剂。

其次,要善于总结家务劳动的特点,掌握劳动的重点,摸索家务劳动的规律,计划运筹家务劳动时间。家务劳动的特点在于它是一种自我服务活动,是为自己和自己的亲人服务的;家务劳动的时间是自行决定、自由支配的,它的弹性极大,家务劳动往往是不显眼但也创造价值的,看起来不挣钱,实际上是节省了自己的钱或让亲人挣更多的钱;家务劳动也需要体力、精力和时间的支出和耗费,是琐碎的、庞杂的,在短期内是多样的,在尝试期内又是显得单调的,因此,对烦琐众多的家务事,人们要善于掌握家务劳动的重点。有人提出了一种"家务 ABC 管理法",即把每天需要完成的家务事分成A、B、C 三类:A 类最重要,要求必须完成,如每天早晚按时接送孩子;B 类虽不太急,但也该完成,如洗衣服、房间的日常打扫等;C 类则是那种有时间就干,没时间可以缓一缓、放一放之类的事,如房间的彻底大整理等。

"家务 ABC 管理法"提醒我们对家务活要善于分轻重缓急,以维持家庭生活正常运转为目的,从而提高家务时间管理的效益。

日常家务琐事其实也是有规律可循的,如准备早饭、送孩子上学等,对于这些就可以计划一下几点起床,起床后先干什么,后干什么,你干什么,我干什么,循序而行。有些家务事是每周、每旬或每月重复的,如买米面、买油盐酱醋、付水电燃气物业费、交房贷等,确定了什么时候干什么,还要注意干到什么程度。没有必要对房间天天大扫除,没有时间和精力使每顿饭都品种多样、色香味形俱全。根据家务劳动的弹性特点,根据缓急轻重,要善于对家务劳动时间进行运筹,编排家务工作时间表,并尽量对有些家务事进行"串联"或"并联",集中起来一起办。"串联"指顺便捎带着办,如去看望一位朋友,回来时路过超市买生活必需品等;"并联"指一边做这,一边做那,如一边做饭一边洗衣服等。

再次,家务劳动的发展趋势是家务劳动自动化、物品代替化、社会化,因此,为了提高时效,随着社会的进步,科学技术水平的提高,家庭生活水平的提高,要购买一些替代大量家务劳动的物品。如用全自动洗烘一体洗衣机替代手工洗衣服的搓、漂、拧干、晾晒等动作,使洗衣服这些经常化的家务劳动大大简化。大容量的冰箱能储存较多的食品,这样就大大节省了多次上超市买肉、买蛋、买菜的时间,还能保鲜防腐、保证食品卫生。现在各种智能家居产品已逐步进入普通家庭,正向家庭自动化方向发展,如人走进房间,安装在墙壁上的传感器,感受到人的体温的红外辐射,就会指令电灯自动亮,当人离去后,电灯就自动关上。家里一旦发生漏煤气、断电、失火等事故时,传感器会发出警报,自动停气、断电、灭火。还有可通过网络控制的洗、烘、烫一体化洗衣机,全自动吸尘、洗地机器人等,这些都日益将人们从繁重的家务劳动中解放出来。

家务劳动也没有必要事事都自己去劳作。随着人们时效观念、价值观念的转变,有些家务可由专业机构去办。如从网上购物可以节省去超市的时间,点外卖可以省去做饭的时间,找专业保洁打扫卫生可以省去大扫除的时间,也可以根据家庭的经济收入和个人劳动价值,雇请保姆,用专业人士的劳动来替代自己的劳动,通过劳动价值的交换,去为社会创造更多的财富。

第六章
创业者高效时间管理建议

对企业来说，表面看没有时间成本，但实际上在企业经营中无时无刻不在投入规模最大、成本最高的资源，也就是时间。既然时间是有价值的，那么强化时间管理对创业者就显得非常重要。

管理是人们为了达到预期的目的，对某一领域或某类活动所进行的决策、计划、组织、控制等的总称，而时间管理则是指在同样的时间消耗下，为提高时间的利用率和有效性而进行的一系列的控制工作。也就是说，时间管理就是克服时间浪费，为时间的消耗而设计的一种系统程序，并选择一切可利用的科学方法及手段，以趋近于预期目标。对创业者来讲，对时间的管理和对其他人、财、物的管理一样重要，甚至比管理其他资源更重要，因为时间是直线的、不可逆转的。

在内容上，时间管理可以归纳为：做好规划，决定时间的消耗标准；制订计划，诊断自己的时间利用状况，找出浪费时间的活动并消除之；实施分割与集中的方法来增加自由时间，进行合理消耗；总结自己时间的消耗情况，应用现代系统科学和定量方法控制自己的时间，尤其是创业者，面对每天复杂庞大的工作量，应采用各种技巧和方法来节约时间，提高工作效率。

第一节　做好规划

现代社会的创业者非常忙碌，需要把精力投入各种工作活动中，这些活动需要花费很多时间,但一般来说,每天都会有一些时间被浪费。因此有效的时间规划对创业者至关重要。

一、开发最佳用时环境——时空的转换效应

我们做任何事情都离不开一定的时间和地点,辩证唯物主义强调时间和空间是物质存在的基本形式。人们生活在这纷繁复杂的大千世界里,生活的千变万化,往往把人们置于一种尖锐的矛盾冲突之中,想静下来思考问题时,却没有理想的空间。

要开发时间,提高时效,就不得不重视时间和空间的相互渗透,相互转化的内在有机联系。时间离不开空间,空间也离不开时间,可以通过开发空间来提高实效。

隐蔽办公处,即变换学习或办公场所。如创业者洽谈业务回来后,需要有一个不受打扰而集中精力处理积压工作的时间。办公桌上堆积如山的文件资料、待回复的邮件、一大堆悬而未决的问题和许多等待商量的事务,都需要马上处理。一到家,马上又有许多人、许多事找上门来。在这种情况下若在另一处有个秘密办公室,是最好不过。但在一般情况下,还可以以"正在开会""外出未归"等为借口,闭起门来,对来访者、电话一律请人代办转来,也可以暂时利用咖啡馆等公共场所进行办公。通过变换办公场所,创业者会免受许多外来干扰,头脑清晰,从头开始处理堆积的工作。这样做,实际上是把离开办公室的时间缩短了。

扩大人际交往,组成"时间上的集团"和"空间上的集团",巧借"集团效应"。日本著名发明家、组织工学研究所所长系川英夫首先提出了"时间上的集团"和"空间上的集团"的概念。所谓时间上的集团,是注意不同时代的前人对自己所关注的问题研究。他认为牛顿的运动三定律的创立就是时间上的集团取得的成果。它是综合了开普勒的行星运动定律和伽利略关于地面物体力学定律的结果。人才成长中的人才链,也就是这种"时间上的集团"效应。1970 年诺贝尔经济学奖获得者保罗·萨缪尔森说:"我可以告诉你们怎样才能获得诺贝尔奖,诀窍之一就是要有名师指点。"中国也有"名师出高徒"的警句。据统计,1972 年以前在美国进行获奖研究的 92 位诺贝尔

奖获得者,有一半以上(48位)的人,曾在前辈的诺贝尔奖获得者手下当过学生或合作者。诺贝尔奖获得者中师徒相承的最长历史延续了"五代"。如德国的化学奖获得者威廉·奥斯特瓦尔德(1909年获奖),他培育了德国的物理化学家瓦尔特·内恩斯特(1920年获奖),内恩斯特协助培训了美国物理学家罗伯特·米利肯(1923年获奖),而米利肯又是1936年获奖的卡尔·安德森的老师,1960年获奖的唐·格拉塞又是卡·安德森的学生。

所谓"空间上的集团",是指除了同本部门的人合作,还要同组织以外的人合作。系川英夫指出,不管一个人怎样巧妙地运筹时间、拿出全部精力全部工作,一个人能够干的、能够掌握的东西毕竟是有限的,因此要想成倍提高实效,就必须学会在人际关系中开拓生命时间。著名作家萧伯纳也曾说过:"他说你有一个苹果,我也有一个苹果,让我们彼此交换这些苹果,那么你和我仍然是各有一个苹果。但是倘若你有一种思想,我有一种思想,而我们彼此交流这些思想,那么我们每个人将有两种思想。"是的,5+5=10,而5×5=25。这是一种核裂变一样的"链式反应效应"。思想火花的相互撞击会激发出成倍的创造力,形成力的叠加。"最走运的人是那些拥有许多朋友和熟人的人""你的结交网越大,你发现某种走运机会的可能性就越大""三个臭皮匠顶一个诸葛亮",这些格言名句无一不是对空间集团效应的写照。现代的控制论理论也是这种空间上的集团的产物。在20世纪30年代末,控制论的创始人维纳邀计算机科学家毕格罗、神经生理学教授罗森布鲁斯一起吃饭。他们每月聚餐一次,在餐厅里围着圆桌吃一顿晚餐,边吃边谈,各抒己见,无所顾忌,知识的互补使他们在各自的领域里都做出了贡献,也使维纳创立了著名的控制论。法国的布尔巴基数学学派,每次学术活动都要进行一场"疯子式"的论战。创新者要接受别人批评的重炮轰击,捍卫者也要绞尽脑汁地应对新观点提出的质疑和挑战。在这种激发态智力中,他们创造了独特的数学理论。可见,多与他人交往,多参加一些行业会议,加入一定的创业者团体等,对创业者而言,都是在向良好的人际关系"借时"。

开发家庭空间。一般来说,家庭居住面积有限,如果没有安排好一个可以随时阅读和思考的"角落",许多时间就会白白浪费掉。如家里的物品堆得乱七八糟,孩子的玩具、装饰品和电子产品的存放完全是随手一放等,这些都会浪费许多时间。最好先把所有的东西都放置在固定的位置上,写字台上只放那些需要的东西,如电脑,把平时不常使用的资料收到书架上,甚至一张纸、一支笔、一本书。因为舒畅而有效率的感觉,取决于室内有无破坏气氛的乱七八糟的东西,对书架上的书和手中的资料,或者电脑中保存的各类相关文件信息,要按照工作的类别存放,要有一个总目录以便于查找。

在逆境中振作起来。人生的道路是坎坷的,当处于逆境时,可能也会给创业者提供一个提高实效的良机。周文王被囚,推演出了《周易》;韩非在秦国做阶下囚,作了《说难》《孤愤》;车尔尼雪夫斯基在西伯利亚的牢房里创作了文学名著《怎么办》;马可·波罗在监狱中口述完成了《马可·波罗游记》……

上述就工作环境、社会环境、家庭环境等一些可能存在的不利于工作因素影响下,如何开发用时环境进行了分析。如果创业者有着优越的工作环境,更应该充分利用起来,珍惜时间,提高实效。社会也应该尽量为创业者创造更好的用时环境,让大家更好地去为社会创造价值。时间和空间是联系在一起的,是相互补充、相互转移的,创业者应利用时间开发空间,让空间环境转化为时间,提高创业时效。

二、利器者捷足先登——工具与实效

现代通信工具、交通工具的发展,不断更新着人的时间观念,提高着时间效率。其他工具也是如此。中国有句警言:"铁杵磨成针,功到自然成。"用来教诲人们只要专心致志,持之以恒,就能达到目的。其实,人们在学习、工作或干事情过程中,有决心、恒心、韧性,能吃苦耐劳是取得成功的重要条件,但光有此还不行,还应该善用工具,节省时间。试想,把铁杵磨成针,在石上磨,在砂轮上打,在机床上铣,时效是大不相同的。

工具,在通常意义上说,指人们进行生产劳动时所使用的器具。人类自从打制第一件石器工具开始,制造的工具大约经历了打制石器时代、磨制石器时代、铜器时代、铁器时代、蒸汽动力带动下的机械时代和以电力为能源的电器时代,目前已进入智能机器时代。

工具,首先是人的器官的扩大或延伸。人的各种感官受其结构和进化的影响,其功能都有一定的局限性。与其他动物相比,人的视觉不如鹰,听觉不如兔,嗅觉不如狗,动作不如猴子灵活,体力不如耕牛,奔跑不如马,不能像鱼类那样潜游水域,也不能像鸟类那样翱翔长空。但是,"世界不会满足人,人决心以自己的行动来改变世界"。人在认识和改造自然的过程中,不只是利用自身的肢体、感觉器官和大脑,而是创造了人类躯体之外的工具,用马克思的话来说,就是:"利用物的机械的,物理的和化学的属性,以便把这些物当作发挥力量的手段,依照自己的目的作用于其他的物。"为了克服人类视觉的局限,人类发明了放大镜、望远镜、光学显微镜、质子显微镜、雷达仪等。为了克服听觉等局限性,人们发明了听诊器、声呐仪、各种频谱仪以便于无线电波的发射、接收和扩大等。人类制造了蒸汽机车,制造了比马跑得快的火车、磁浮列车、摩托车,制造了能在水中远距离航行的轮船和深入水下的潜艇,也制造了比鸟飞得更高更快的飞机、火箭、宇宙飞船、人造地球卫星等,还制造了许多生物和人体难以适应的超高速、超高温、超高压等特殊的工具。如果说,以往的科学仪器主要是对自然物机械的、物理的、化学的属性的利用,或对某些生物的外形和感觉功能的模拟,那么电子计算机和自动控制系统,则是对高级神经系统,特别是对人脑的智力功能的模拟,是人的思维器官——大脑的延续,是人的某些智力功能的强化或放大。

工具,又是理性方法的物化,是物化的智力。马克思曾明确指出:"自然界没有制造出任何机器,没有制造出机车、铁路、电报、走锭精纺机等。它们是人类劳动的产物,是变成了人类意志驾驭自然的器官或人类在自然界活动的器官的自然物质。它们是人类的手创造出来的人类头脑的器官;是物化的知识力量。"工具是人类征服自然的能力的标志,这里的自然既包括与人相对立的、人类生活在其中的自然,也包括人体自身的自然。任何时期的工具,都反映着该时代人类对自身及其对人与自然关系的认识水平,都要受到一定的理论、一定的方法的制约。工具的设计、制造、选择、组合和应用,都同科学理论和科学方法紧密相关。尤其在今天,没有先进的科学理论知识,没有高度发达的生产技术,就根本不可能制造出现代化的工具,即使制造出来现代化工具也不会使用。

既然工具是人体器官功能的延伸,是智力的凝结和物化,而利用工具给我们提供了更多的财富,节省了我们的体力、脑力,节省了我们的时间,相对延长了我们的生命,那么,我们不论在学习还是在工作和日常生活中,都应该善于选用工具,善于应用工具。中国古代很早就认识了利用工具的益处,有了一定的经验总结和理论上的提升。《论语·卫灵公》中有"工欲善其事,必先利其器"的哲语。荀子的《劝学》中有"假舆马者,非利足也,能至千里;假舟楫者,非能水也,而绝江河。君子生非异也,善假于物也"的忠告。中国民间也广泛流传着"磨刀不误砍柴工"的成语。这些都在告诫我们要想做好自己的工作,必须善于运用工具。在现代的科学研究过程中,是否善于选择和运用精密科学仪器,对于科研能否成功,成功的大小、成功的快慢关系极大。因为科学仪器能够帮助人们超越、克服感觉器官的局限,扩大接收和传递信息的能力,如能够弥补人类的感官接收和传递信息精确度上的不足,减少客体信息的衰减和失真;还能够帮助人们高效率处理加工各种信息,部分地代替人的脑力劳动,提高思维效率。可以说,如果没有大规模的、复杂精密的实验设备,庞大的对撞机就很难开展现代的基本粒子物理学的研究;如果没有射电望远镜、巨型电子计算机以及制造的航天工具,人们就不能到太空中去,就不能登上月球。即使是在农业生产中,使用铁锹翻地与用拖拉机耕地效率不一样,用飞机喷洒农药灭虫与人背小喷雾器洒农药效率也大不相同。

中国老百姓中流传着这样一句话:"一机在手,走遍神州。"随处可见的二维码,使人们仅凭一部小小的手机就能实现强大的电子支付功能,中国的电子支付俨然已经走在了世界前列。事实上,这只是生活一隅,数字国家、数字城市和数字生活已深深融入人们日常的工作与生活中。在这背后,正是无数拥有强大数字创业思维和能力的创业者在利用数字技术发现与创造数字机会,以新颖的数字商业模式,提供多样化的数字产品和服务,实现强大的数字功能,驱动着数字经济发展。

我们现在已进入数字经济时代,数字技术以其独特的技术属性、前所未有的威力,突破时间和空间局限,极大地改变了我们的工作方式,扩展了新价值创造的可能性空间,在经济社会发展的各个领域发挥出巨大的影响力。同时数字技术带来更为多样化的可能性,以及更多的不确定性。创业者应善于选用各类数字工具,运用数字工具,提高实效,让数字工具助创业者捷足先登。

三、得法者时半功倍——善用方法效应

做任何事情,都应该讲究方法,方法对才能够事半功倍、时半功倍。方法不对,就会事倍功半、时倍功半,实效与方法就这样密切联系在一起。

《孟子·公孙丑上》中记有一个"揠苗助长"的故事。说古时候宋国有个人,嫌禾苗长得太慢,就一棵棵地往上拔起一点儿,回家还夸口说:"今天我帮助庄稼苗长高了!"他儿子听说后,到地里一看,苗都死了。由此可见,不懂得庄稼苗生长的规律,不掌握使庄稼长高长快的科学方法——合理的施肥、浇水,而是急于求成,采用拔苗助长的方法,反而事与愿违,前功尽弃。

《战国策·魏策四》中记述了"南辕北辙"的故事。说一个人本想往南方走,却驾着车往北走。结果,他的马越优良强壮,用的马匹越多,驾车的人越老练,走的时间越长,就离他的目的地——楚国越远。

这两个故事告诉我们,方法不对,道路走错了,往往是适得其反,达不到目的,就不会有什么效果。英国哲学家培根也说:"跛足而不迷路能赶过虽健步如飞但误入歧途的人。"干任何事情,不只是靠决心大、信心足、热情高、干劲大、肯吃苦,尽管这些都是成功的因素,但是否成功、成功的大小、成功的早晚,重要的是靠方法。

我国古代有见识的学者,都很提倡科学方法。唐朝的历史学家刘知几说:"史有三长:才、学、识,世罕兼之,故史才少。""夫有学无才,犹愚贾操金,不能殖货。有才无学,犹巧匠无楩柟斧斤,弗能成室。"清朝历史学家章学诚进一步强调了才、学、识要统一运用的思想,认为"夫才须学也,学贵识也。才而不学,是为小慧;小慧无识,是为不才"。他把识放在才学之首,强调运用才、学的方法——识,是很有见地的。缺乏见识,没有运用才、学的方法,就是手捧金饭碗去要饭,发挥不了才和学的作用。

要善用方法、掌握方法,寻找正确的道路,可以说是成功的前提。法国生理学家贝尔纳说:"良好的方法能使我们更好地发挥运用天赋的能力,而拙劣的方法,则可能阻挠才能的发挥。"各种人才都有一个成名的峰值年龄,

人的生理、心理、智力都有一个发展的高潮期,我们怎样在特定的时期内,把握时机提高时效就有着特殊的意义。而良好的方法和灵活地运用无疑是提高效率的重要途径。正如英国剑桥大学动物病理学教授贝弗里奇所说的:"如果在实践中有可能通过研究方法的指导来缩短科学工作者不出成果的学习阶段,那么,不仅可以节省训练时间,而且科学家做出的成果也会比一个用较慢方法培养出来的科学家所能做的多。"在科学的征途上,要取得成效离不开刻苦勤奋、顽强拼搏和坚韧不拔的精神,然而这在时间上仅仅是超过了一般同类工作的长度,在绝对意义上延长了时间。在一定程度上,方法也就是实效,方法提高了单位时间内工作的效果,掌握和运用科学方法,就在相对意义上争取了时间。

要活用方法。我们通常说,条条大路通罗马。这形象地说明,在不同情况下,为了同一目的,可以选择最适合的方法,也可以把不同的方法综合起来运用。从古至今,人们在实践中已积累了许多经验,创造了许多方法,按不同标准划分,可以有许多类的方法,如按认识论划分,有感性认识方法、理性认识方法、综合性认识方法;按学科领域划分,有自然科学方法、社会科学方法、思维科学方法和哲学方法;按人们的行为划分,有个体行为方法、群体行为方法、组织行为方法、领导行为方法;还可划分为战略方法和战术方法、长效方法和短效方法等。就提高时效而言,有时间管理的宏观方法和微观方法;就时间管理的微观方法来说,又有人际时间管理法、成才时间管理法、家务时间管理法、学习时间管理法等。我们在本书中就提出了一系列提高实效的方法,这些都必须依据一定的需要和一定的条件而定。

要善于学习别人创立的方法。我们珍视前人创立的方法,也尊重今人实施的方法。创立方法不容易,创立的方法不可抛弃。这就像山坡上的羊肠小道,如果经常有人走,路就会越来越宽;只要有一段时间没人走,就会长满杂草,无法分辨。对已有的路,要经常养护,要尽力把它修建得更宽广、更平坦、更安全、更方便。同理,对已有的方法,要注意很好地学习、继承、发扬、修正、完善。我们应多涉猎一些方法论的书籍,多读一些介绍具体方法的书籍。自20世纪以来尤其是现代,随着自然科学的迅速发展,人类认识世界和改造世界的现代方法诸如系统方法、控制方法、信息方法、协同方法、突变方法、结构方法、决策树方法等,都直接或间接地转化为实践效益的增加。这些方法的学习和适用,对于提高时效有着重要的现实意义。

要善于总结出自己行之有效的方法。一定的方法都是一定条件下的产物,不可能有适用于一切目的的唯一手段。别人能在一定的条件下为了达到某一目的创造一种方法,我们要相信自己也能。世上的路都是从没有路的地方走出来的。如果人人都只是走现成的路,那就不可能开拓新的前程。特别是每个人的具体条件是不一样的,奋斗目标是不一样的,必须具体情况具体分析。就时间的挤法而论,爱因斯坦是充分利用星期天,我国宋朝著名文学家欧阳修是充分利用"马上""枕上"和"厕上"。有人采用整体管理法,即把某一事物发展全过程所占有的整个事件区域进行全面规划,统筹安排;有人采用阶段管理法,即对整个时间区域分阶段管理;有人采用瞬间管理法,还有的采用时间统计法、行为选择法、时间组合法、时间定额法、时间轮作法等。

创业者只要具备较强的时间观念,就能根据自己的实际情况,创造出一些行之有效的时间管理方法。在今天的数字时代、竞争年代,要想成为强者、胜者,必须靠方法开路,用方法架桥,让方法成为比别人早日成功的阶梯。方法就是时间,方法就是效率。

第二节　学会取舍

时间是有限的,所以创业者必须懂得取舍。当我们对待一个选择机会有限的事情时,每一次选择都要非常谨慎,因为每用一次机会就少一次。但大部分人在创业时从来没有这种想法,总是以为可以无数次去尝试。实际上可以毫无顾忌地去尝试创业的机会就那么几次而已,因为在有限的时间里,我们的年龄会变老,责任会逐渐增加,积累的资源每次创业都会消耗,时代的变化会让我们跟不上节奏,创业者会发现真正可以全力以赴做一件想做的事情是有限的。面对时间的有限特点,创业者必须学会取舍。

一、算算时间账——时间统计与时效

为了计划财务收支,为了更好地创业和提高生活质量,我们可能有一本现金收支账。那么,为了更好地度过一生,发挥更大的人生效能,何不记一记伴我们终生的时间账呢?

时间对人生来说,是比金钱更为珍贵的财富,那么,如果我们有一笔笔对生命时间的收入和支出的记录,使我们能及时对生命时间及其对生命时间的效能做出预算和审计,我们不就能更好地改善我们的时间收支,从而产生更高的生命价值了吗?

早在 1916 年,柳比歇夫就创造了时间统计法。从这年元旦开始,他进行时间支出的记录和统计,把每天的各项活动,包括写作、看书、读报、吃饭、休息、娱乐,甚至子女找他问话等所支出的时间都一一记载,各种事情耗时的起讫时间,都记录得相当准确。并且每天换算,一天一小结,每月一大结,年终一总结,直到 1972 年去世那一天,56 年如一日,从未间断。

有了精确的时间账,柳比歇夫就能做出各项单项的时间统计。比如一年中看书的次数、本数、页数,占用的时间,观察实验所用的时间,写作所用的时间,参加学术报告所用的时间,讲课、会友、看电影、写信、浏览报纸、听音乐、睡觉等各项所用的时间。如有一年在他的总结表上就有这样的记载:"游泳 43 小时,同朋友、学生谈话 151 小时等。"他还把时间分为纯时间(真正从事工作的时间)和毛时间,这样,他时时鞭策自己注意延长纯工作的时间,保证每天纯工作时间不少于 10 小时。柳比歇夫纯时间的最高纪录是1937 年 7 月,一个月工作 361 小时,平均每天纯工作时间近 12 小时。时间统计使柳比歇夫真正成为自己时间的主人,使他一生的时间发挥了较大效能,给人类做出了卓越的贡献。他的一生共发表过 70 部著作,完成了 12 500页论文,内容涉及遗传学、科学史、昆虫学、植物保护、进化论、哲学等领域。

为了进行自己的时间统计,我们首先应该像柳比歇夫那样,先对自己一天的时间支出做流水账,即把每天从早上起床到晚上睡觉逐一记录下来。这样看起来是一件很麻烦的事,其实也绝非太麻烦,不妨从今天开始,先创造一个适于自己活动的分配表,如将起床、洗漱、健身、早饭、上班路途用时、上班时间等列成项目,对发生的事情随时记录,甚至某段时间内的任何一点中断时间都随时记录,手不离时间表,不凭记忆的估计,而是真实、准确地记几分钟就够了。这并不是一件太难的事。

如果这样详细真实地记录每天的活动用时,且每天一小结,一月一大结,把各项具体活动的耗费时间统计出来,就会发现自己的时间支出模式,摸到一些规律性的东西。而且随着对时间的支出记录,自然就会对时间的支出重视起来。通过对使用时间的记录,会发现每天的大部分时间并不是一定用在了重要的事情上。这时,重要的是对自己的时间消费做出诊断。具体办法是,通过对分类活动的总结,检查对照一下:第一,哪些活动是必须进行的? 在哪些活动上花费的时间最多,哪些活动上花费的时间较少? 第二,把大部分时间花费在主要目标上了没有? 如果没有,是什么原因造成的? 应采取什么样的措施? 第三,哪些活动可以再少占些时间? 需要采取什么措施? 第四,哪些活动可以不做? 哪些活动应该增加? 哪些活动可由别人代替? 第五,别人浪费自己的时间了吗? 自己浪费别人的时间了吗? 第六,是否把最重要的工作在最好的时间内干了?

对时间消费的诊断,主要是根据自己的社会角色、自己的职务和职责,来衡量各项活动所占用的时间。比如,作为创业者,一到公司,过多地接电话,过多地查邮件,随意接见过多的来访者,凡事样样插手等,应该说,这是用太多时间干了与自己角色不符的事情。这些好多都应该交给下属去干,授权给别人去干。

对时间消费的诊断,还要根据该项活动的时间定额。当然,对任何一项相同的活动,不同的形式,进行该项活动所需的时间是不同的,但在一定时代一定时期内,是可以有一个比较合理的、效率高的时间定额的。这里,要善于对自己所从事的活动进行操作分析。"科学管理之父"泰勒所创立的科学管理理论,其中一项重要的内容,就是进行时间研究、工序研究及工时定额等方面的研究。如对工人的操作动作细致的观察,把那些重复的、多余的动作去掉,确定比较合理的、高效率的动作,并用秒表记下各动作的时间,确定各项作业的标准时间,也就是工时定额。把这种方法借用过来,也可以对我们的不少活动规定时间。如早晨起床,根据季节不同,夏季一二分钟即可,冬季可适当长一点儿。一旦规定了时间,就遵照执行,还能养成一种好习惯。再如娱乐时间、锻炼身体时间、与人谈话时间、回复信息的时间等。

我们可以通过对时间消费的诊断,找出浪费自己时间的活动,分析一下浪费时间的原因,制定一些纠正浪费时间活动的措施。

美国著名管理学家亚力克·麦肯齐博士长期从事时间管理的研究,《新时间管理》是他的主要著作之一。在该书中,他列举了153种浪费时间的因素,并对这些因素按管理职能进行了分类。如在组织管理职能方面,他列举的有:办公桌上杂乱无章、例行公事或琐事、文件整理汇集系统不完善、有职无权、不行使职责、控制跨度过宽或过窄、组织重叠、缺少工作守则、重复劳动、过多的日常文书、信件或官样文章、知识或设备不足、多头领导、缺少组织结构或组织结构混乱、迂回的指挥链条等。在决策职能方面他列举了:优柔寡断、害怕犯错误、拖延、等候决策、未估量消极后果、左右摇摆、害怕承担责任、要求得到所有信息、仓促决策、未考虑替换方案等。这些对浪费时间因素的分析,不仅适于一些集体,也适于我们个人。

创业者需要根据自己的时间统计,找出自己浪费时间的因素。如有的人可能有以下几个方面:上网时间过长;各种会议占用时间过长;与人谈话、聊天时间太多;解决下属冲突占用时间过多;处理日常公司事务占用时间太多;做家务活占用时间过多;等等。

时间的浪费,有客观原因也有主观原因。客观上,社会的组织管理、社会时间管理、社会的时效观念、必要物资设备等方面的不足,都会造成时间的浪费。主观方面,主要为自主时间观念的淡薄、消极的情绪、自我束缚太多、懦弱的思想等。一个人在愤怒、悲伤、憎恶、不满、嫉妒、萎靡不振等心理障碍和消极情绪下,是很难提高工作效率的,是不会理智、科学地安排和使用自己的时间的。自卑、自认为平庸,自我想象软弱,也不去争朝夕,争分夺秒地去进取。

可见,通过自己的时间统计,可以看出一个社会对时间利用的程度,也能看出自我的形象,自己利用时间的模式,发现自己浪费时间的行为方式。

二、摆脱无形的枷锁——提高会议效率

开会,本来是无可避免的,也是利多害少的行为,因为我们生活在社会

里,我们无论从事任何工作,都要与人沟通,而开会正是最节省时间的沟通过程。通过开会,上情下达,下情上达;通过开会,在同一时间将多个大脑同时开动,大家出主意想办法;通过开会,能在最短时间内做出最多决定;通过开会,众人齐集,正是鼓舞士气的好机会;通过开会,检查工作成效,表扬先进、批评落后,达到发扬成绩、避免失误、以利再战、搞好工作的目的。

然而,由于体制结构、企业制度、会议主持人、会议内容、参加会议人员等多种因素的作用,使现实的许多会议并没有达到开会的目的,反而使会议耗费了巨大资财,吞噬了与会者的工作时间,延误了许多该办的正常事务。

随着市场经济的发展,社会的人际关系、公共关系日趋复杂。人们或为公或为私地举办着产品展览会、新闻发布会、报告会、国际会议、茶话会、座谈会、鸡尾酒会、行业峰会、商业论坛等,许多创业者或企业家往往身兼数职,会议通知书、邀请函、聘请书如雪片般飞来,会议像个无形的枷锁,使他们疲于奔命,叫苦不迭,大量时间被别人支配着,自己却失去了自由。

如何摆脱会议这个无形的枷锁,自己的时间自己支配,提高会议效率,起到开会应有的作用呢?

一般来说,开会是为了解决问题,因此,可开可不开的会,不开;问题可以按惯例解决时,不需要开会;问题已纳入确定了的方针、程序、处理计划的,也不用开会解决。只有那些不开会不能解决的问题才开会,如不集思广益问题不能解决、按常规步骤时间来不及解决、发生重大变革和需要实行新方案新计划时、会议对与会者有训练价值时。

会议组织者要善于选择合理的开会形式。如单对单能解决的问题、集体开会不便深入讨论、恐防机密外泄等,就宜采取单对单形式,没有第三者在场的必要。为使所辖每个部门都知道其他部门在做什么事及其进度,可举行定期例会,如规定每周一早上开公司例会,布置本周的工作。定期例会的好处是大家可养成将某个日期或某段时间集中的习惯,无须每次约定。有些会常常令一些事不关己的人丈二和尚摸不着头脑,因为专业分工的精细化使许多人隔行如隔山,这时就要举行专题会。另外,为了信息的迅速传播,方便让更多人参与进来,可举行视频会议。

一个会议是否浪费时间,是否具有高效率,关键在于主持会议的人。开会之前,主持人应做好充分的准备工作,对会议内容、会议参加人员、会议议程、各项议程占用的时间等有一个明确的规定,自己不要成为一言堂主,更不能使会议成为张作报告,王作补充,李来强调,赵最后总结。大会主席遇到喋喋不休的论者,须技巧性地令他缩短发言,如规定发言时间,到时鸣铃警告,过时停止发言等。对有些小型会,为了缩短会议时间,也有人想出一些好办法:一是临下班时开会,如想早回家,就不会多讲废话;二是站着开会,那就不会有空洞无物的长谈;三是在饭前开会,也不会为无聊之事去挨饿。

作为要出席会议的人员,开会前首先要问一下自己,自己有必要去参加这个会吗?没有参加的必要时,要善于运用智慧去拒绝参加,若有必要参加,这个会议的目的是什么?能够得到多少与这次开会所花时间等值的东西?在这种权衡后,如果觉得必须去参加这次会议,那就应意识到自己也负有使会议顺利进行的责任。要发挥自己对团体的作用,使会议效率提高,也是在提高社会时效,从而提高自己的时效。

用现代时效观去衡量每个会议的价值,决定该会召开还是不召开,去参加还是不去参加,让人们从会议这个无形的枷锁中解放出来。

三、寸金难买寸光阴与寸金可买寸光阴——数字时代的时效观

21世纪开始,一股强大的浪潮冲击着人类社会,这股浪潮就是信息。今天,社会中的任何人都生活在数字经济中,人们要有效地生活,就要有足够的信息,这就是数字社会对人们提出的挑战。

美国未来学家托夫勒在《第三次浪潮》一书中说:"巨大的浪潮汹涌澎湃,遍及今天的世界。它往往以不同寻常的方式,创造人们工作、娱乐、婚配、生儿育女和颐养天年的一个全新的环境。商人们在经济湍流中搏斗。政客们看到他们在民意测验中沉浮。大学、医院和其他公共机构在物价飞涨中拼命挣扎。价值观念、社会准则被撕成碎片正在解体,而家庭、宗教和国家的'救生艇'被猛掷在巨浪之中。人类对时间与空间,对物质和事物的因果关系的认知方法,有了剧烈的改变。"是的,这种新兴的社会文明,既然

改变了人类社会生活的各个方面,它就必然改变着社会生活的广泛性和持续性,改变着人类的空间观念和时间观念,改变着时间的效能。

"一寸光阴一寸金,寸金难买寸光阴。"它提醒人们时间宝贵,不可虚度,它使许多学者闻鸡起舞,卧薪尝胆,头悬梁、锥刺股,抓紧时间学习,它反映着古代中国人民的勤奋。但"寸金难买寸光阴"在今天的数字经济时代,显得更加逼真。因为在农业文明的社会里,人们在时间观念上,习惯于向着过去看,总是根据过去的经验从事春耕、夏耘、秋收、冬藏。古代的人多是日出而作,日落而息,雨天雪天睡大觉。他们是以天为计算单位的。即使到了工业文明的社会,人类的活动要与机器节奏保持同步化,人们常常紧张地看表,并且把时间单位标准化,在各个季节,各个地区都选用,不管在晴天、雨天、白天、黑夜都能用,但工业社会的时间倾向是注意现在:此刻的动作、此刻的产量、此刻的质量、此刻的销量。他们主要是以小时为单位的。今天,在数字经济时代,人们的时间观念不得不在倾注现在的同时,更倾注于未来。人们不仅只争朝夕,抢夺每一个小时,而是争分夺秒,甚至是微秒、纳秒。因为未来要变成现在,我们要走向未来。数字时代迫使人们进一步认识到,在短时间内获得大量信息、传输大量信息、加工大量信息,才显得最有力量,最有生命力,最有竞争力。人的时间意识在加强,生活节奏加快,讲究办事效率,真正是寸金难买寸光阴了。几分钟内,因信息资源的利用而做出的决策可能就会影响整个地球。在一定意义上,时间就是价值,时间就是财富,时间和效率就是生命。

数字时代的到来,使时间愈益显得珍贵了,面对时间的这种一去不返的流逝性,难道我们只能哀叹寸金难买寸光阴吗? 或者只是一分不放地去工作吗? 其实数字经济时代又给我们带来了许多能大量节省时间的器物;现在世界上有每秒运算 2570 万亿次的电子计算机,制造了飞行速度达到 8 千米/秒的航天飞机,制造了时速 581 千米的磁悬浮列车,制造了代人干重活、累活、危险活甚至需要精密加工工作的工业机器人,制造了能代人干家务、看孩子、与人下棋的智能机器人,家庭自动化、办公室自动化等又把人从繁重的劳动中解放出来,每周只需上 5 天班,每天只需工作 8 小时,且不出家门就能通过网络工作,使人们有了更多的时间供自己支配,去从事研究、学习、娱乐、休息。我们为什么不改变一下自己的观念,也用寸金去买些代人劳动的器物,从而买些光阴呢? 在现代生活中,人们为了更快地获得信息,创造更多的价值,就需要花一些钱,去买时间。

前面说"寸金难买寸光阴",我们强调的是时间贵于金钱,这里又讲"寸金可买寸光阴",仍然是强调时间贵于金钱,是让我们放开手脚,不要把金钱看得太重,不要一切向钱看。尽管人们衡量一个人的富有程度往往是看他手中拥有多少钱,但从今天数字时代的角度看,钱不是衡量一个人富有的唯一标准,这里,重要的是时间,是单位时间里对信息的运用程度。

尽管现在有些人说起来时间重要,一去不返,必须珍惜,但由于他们主要是向钱看,而不是向前看,只注重现实手中的钱,而不是注重比金钱更宝贵的时间,他们往往舍不得花钱买时间。他们善于盘算的是他们金钱的支出和收入,却不善于盘算他们时间的投入和产出,他们有一本现金账,却没有一本时间账。他们把金钱看作财富,却没有把时间也看作财富。其实,法国文学巨匠巴尔扎克早就说过:"时间是人的财富,全部财富,正如时间是国家的财富一样,因为任何财富都是时间与行动化合之后的成果。"鲁迅也说过:"时间对于我来说是很宝贵的,用经济学的眼光看是一种财富。"革命导师马克思也强调:"什么是人的最大财富、最宝贵的东西,那就是时间。"他认为一切节约,归根结底都是时间的节约。但我们当中的一些人节省的目的不是为着时间,而是为着金钱,还没有真正领会到节约的真谛。

奈斯比特说得好:"这就是夹缝时代,有挑战,有可能性,有疑问。虽然夹在两个时代之间的时代就是摇摆不定的,但是,这是一个伟大的时代,一个发酵的时代,里面充满了各种机会。如果我们能学会利用它的摇摆不定性,我们在这个时代里所能取得的成果要比在稳定时代里大得多。"

请记住:寸金难买寸光阴,寸金又可买寸光阴。金钱不等于时间,但用金钱可以购买器物,通过感官的延长去缩短信息获取、传输、加工、处理和输出的时间。

第三节　保持自律

　　自律不一定会成功,但是成功的人都很自律,无论是商界,还是影视界、政界、学术界,那些最后能够成功的人,往往都有超强的自律性。麻省理工学院最受欢迎的创业课是"自律性创业",创业需要自律,如果不能自律,就有可能在商海厮杀当中被无情灭掉,最终会一事无成。

一、从现在做起——时间的形态效应

　　一谈到这个题目,会马上想起《寒号鸟》那则寓言故事。故事说,在一座山峰上,住着一只喜鹊和一只寒号鸟。冬天来临了,小喜鹊适应季节的变化,抓紧衔草垫窝,而寒号鸟却只知道站在石头上晒太阳。小喜鹊好心地劝寒号鸟:"天变冷了,抓紧衔点儿草垫个窝,好度过寒冷的冬天。"寒号鸟却认为小喜鹊太傻了,"晒太阳这样暖,这样舒服,却不知道享受"。天有不测风云,一天夜里,狂风大起,寒气骤降,寒号鸟躲在山石之下,冷得直打哆嗦,它才意识到还是喜鹊说得对,边想边说:"哆嗦嗦,哆嗦嗦,明天就垫窝。"次日,天又晴朗起来,小喜鹊又忙着衔草垫窝,而寒号鸟却又在太阳下晒暖。喜鹊再劝寒号鸟,寒号鸟还是无动于衷,夜里仍不免"哆嗦嗦,哆嗦嗦,明天就垫窝"一番。不几日,一股寒流袭来,冰天雪地,晚上的山风吹来如刀割一般,寒号鸟躲在山石下,怎禁得住如此寒冷的袭击,它在哆嗦嗦中、在悔恨中死去。

　　这则故事虽很浅显,但其寓意不正是告诉我们,要从现在做起,从今天做起,不要过多地期待明天吗?

　　时间的三种基本形态是过去、现在和将来。最易流逝的时间是现在。当看到"现在"这两个字时,现在已成为过去。现在只是过去与将来之间的时间形态,它使过去成了失去的现在,也使将来成为未实现的现在。

　　真正属于自己的,唯有现在,正如俄国作家赫尔岑所说,时间中只有现在是现实的时间,存在的时间,最有价值、最有潜力的时间。革命先烈李大钊也在他的《今》一文中语重心长地告诉我们："我以为世间最可宝贵的就是'今'，最易丧失的也是'今'，因为它最容易丧失，所以更觉得它可以宝贵。"他还引用耶曼逊的话说："尔若爱千古，尔当爱现在。昨日不能唤回来，明天还不确实，尔能确有把握的就是今日。今日一天，当明日两天。"

从现在做起，就要立足今天，说干就干。昨天对今天的期待之事，需要今日就干好，今天对明天的期待又需以今日之事做的程度为基础。有首歌唱道："十五的月亮十六圆，要想收获先种田，要想登山先探路，要想致富可得开财源……"是的，没有今日的行动就不会完成昨日的未竟之业，没有今天的播种，就不会有将来的收获。关键是从现在开始就去干，千里之行始于足下，只要自己决心已定，立足今天，扎扎实实去干，去实践，我们就会在工作中长知识、长才干，在实践中得到友情、得到欢乐，得到自己所想要得到的。

从现在做起，就要今日之事今日办完，善于提高时效的人，都有一个长计划、短安排，有年计划、月进度、日安排、事程序。不要把今天的事拖到明天，因为明天还有明天的事等着呢。其实我们许多人往往在要求正在上学的、贪玩的孩子时常说："今天的作业今天做完，明天还有新作业。"而我们自己却像手电筒一般只照人家，不照自己。我们往往是希望小孩子成才，去严格要求他，而对我们自己却放松要求，这样下去，就难免如逆水行舟，不进则退。其实我们每个人的"今天"都是继承昨天和创造明天的中心环节。

从现在做起，今日之事今日毕。要力戒拖拉，力戒向后"支"时间。拖拉是高效率的对立面。提高办事效率，就要克服拖拉作风。有些人总是说我也知道时间珍贵，一去不复返，可总是抵不住，对该办完的事没办完，认为以后反正有的是时间，往往把今天的事推到明天，把希望寄托在明天。据说有个学生懒得读书，曾作一首打油诗曰："春天不是读书天，夏日炎炎正好眠，秋多蚊虫冬又冷，一心收拾待明年。"可是到了明年他也荒废了，可能又会再来一次"春天不是读书天……一心收拾待明年"。殊不知，人生能有几个"明年"？明代钱福的《明日歌》很发人深思："明日复明日，明日何其多。我生待明日，万事成蹉跎。世人苦被明日累，春去秋来老将至。朝看水东流，暮看日西坠。百年明日能几何？请君听我明日歌。"这是多好的一面镜子啊！把现在该做完的工作推到明天,如此循环下去,不是有希望的"明天"都成了荒废的"今天"吗？这只能是一种自欺欺人之举。拖拉的后果只能是误事,只能是葬送自己的前途。这正如《堂吉诃德》的作者塞万提斯所说的:"取道于'等一等'之路,走进去的只能是'永不'之室。"应当承认,对未来的希望是人们现在工作的一种动力。但这种对未来的希望、理想是以现在为基础的,即使那些基于对过去和现在的事物本质及其运动规律的崇高的理想,也必须靠现在的实干才能实现。而那种脱离实际、违背事物发展规律,仅凭主观梦幻的东西,难免有点儿"守株待兔"。殊不知,没有现在的劳作,就没有将来的收获。世上没有那么多的兔子会自动成为你的美餐。

从现在做起,就必须不让一日闲过。我们是在一刻刻、一时时、一日日的现在中度过,使现在转化为过去,转化为历史,转化为人生之旅的。认识时间的形态效应,充分提高现在的时效,就要使每日过得充实。有位年逾古稀的老中医,身患肺气肿、冠心病、肾炎等多种慢性病。他为了给祖国医药宝库增添一份财富,废寝忘食地著书立说。有人见他那吃力的样子,便劝他说:"年岁不饶人啊！歇一歇,明天再写吧！"老中医却回答说:"我年纪老了,更要抓紧今天。我还能有多少今天？我的日历只剩几本了,撕一张就要派一张的用处！"

"撕一张就要派一张的用处！"多么深刻、多么耐人寻味的隽语啊！人生的每一张日历容易揭过去、撕下来,但每一日都派上用处是多么不易啊！纵观古今中外的人才,都是一天有一天的用场。我国唐代诗人贾岛自勉:"一日不作诗,心源如废井。"康熙皇帝则给自己规定:"无一日不写字,无一日不看书。"我国著名画家齐白石正是靠不让一日闲过的精神,坚持作画60多年,达到炉火纯青的地步。俄国作家列夫·托尔斯泰坚持每天晚上睡前写日记达51年之久,正是他的勤奋和严于律己的精神,使他给人类留下了不朽的《战争与和平》《安娜·卡列尼娜》《复活》等名著。发明大王爱迪生正是靠"科学永无一日休息"的精神,一生创造的发明专利达2000多种。现代美国制造工程学家奥斯本也是遵循"日行一创"的生活准则,才使他的发明闻名于世。这方面的例子真是举不胜举。

从现在做起,还要防止一味沉溺于过去之中。一个人过去可能由于努力工作,取得了巨大的成就,但如果把过去取得的成就当作包袱背起来,就会把自己压得喘不过气来。有的人为了保成就、保荣誉,就往往会为保而保,缺乏创新精神。宋代王安石写过《伤仲永》一文,文中写到方仲永少时聪敏好学,指物作诗,一挥而就,一时名噪县城。人们出于好奇,争相邀请,给钱供餐,他的父亲贪图近利,使仲永辍学。数年后,仲永作诗已不见才思敏捷之处。我国还有"江郎才尽"等故事,这些都说明人们一旦沉溺于过去,就不能很好地从现在做起。如果自己的过去不是辉煌的,而是暗淡的,是令人叹息的过去,那更不能像泄了气的皮球,再也鼓不起来,不能一蹶不振、破罐子破摔,更应该弃旧图新,从现在做起,使自己成为一个新人。

二、对时间的零存整取——时间的储蓄效应

时间也有储蓄效应。在中国古代历史上,凡有成就的学问家、政治家,几乎都是十分珍惜点滴时间的。车胤囊萤、孙康映雪、匡衡凿壁夜读,是人们所熟知的,而江泌借月光阅读的精神更是感人至深。汉代的董遇利用"三余"(冬者岁之余,夜者日之余,阴雨者晴之余)时间,刻苦学习,终于成为一名大学者。元代文学家陶宗仪,则是一面种地一面从事自己的著述,他到田里劳作时经常带上笔砚,每当休息时,就把耳闻目睹的一些重要事情和自己的一些心得,随手摘片树叶记录下来,储存在瓦罐里埋在树下,十年如一日,坚持不懈,居然积攒了十几瓦罐,最后经过整理,成书 30 卷,名曰《南村辍耕录》,至今在学术研究上仍有很大参考价值。

我国著名历史学家、散文家和诗人邓拓,在史学、文学、哲学、政治、新闻等方面都给我们留下了一笔丰厚的财富。而熟悉他的人都知道,他积累知识的重要途径是多年坚持不懈的业余学习。邓拓打过一个生动的比方:"你看农民出门,总随手带粪筐,见粪就捡,成好习惯。专门出门捡粪,倒不一定能捡很多,但一成了随时捡粪的习惯,自然就会积少成多。积累知识,也应该有农民积粪的劲头,捡的范围要宽,不要限制太多,不要因为我管的是牛粪,见羊粪就不捡,应该是只要是有用的,不管它是牛粪、羊粪、人粪都一概捡回来,让它们统统变成有用的肥料,滋养作物的生长。"邓拓正是靠这种精神,坚持长期积累,做读书卡片,并注意按政治、经济、史学、文学、哲学进行分类整

理,用的时候得心应手,使他博学多才,文挟风雨,给我们留下了宝贵的财富。

著名数学家、复旦大学校长苏步青教授,也常常把零碎的、分分秒秒的时间比作"零头布时间"。他认为,高明的裁缝,总是把衣料剪裁得既合体又节省,连巴掌大的零头布也派上用场,我们应该像裁缝充分利用零头布一样,善于抓零头布时间,只要充分利用,也能做许多事。苏步青教授在开全国人大会议期间,抓零头布时间写完了他的专著《仿射微分几何》的第三章《仿射曲面论的几何结构》。

"应知学问难,在乎点滴勤。"陈毅的这一著名诗句,就启示我们不要放过零碎时间,不放松细小的努力,日积月累长期坚持,就能滴水石穿。战国思想家荀子的《劝学》篇中就告诫我们:"积土成山,风雨兴焉;积水成渊,蛟龙生焉;……故不积跬步,无以至千里;不积小流,无以成江海。骐骥一跃,不能十步;驽马十驾,功在不舍。锲而舍之,朽木不折;锲而不舍,金石可镂。"只要我们持之以恒,不放过零碎时间,善于利用零碎时间,一段一段接起来,就能由短变长,由零变整。零碎时间积累起来,是很惊人的,有人算过一笔账:如果我们每天花 1 小时读 10 页有用的书,每年可读 3600 多页书,从16 岁开始读到 70 岁就可以读 20 多万页书,如果读书得法,这 20 多万页书,就足以使自己成为某一方面的专业人士了。

不要以为一星半点的时间微不足道,每一分一秒都是我们生命的一部分。把点滴时间积存起来吧,让涓涓细流汇成生命的长河。

三、众人拾柴火焰高——控制社会时效

人的本质是社会关系的总和,这是马克思从人的社会属性方面对人的本质做出的规定。人一旦踏入社会,人的短暂一生就与社会发生着千丝万缕的联系,连个人的时间安排和时效开发都无法游离于社会时间之外。

清晨,闹钟铃声打破了黎明的寂静。为了上午 8 点准时上班,必须计划什么时间起床,什么时间吃早饭,乘什么交通工具赶到工作地点。所以,在城市工作的人们有句口头语,"紧张的早晨,战斗的中午,疲劳的晚上"。可见,时间还是一种社会现象,是一个社会范畴,体现着社会群体的节奏。社会是一个大时钟,人们必须与社会的大时钟保持一致。

  社会学家乔治·居尔维叶曾把社会时间划分为"宏观社会时间"和"微观社会时间"。宏观社会时间是指社会制度、机构、共同的象征等,微观社会时间是指群体、集团等所反映出来的时间特征。在自给自足的自然经济社会,日出而作,日落而息,在数字经济时代,时间就是金钱。社会发展的不同阶段,不同的社会形态,不同的社会制度,不同的国家和地区,不同的组织对社会时间有不同的认识;对时间的理解、认识和利用的方式不同,就会产生不同的工作和学习的效果。

  社会时间不仅与社会经济、社会物质生产有关,还与不同社会、不同社会阶段里形成的不同文化观念、宗教信仰、民族心理、风俗习惯等有着千丝万缕的联系。正像阿尔文·托夫勒在《第三次浪潮》一书中所论及的,第一次浪潮社会中,人们认为时间是循环的,古印度、古希腊和古代中国人都有着时间轮回说观念,认为时间像一个巨大的圆环,永恒轮回,反复循环。第二次浪潮——工业文明的重要发明,使人们把时间置于一条直线上,一头可以无限地回溯到过去,一头可以无限地延伸到未来。第二次浪潮文明把时间直线化了,使人们对时间的划分日益精确。时效观念的增强使人们常身不由己地看表,为的是与时间、与机器节奏同步化。同时,时间直线说是信奉进化和进步的工业实现的先决条件,时间直线说使社会进化与进步成为可能。由于第三次浪潮——信息文明的冲击,人们的时间观念正在发生重大的变化,这一变化已开始把人们从机器的束缚中解放出来,"时间再也不会像日历和时钟的指针那样,以它稳定的挪动,一秒一秒地无情地向前飞逝而去,根据你在不同的位置,得到不同的结果"。物理学家弗里特乔夫·卡普拉(Fritjof Capra)的解说更简单:时间在宇宙不同的部分,流速不同。时间是绝对的,又是相对的,人们由第二次浪潮中的上午9点至下午5点的八小时工作制中解放出来,逐步实行"灵活工作制"——"核心时间"内工作,灵活时间内自由安排。

  人们的时间观念正在发生着变化,珍惜时间、有效利用时间的观念逐步被愈来愈多的人所接受。大锅饭使时间在人们眼里最不值钱,市场经济的发展又使人们看重了钱。殊不知,一个社会、一个国家、一个企业,社会时效的开发利用程度,是衡量该社会、该国家、该组织现代化水平的一个标尺。

每个人都是社会的一员，每个人的时效利用受社会时效水平的限制，反过来，每个人的时效水平也影响着整个社会时效。革命烈士李大钊在《时间浪费者》中写道："我们每日生活的时间平均总是自己浪费了一半，在我自己浪费时间的时候还要浪费些别人的时间，这样合算起来，全社会浪费的时间该有多少？全民族的生命牺牲的该有多少？"

社会中的任何人，从公众和社会利益出发，都应在自己的工作岗位上遵守时间，让时间的浪费降低到最低限度内，节省自己的时间，也是节省社会时间；遵守社会时间，也是节省自己的时间，时间不仅是个人财产，也是一种公共财产，整个社会时效开发有赖于每个社会成员的时效开发，整个社会时效的提高，又为我们每个社会成员的时效提高开辟着道路。

数字社会的建设在呼唤高效率，全面建设社会主义现代化国家的发展目标在呼唤高效率，那种身在低效率中不知其低，人在慢节奏中不知其慢，依然悠然自得、安于低效率的态度，实在比低效率本身更令人心焦。让我们在数字经济的大潮中，在竞争的年代，从现在做起，从自己做起，改变低效率的态度，纠正低效率的行为，珍惜时间这种公共财产，提高整个社会的时效。

第四节　劳逸结合

劳逸结合就是要根据时间关系，合理安排有效生活。劳与逸是个辩证的对立统一体。劳与逸有明显的区别。劳，即劳动，包括体力劳动与脑力劳动。逸，即休息。劳与逸又有密切的联系，一方面劳离不开逸，另一方面逸也离不开劳。适度的劳逸结合不仅可以事半功倍，还可以避免不必要的劳苦，保存工作劲头等。

一、张弛两极的中间地带——时效的弹性

弹簧在外力的作用下就会发生形变。如果对它施以拉力，弹簧就伸长；对它施以压力，弹簧就缩短，除去外力后，弹簧又能恢复原状。这种物体受外力作用变形，除去作用力时能恢复原来形状的性质就是弹性。但是，如果

对这根弹簧施加的拉力过大,把它拉成一根近乎直线的合金钢丝,超过了它的弹性限度,也就失去了它的弹性。

在学习或工作中我们会发现,时间效率也有这种弹性和失去弹性的类似情景。就学生学习功课来说,我们常常会碰到有些学生学习十分刻苦,早上起来不做早操就看书,课间十分钟也不休息在那儿看书,中午不午休,下午的课外活动不参加,晚上熄灯铃响了他仍在教室里不舍得走,抓紧一切时间看书,但他们在班上的学习成绩并不突出,往往表现为性格孤僻,反应迟钝,回答问题不得要领。而那些尖子生,学习成绩优异者,除了他们的天资和勤奋之外,大多数注意锻炼身体,睡眠充足,学习时精力集中,该玩时活泼尽情。分析这两种情况,我们得出的结论是,学习效率的提高不仅靠花费时间的量,也要靠所花时间内的学习质量。前一种情况,挤时间学习的精神可嘉,却只抓住了量的增加而忽略了质,只抓住学习,忽视了怎样学习,以及学习和休息的辩证关系。对自身和学习这根弹簧过于拉和压,超过了弹性限度,失去了自然本性。而后一种情况则是注意了质和量的统一,保持了弹性。

学习是一种竞争,在目前的竞争时代,无论是创办企业、做科研、从事教育工作,哪一行哪一业都在竞争。在此时,保持必要的弹性显得尤为重要。学习和工作是人生的重要内容,但不是人生的唯一内容。不管是美国人本主义心理学家马斯洛的需求层次论还是马克思主义的需要层次观,都承认人的需要是多层次、多方面的,人在发展过程中,要不断地满足生理的需要、安全的需要、归属与爱的需要、尊重的需要和自我实现的需要,要满足这些不同的需要,就需要一定的时间支出,况且,生存和生理的需要是最基本的需要,是实现其他需要的基础。因此,我们对自己时间的使用就要保持一定的弹性,注意劳逸结合,逸是为了更好地去劳。

这里,首先必须纠正一种错误观点,即把"铁杵磨成针,功到自然成"的"功"仅仅理解为耗费时间的多少。诚然,铁杵磨成针,需要一定的时间;要成就一番事业,需要长期的艰苦劳作。但仅仅这样理解还不够,不能忘记"功夫不负有心人"。可见,这个"功"不仅指长期的劳作,还需要"有心",善于动脑筋、想办法,在长期的劳作中生出"巧"来,要有创造性的思维。那种

"只要我一直干下去,就是不能成功,也问心无愧,因为自己的时间没有白过"的想法是不科学的,一直干,一直忙,并不值得称道,问题是为什么干、干什么、忙什么、怎么干。一直干并不是一种积极的态度,而是一种消极磨蹭的态度。

另一种错误观点是"要想成就一番事业,就得拼命,就得紧张地加班加点"。人生难有几回搏,该拼搏时必须拼搏。但人生却不能一直拼命,这像在战场上一样,拼杀前需要拼杀的精神准备、器械准备、战斗动员,拼杀之后的胜利者又需打扫战场,进行必要的休整,补充兵员和给养等。如果把我们的身体比作一辆汽车拉力赛中的赛车,即使是一部优质赛车,在长距离的比赛中,也需要中途加油、整修,更何况有时是破旧的车,不要命地开快车、开飞车,就是在开危险车。如果滥用,就不能长久地使用。从人体的生物钟来说,晚上11点以后工作、学习,效率一般是较低的,通宵工作、学习,偶尔一次可能关系不大,但长此以往,效率就会很差,而且往往会导致第二天无精打采,反而浪费更多时间。若是积劳成疾,那就会给身体造成永远无法补偿的伤害。

劳逸结合就是合理安排休息时间,是为了恢复大脑皮层的兴奋。在学习、工作、钻研问题的过程中,人的大脑皮层的兴奋过程和抑制过程是交替进行的。本来,学习、工作和研究是需要大脑皮层兴奋的,但如果长期兴奋下去,神经细胞所需要的物质就有可能得不到充分补偿,中枢神经系统就会发出指令,出现抑制状态,如感到疲劳、头昏脑胀等。可想而知,一味地学习、工作,不注意休息,效率是不会高的。心理学家曾做过这样的实验:两组学生,智力和学习都差不多,记忆同样数量的难字,记熟之后,一组学生休息五分钟,另一组学生继续用脑,然后一起默写。结果,休息五分钟的一组,默写成绩比不休息的要高28%。故专家建议:"工作时全力以赴,休息时尽量放松。"

休息有多种形式,如散步、旅行、做瑜伽、看电影、游泳、游览名胜古迹、参观展览会、下棋、练字、绘画、拉提琴、弹钢琴、听音乐、养花、篆刻、击剑、溜冰、养宠物等。

散步是脑力劳动者平日常用的一种休息方式。法国启蒙思想家卢梭说："散步能促进我的思想。"德国著名诗人歌德说："我最宝贵的思维及其最好的表达方式，都是在我散步中出现的。"俄国作家果戈理认为："内容常常是在道路上展开，来到我的脑里。全部的题材，我几乎是在道路上完成。"再请看看贝多芬的《月光奏鸣曲》的创作过程吧。一个明月高悬的夜晚，贝多芬到波恩郊外散步，路过一个乡间房舍，忽然听到有人在弹奏他写的一首乐曲。在好奇心的驱使下，他悄悄走到窗前，向室内一窥，原来是一位面目清秀的盲人少女在一架破旧的钢琴上弹奏，旁边一位鞋匠模样的男子在做鞋子。贝多芬不禁叩门而入，那男人起身招待贝多芬，贝多芬未报姓名，只是说想听听弹钢琴。那鞋匠告诉他，这位盲人少女是他妹妹，自幼酷爱音乐，因家境贫困，请不起名师指点，只能靠听隔壁贵族家弹奏贝多芬的名曲来进行模仿。贝多芬十分感动，就对兄妹二人说，我来为你们弹奏一曲。恰巧这时蜡烛被风吹熄，银白的月光洒进室内，映照在少女瘦弱娇美的身体和钢琴上，显得格外清幽。贝多芬心中荡起一阵激情，随机就弹出一段恬静优雅的旋律。随着音乐的起伏，少女感到仿佛正面对着微波粼粼的大海，一轮明月正从天水相接之际升起。忽然，风吹起来了，银白色的浪花一排接一排地向岸边涌来……贝多芬回家后连夜记下曲谱，这就是脍炙人口的《月光奏鸣曲》。

休息不仅能使精力得到恢复，而且在紧张战斗的间隙小憩，许多科学家可能由于某一情景的启发丰富了想象力，产生了灵感、直觉，对长期百思不得其解的问题一下子茅塞顿开，找到了解决问题的办法。如阿基米德是在洗澡时找到了鉴定金冠体积的方法，发现了关于浮力的原理；德国化学家凯库勒是在睡梦中想到苯的六边形环状结构的；据说爱因斯坦关于时间和空间的深奥概括也是在病床上想出的……鉴于过分紧张的学习、工作、思考容易导致精神疲劳，思路闭塞，暂时的松弛不但有利于解除大脑的疲劳，而且有利于消化、利用和沟通已得到的信息资料，有利于冷静地回味以往的得失和被忽略的线索，易于将所要解决的问题联系沟通起来。

变换工作也是一种积极的休息方法。通过变换工作，特别是通过性质差异较大的工作变换，使大脑原有的兴奋区产生抑制，在其他部位出现新的兴奋区也是保持时效的弹性、提高时间利用率的重要方法。俄国哲学家、文学家车尔尼雪夫斯基曾说："工作的变化，便是休息。"鲁迅写作文或阅读必读书觉得疲劳时，就翻翻政治、经济、历史、地理、文物、考古等非必读书。这样，"到麻烦、疲倦了的时候，就随便拉出本新出的杂志来翻翻，算是休息"。这种"随便翻翻"，"不用心，不费力"，"觉得疲劳的时候，也拿这玩意来做消遣了，而且它也的确能够恢复疲劳"，又积累了再战斗的知识。

充分的睡眠是一种最好的休息。从生理学角度讲，睡眠负责调解人的中枢神经。正常的睡眠对大脑皮层功能具有重要的保护作用，它使大脑皮层避免受过度的刺激，使精神和体力得到恢复。人的生命1/3是在睡眠中度过的，人需要睡眠。不会睡眠，不会休息，就不会工作。研究人才学的王通讯说过："有两种不同的'勤奋'。有的人一边打瞌睡一边要求自己刻苦坚持。头悬梁、锥刺股，精神可嘉，方法实蠢。那会有什么效率？真正的勤奋者应该注意效率。"当然，不同的人对睡眠时间要求不同，有的人需要较长的时间，有的人则需要较短的时间，但人人都需要睡眠。

《札记·杂记下》说："张而不弛，文武弗能也；弛而弗张，文武弗为也；一张一弛，文武之道也。"弓拉得太紧会崩断，船负荷过重要沉没，人每天精神过于紧张，只顾工作不顾休息，不但会使学习和工作效率低，还会把身体搞垮。请保护好自己的身体这部竞争大潮中的赛车，过多的大修、动大手术都是要伤元气的，都是要落伍的。当然，讲弹性，也不是只讲松松垮垮，那种"喝酒不醉、跳舞不累、打麻将一夜不睡，一说工作就打瞌睡"的做法也是对身体有害无益的。

二、跟着自身的钟点走——人体生物钟与时效

早晨，光明驱散了黑暗，太阳从东方冉冉升起，百鸟齐鸣，鲜花怒放，几乎所有的生物都充满了活力，开始了一天的活动。傍晚，日薄西山，夜幕降临，黑暗笼罩大地，生物也安静了下来，鸟儿归巢，花含叶偃，开始休息。生物进化的最高级阶段的人，在地球母亲的带领下，在这种明暗交替的环境中进化，也具备了活动和休息的周期。好多人一到固定的时刻就无精打采闹瞌睡，一到固定时刻又从睡梦中不唤自醒。一些学者把人体内的许多器官的功能呈现近似昼夜节律变化，或呈现月、季、年等周期的节律变化，称为生

物节律,形成所谓昼夜节律、日节律、月节律、季节律、年节律等。这些生物节律决定和影响着生物的生活习性和生理功能。这种在体内存在的生物节律系统被形象地比喻为"生物钟"。

20世纪,科学家们又发现了人体体力、情绪和智力的周期。德国医生弗里斯和奥地利心理学家斯瓦波达经过长期临床观察,认为每个身心健康的人,体力强弱周期为23天,情绪高低周期为28天。奥地利学者泰尔奇尔在研究智商的基础上,发现智力兴衰周期为33天。同时认为,各种节律从高潮转换为低潮时有2~3天的临界期。在"高潮""临界""低潮"等不同的阶段中,人体呈现出不同的适应功能,在生活、学习、工作中会产生不同的效果。人处于高潮时期,体力强、情绪好、智力高;处于低潮时,体力弱、情绪差、智力低;处于临界期则力不从心,神志恍惚,智力波动。美国阿贡国家实验室生物学家俄列特绘制了一幅详细的"灾难记事表",分析表明,飞机坠毁、轮船触礁、医疗事故、汽车肇事等多与肇事者处于"临界期"或"低潮期"有关。

当然,决定人类情绪、智力等行为的因素是多方面的,生物节律只是其中的一种因素。尽管目前人们对于人体功能的体力、情绪、智力三节律褒贬不一,有待时间和实践的进一步检验,但温杰特坚持认为人类社会的一项生物学法则是:"要想事半功倍,则必须将你的活动要求和你的生物能力配合"。目前,人们关于生物钟的研究,主要集中在三方面:①中枢钟的解剖分布和生化特性;②中枢神经通路和化学反应;③中枢钟与机体生理过程的相互作用。尽管人们还没有彻底信服的证据说明生物体中究竟是哪一种结构专司此职,但多数科学家认为,人体的昼夜节律与大脑内松果体及其内含物质的分泌有关。松果体由爬行类能感光的"第三只眼"发展而来,哺乳类虽已不能直接感受光的刺激,但其生理功能仍然和光照有很密切的联系,它可能是协调机体内(下丘脑)的"振荡"机制与外界光周期的同步化。人类的生殖、生长、记忆和行为都与振荡器影响下分泌的种种激素有关。

可见,循着自身的生物钟办事,就能更好地利用自己的时间,提高学习和工作的效率。体力、情绪、智力周期都处于高潮期时,正是身体的最佳状态时期,可以充分发挥良好的竞技状态,勤奋学习,刻苦钻研,努力工作,打攻坚战,去解决最困难的问题;在智力低潮期和临界期去处理一些不太用脑的事情;在体力高潮期,去从事繁重的体力劳动;在低潮和临界期,尽量注意休息和做一些较轻的活动。如果该学习时你去玩,该睡觉时去工作,不遵守自身的生物节律,就会在无形中失去自己的黄金时间,使自己不能充分发挥潜力,从而降低自身的价值。

遵守生物节律,更重要的一个方面还在于能保持身体健康,延长绝对时间,提高人生整体时效。实验表明,将猴子的昼夜周期扰乱可引起疾病,而不正常的活动和休息方式常常是癌症发病的诱因,激素分泌的紊乱,可使精神状态、个性改变,而调整机体生物钟的活动则有助于这些疾病的恢复。调查也表明,工厂里夜班的工人患胃炎、胃溃疡以及胃肠功能紊乱症远比白班的工人多。美国科学家曾对上夜班的工作人员进行研究表明,夜班工作人员比白班工作人员更易患神经官能症、心脏病等。所以我们不提倡经常熬夜,因为人在夜里 11 点以后体温降低较快,内分泌系统分泌的激素等适于睡眠。经常熬夜是一种"蚀本生意"。当然有一部分人在晚上工作效果好,这些人是"猫头鹰型"。如我国作家徐开垒养成了一种半夜读书写作的习惯,常在夜里二时起床,这时他"精骛八极,心游万仞",头脑最清醒,精神最饱满,看书、写作效率最高。研究表明,他们节律的相位正好与白天工作型的节律相位倒转 180°,当别人体温下降时,他们的体温上升;别人血中肾上腺皮质激素含量低时,他们的却很高。即使是这样,也多是他们的习惯使然,即长期的夜战使他们的身体产生了适应性,调整了相位,却没有改变固有的节律。精明的商业人员尽可能避免在此时去从事重要的业务活动。当然,社会分工有时又需要一大批人上夜班,这时要避免过快的倒班,要有一个好的休息环境,要尽可能避免在白天从事突击性的难度大的事务。目前我国规定长途客运车辆在凌晨 2 点到 5 点禁止在高速上行驶,主要是为了防止客运驾驶人疲劳驾驶车辆,确保驾驶人每天 24 小时累计驾驶 8 个小时以内,这也是遵守生物节律,目的是降低交通事故发生率。

人的生存离不开心脏有节奏地跳动,人一生时效的提高,要按照社会时钟和自身生物时钟的嘀嗒声前进。

第五节　避免拖延

未来对所有人都是未知的。面对未知,创业者需要运用创业思维,将时间和精力更多地付诸行动,而非规划;立刻行动,而不是不断制订大计划;不拘泥于按照一个个计划去行动,而是通过"行动学习"找到新的道路。

一、抓住提高时效的根本——人生观决定时效观

一个人的时间观念、时效观念、对时间的运用方式和行为,是与他对人生的理解和认识密切相关的。一个人为什么活着、应该怎样活着,凝聚在人生的理想、人生的目标、人生的意义、人生的价值、人生的态度等人生道路的步步轨迹上。倘若人们对人生的根本观点不同,就会对构成生命的材料——时间有不同的看法和不同的利用,从这个意义上说,人生观决定时效观,而时效观又体现着人生的价值。

近代电磁学的奠基人,英国科学家迈·法拉第认为:"对真理的探求,是科学家的唯一目标。如果再加上刻苦勤奋,他就有可能揭开自然盛典的奥秘。"这个生于伦敦一个铁匠家庭的孩子,由于家境贫苦,12岁上街卖报,13岁到一家图书装订店当学徒,除认真学习书籍装订技术外,一有空闲就贪婪地读书。8年的学徒生活,他上完了大学,随着知识的丰富,眼界的开阔,他渴望终身致力于造福全人类的科学事业,他的雄心壮志以及他对科学的满腔热情,终于赢得了大科学家戴维的信任,使他成为戴维的助手,从此,开始在科学的大道上飞奔。在科学实践中,他把对真理的追求作为唯一的目标,勤奋地学习,不知疲倦地实验和工作,于1831年确定了电磁感应的基本定律,创造了电磁学史上第一台感应发电机和第一台变压器。他总结出了法拉第电磁定律,科学地提出了"电力线"和"磁力线"的概念。正是由于他的贡献,人类才有了强大的电力能源,才得以跨进电器时代。

马克思在17岁时就认为:"如果人只是为了自己而劳动,他也许能成为著名的学者、大哲学家或者卓越的诗人,然而他绝不可能成为尽善尽美的、

真正伟大的人物。""如果我们选择了最能为人类服务的职业，我们就不会为任何沉重的负担所压倒。因为这是为全人类做出的牺牲，那时我们得到的将不是可怜的、有限的和自私自利的欢乐，我们的幸福将属于亿万人。"马克思具有为人类服务的崇高目标，他没有继承父亲的律师事业，也没有听母亲的话去当很有权威的大法官，更没有凭着哲学博士的学位到大学去当教授，他不放弃自己的人生抱负，他要敲响资本主义的丧钟，要唤起广大人民起来为自由、为民主、为实现共产主义而斗争。他忍受着家庭生活贫困的折磨，几十年如一日，起早睡晚读书或写作，为了写作《资本论》，他曾经在伦敦大不列颠博物馆的阅览室里工作了 25 年之久，翻阅和研究了 1500 多种书籍和文献。根据他搜集的资料，整理成手稿就有 23 本 1422 页。正像他后来自己所说的："我们在为争取八小时工作制而斗争，可是我们自己的工作时间却往往两倍于此……"马克思的人生观，使他赢得了时间，自己支配自己的时间。1883 年 3 月 14 日，当马克思的心脏停止跳动的时候，他被后人誉为"人间的普罗米修斯"，他发现了人类历史的发展规律，还发现了现代资本主义生产方式和资产阶级社会的特殊运动规律，他为无产阶级和广大劳苦大众指明了革命的道路。

列宁认为，"只有用人类创造的全部知识财富来丰富自己的头脑，才能成为共产主义者"。他是这样说的，也是这样做的。在中学时代，列宁不仅刻苦钻研学校规定的教材，还制订了庞大的课外读书计划，他利用一切机会刻苦读书，认真思索，注意辨别有益的与有害的东西，从书籍中获得巨大的力量，巩固了自己的信仰。参加革命后，列宁为了无产阶级革命事业不倦地斗争、忘我地工作，然而他仍抓紧一切可用来读书的时间去读书，甚至在被捕入狱和被流放期间，他都从未忘记读书。渊博的学识，使列宁能以无比犀利的笔触去抨击俄国沙皇制度，批判机会主义的言辞是那样的严正，他在工人队伍中的演讲是那样的富有感召力、吸引力，一下子就能抓住听众的心。他以恢宏的气魄、刚毅果断的气质、远见的卓识和无比的胆略，领导了十月革命武装起义，建立了世界上第一个社会主义国家，揭开了人类历史新篇章。列宁还给我们留下了 50 多卷 9000 余篇 2000 多万字的《列宁全集》及《列宁文稿》这样巨大珍贵的人类精神财富。

积极进步的人生观,特别是无产阶级的人生观,把解放全人类作为人生的目的,以自强不息、开拓进取、勤奋努力作为人生的态度,以阶级的责任为己任。这种人生观决定了具有这种人生观者的时效观是自强不息、只争朝夕、战斗不止的。

然而,我们又常可看到少数人,他们抱着"人生在世,吃喝二字""人为财死,鸟为食亡""及时行乐"的所谓信条,利欲熏心、贪得无厌,终日绞尽脑汁运转玄机,在社会上制造一连串悲剧、闹剧。他们没有心思去学习,没有心思去好好工作,人生信仰的危机,带来了怠学、怠工,不讲效率,虚度年华。

强烈的对比震撼着我们的心灵。迷惘者应该警醒,我们不能只跟着感觉走,更需要跟着理性走,跟着时代走。人若只知道吃喝玩乐,满足感官的需求,那与动物还有什么区别? 我们的时代已是高科技的数字时代,是讲效率、讲理性的时代。我们的时代涌现出了许多具有伟大抱负,具有崇高人生观的优秀人才,他们是那些优秀的科学家、企业家、劳动模范、青年标兵和"共和国卫士",他们把有限的生命投入为人民服务之中去。1989 年 6 月 29日,我国著名科学家钱学森获得国际技术与技术交流大会的"小罗克韦尔奖章",由此进入"世界级科技与工程名人"之列,他是目前我国唯一获此殊荣的科学家。钱学森正是抱定"活着的目的,便是为人民服务"的人生观,在新中国成立后,放弃高名厚利,冲破重重险阻,回到祖国的怀抱。在中国共产党的领导下,他和同伴们一起,克服技术上和经济上的种种困难,刻苦攻关。钱学森在中国火箭导弹技术、航天技术和系统工程理论方面都做出了重大开拓性贡献,是我们学习的楷模。实践告诉我们:时间属于有崇高生活目的的人;时间属于自强不息的人;时间属于富于开拓进取精神的人;时间属于具有进步人生观的人。

二、机不可失,时不再来——时机与时效

从前,有两个猎人看见天上有一群大雁飞过,于是,他们两人张弓搭箭,准备射下来几只。箭还未发,两人却争论起来,一个说打下来烹了好吃,一个说烤了好吃。两人争执不下,只得找人评说,解决的办法是:射下来的大雁,一半烹,一半烤,各吃对自己口味的。可是,再抬头看空中,大雁早已飞

得无影无踪了。

这则寓言告诉我们，无论干什么事，都要善于抓住时机，说干就干，正像俗语所说的："机不可失，时不再来。"

时机即有时间性的机会。在人的一生中，不管是提高整体时效，还是调高阶段时效，抑或是提高干某件事情的时效，往往有个时间性的机会问题。人们常说，人生的关键处只有几步，这个关键处就是时机。善不善于抓时机，可以说是人们能否提高实效的重要一环。如果我们能最充分地利用自己最显效能的时间，就能花较少的力气做完较多的工作。要善于抓住人生智力、体力发展的最佳时机，使自己大脑发达、体格健壮，终身统筹安排，不断进取；如果我们发现了自己在一个月甚至一天中什么时间工作效率最高，就把最重要的任务安排在自己最显效能的时间，那么我们就会事半功倍。

其实，上述这些多属于才能及时发挥的个体时机，一个人的才能是否可以及时地发挥出来，是由多种因素决定的，不论从内涵还是外延来说，都是一个普遍的道理。时机——有时间性的机会，是事物发展的契机、转变的关头。在生活中，到处都有时机问题，商场上叫"商机"，军事上往往称为"战机"，农业上称为"农时"，工业冶炼和陶瓷烧铸称为"火候"，科学研究中常常称为"机遇"，社会学家常称为社会发展的转折点……这正如马克思所指出的，生活中往往有这样的时机，它好像是表示过去一般时期结束的标志，但同时又明确地指出生活的新方向。在这样的转变时机，我们感到必须用思想的锐利目光去观察今昔，以便认清自己的实际情况。叶永烈也曾提出"成功＝才能＋机会"的著名公式。国际知名管理学家哈洛尔德·康茨等也强调要"认识机会，才能建立起现实主义的目标，才能提出可行性的方案"。这都说明，不管是个体本身的原因，还是社会的原因，只有善于识别时机、抓住时机、利用时机，深入开展工作，才能取得一定的成果或战绩，提高时间的利用率。

首先，是看准时机。看准时机，就是要审时度势，要顺应历史潮流，看准波峰波谷。恩格斯说得好："我们只能在我们时代的条件下进行认识，而这些条件达到什么程度，我们便认识到什么程度。"时势造英雄，顺历史潮流的人往往成为历史的弄潮儿、时代的风流人物；逆历史潮流的人只能被历史的大潮所淘汰,成为时代的渣滓。这就是人生整体时效。就具体事情而言,也要善于审时度势,就连说话,说得不是时机,也会话不投机半句多。美国著名演员查尔斯·科伯恩说得好,一个人如果想要在生活中获得成功,就要看准时机,掌握审时度势的艺术,"如果你掌握了审时度势的艺术,在你的婚姻、你的工作以及与他人的关系上,就不必去追求幸福和成功,它们会自动找上门来的"。美国学者阿瑟·戈森也说:"有多少生活中的不幸和坏运气,只不过是没有看准时机。"

要看准时机,就要有敏锐的观察力、科学的预见力和深刻的洞察力,要有广博的知识和丰富的经验,要学会辩证地思维。著名物理学家丁·亨利斯说过:"伟大的发现的种子经常漂浮在我们身边,但只在有心人的心中生根。"没有敏锐的观察力,就往往对意外的事物缺乏敏感性,就往往人云亦云,随大流。没有科学的预见能力,往往表现为山重水复疑无路,不会看到其后会有柳暗花明又一村。美国总统威尔逊曾说:"认为只有在时机到来时才能做出正确选择的人,在领导同代人的事业中是不会取得成就的。"缺乏深刻的洞察力,就不能一眼看穿,就不会透过现象看本质,就缺乏抓住异中相同,同中之异的能力,时机来了,他们往往视而不见,听而不闻,嘴里还喊着:"时机啊,你在哪里?"时机往往碰到了他们的鼻子尖上,他们却让时机溜掉了。当然,敏锐的观察力、科学的预见力和深刻的洞察力是来源于实践,来源于渊博的知识和丰富的经验,以及具有辩证思维的人。在科学发现史上,错过机会的例子,也即虽注意到线索但未能认识其重要性的例子,简直不胜枚举。譬如,在伦琴发现 X 射线之前,至少已经有另一个物理学家注意到这种射线的存在,但他只是感到气恼,埋怨自己试验有误而已。再如,在弗莱明深入研究进而发现青霉素之前,斯利特等几位细菌学家也都曾经注意到用霉素抑制葡萄球菌菌落的现象。但他们只是对此种现象感到讨厌。而弗莱明则在别人看来没有什么了不起的地方,在别人感到讨厌的地方,看到了这种现象可能具有的重大意义,于是深入研究,发现了青霉素。

其次,是利用时机。看准时机并不是目的,而只是为利用时机找到了一个突破口,重要的是要干。当然,要根据抓住这个时机后干的可行性而定,要考虑干的主观条件和客观条件。客观条件多指必要的物质、设备、工具;

主观条件主要指工作者的知识以及驾驭知识的能力。除了注意到可行性外,主要的是要有胆略和气魄,要敢于冒风险。一般来说,风险越小,成功的机会越大,但成就不见得大;而成就大的,多是风险也大。我们常常会看到这种情况,即当一种风险大的机会来了,许多人也注意到了,但他们左顾右盼,瞻前顾后,怕得罪上级,怕违背本本,怕别人讥笑,怕自己不行,这样,就在怕这怕那中丢掉了时机。

再次,是利用实况。时机既然是有时间性的机会,往往是易失的。"时来易失,赴机在速。"速度就是效率,速度就是生命。特别是当今世界呈现多元化的格局,什么都是那样的扑朔迷离,瞬息万变,政治制度竞争、军事竞争、阶级力量竞争、经济竞争、知识竞争、人才竞争。在竞争时代,当机会来临,自己看准了,别人也没有在那里睡大觉,在大家都看准要干的情况下,就看谁干得快,谁走在前面,谁就独占鳌头,谁就先声夺人,谁就有主动权。田径场上,百米冲刺,哪怕谁快那么0.01秒,谁就是冠军;二人用枪决斗,谁先扣动扳机谁就可能成为生者。在竞争的局面下,我们就是要抢速度。

最后应当指出的是,人们有时为了看准时机,利用时机,又不得不等待时机。时机不到,过早行动,往往会打草惊蛇,带来不必要的麻烦,造成欲速则不达的局面。这种等待,有时是需静静地等,有时则是要坚韧不拔地刻苦攻关。这是等待时机,又是寻找时机,世界上的事物是复杂的,客观事物有一个暴露过程,事物在发展过程中也常常用假象与人开玩笑,我们主观上也有个认识过程,有时为等待时机不可急躁。但我们绝不要像前面讲到的寓言中的那两个猎人,"坐而论何如起而行",把大雁射下来再议怎么吃不是也不晚吗?

当今中国所处的时代是一个变革的时代,是科技、经济振兴的时代,是文明昌盛的时代,是民族腾飞的时代。时代给我们提供了许多机会。海阔凭鱼跃、天高任鸟飞,让我们顺应历史潮流,抓住时机构建我们人生的发展目标,为民族复兴、实现中国梦做一点儿贡献。

三、兵贵神速——相对时间效应

《孙子兵法·九地篇》说:"兵之情主速。"《兵经百言·速字》中说:"见而不决，人将先发；发而不敏，人将先收。难得者时，易失者机，迅而行之，速哉！"就是说，发现战机而犹豫不决，敌人就会先发制我；我虽先发而行动不决，敌人就会先收其利。难得的是时间，易失的是机会，所以行动一定要迅速。

在目前的激烈竞争时代，不同社会制度的竞争、不同国家间的竞争、不同地区间的竞争、不同集团间的竞争、不同企业间的竞争、人与人的竞争等，虽然不像战争那样残酷，那样讲求速度与生死存亡的关系，但是，速度显现着效率，显现着某个组织或个人生存和发展的能力，也影响到一个企业是否倒闭，是否被关、停、并、转，也影响到一个人是成功或是失败以及成功的早与晚。

兵贵神速，就是讲用兵要讲究快速。快速，才能先处战地，争得主动。《孙子兵法》中说："凡先处战地而待敌者佚，后处战地而趋战者劳。"这就是说，凡先到达战地而等待敌人的就从容主动，反之，仓促应战的就疲劳被动。对于企业来说，为了在竞争中取胜，都要研究新工艺、新技术，开发新产品，但谁先研究成功，谁先运用于实际，谁先满足市场需要，谁就是该项技术和产品的所有者；同类、同质、同价产品，谁先把它投进市场——先处战地，谁就能控制市场的主动权。其他企业要想争夺这个主动权，就需要花上数倍的努力。在科研中也是这样，科学发现只承认第一个。在某个学科、某个领域或某个方面，谁捷足先登，谁就争得了发明权或发现权。1974 年 8 月，在美国纽约州阿普顿的布鲁克黑文国立实验室里，丁肇中和助手们发现了"J"粒子，但丁教授为了进一步验证这一发现而没有公布。同年 11 月 10 日，由李克特领导的斯坦福直线加速器实验室里，也发现了同一种粒子。结果，这一粒子的发现使发现者获 1976 年诺贝尔物理学奖，由丁肇中和李克特共享。丁肇中先生后来就深有感触地说："竞争就是尽最大的努力，用最快的速度和最好的质量超过别人。"在科学研究中，就是有的人在某个方面，只是提出了深刻的问题，启发后人去思考，去研究解决，这个问题也常常以发现者的名字命名，如哥德巴赫猜想、希尔伯特的 23 个问题、爱因斯坦的统一场论问题等。

兵贵神速，还因为速度就是力量。在方向、目标、条件不变的情况下，速度与力量成正比。速度体现着内力的大小,体现着内力与外力的相互作用。短距离的百米赛跑的最后冲刺,很好地体现和检验着赛跑者的爆发力;长距离的马拉松赛跑,检验着比赛者的速度和耐力。势速则难遇。在企业经营管理中,兵贵神速的指引原则,也常常可作用于企业活动的全过程:在经营决策阶段,能又准又快地获得原材料、市场等情报,就有利于果断地做出正确选择;在生产管理阶段,资金有效投入快、新产品投产快、产品出厂快,生产周期就短,生产成本就低,企业的竞争力就强;在产品销售、市场竞争阶段,投入市场快、销售快,就加快了企业资金的周转,加快了企业的"血液循环",就能使企业不断地吐故纳新,不断地扩大再生产。可见,速度是企业生命力的体现。在智力竞赛中,往往要抢答,答得快、答得好,反映了此人有很高的智力,有着较强的记忆力、丰富的想象力、敏捷的判断力、很好的表达能力。

快速,体现着高效率。速度、时间和效率是三个互为联系的概念,效率往往通过速度、时间体现出来,因为效率是单位时间内完成的工作量。速度快,效率就高,用时就少;速度慢,效率就低,用时间就多。

这里还必须强调一点,加快速度并不是唯一目的,加快速度只是节省时间、提高效率的一种方法。没有明确目的和方向,违背客观规律去求快,不求质量偷工减料、弄虚作假地求速度,结果往往是欲速则不达。英国哲学家培根曾说:"过于求速是事业上最大的危险之一……不可以做事的时间多寡为敏捷的标准,而当以事业进展之程度为标准。"急于求成,往往还会加快在错误的时间做错事的程度。我们每个人在成长的道路上,在人生的道路上,求加速但不可太急,不可揠苗助长,在交叉路口仍需要"一慢、二看、三通过"。加快节奏不是不要节奏,违背生物节律,不懂得有张有弛,不善于循序渐进,一味地加速只意味着"灭火""停机"。在那迷失了方向的观察系里看来是加速,而在全方位的观察系里看来可能是减速、是倒退。

第七章

结　论

　　每个人都处在一个充满不确定性的新时代。从人生发展的角度来看，创业应该是这个时代的一种生活方式。自主创业、岗位创业，积极地探寻问题，用不同的方式去解决问题，会让生活变得更有意义、更精彩。每个人都需要运用创业导向的人生态度积极地为自己美好而又不确定的目标奋斗，成就更加出彩的自己。创业是一项艰苦的事业，也是一个复杂和复合的系统，需要很多的前提、条件、资源和要素。创业需要在充分发挥创业者个人素质和能力、集合团队人力资本的智慧、足够的资金支撑和人脉关系的基础上，通过创业目标的指引才能完成。创业是一项高度复杂、综合、动态的管理活动。在创业的不同阶段，创业者要面临不同的任务与挑战，尤其是创业之前必须做好充分的准备，并对创业的风险有一个清醒的认识。

　　贝思公司通过对 200 名创业者进行详细的调查，总结出四类创业者性格：①钻石型，即有远见的梦想家，酷爱颠覆性的冒险；②明星型，即拥有光芒四射的个人魅力，以自我为品牌；③改革型，即变革者，能为传统行业注入新的活力；④火箭型，即善于分析的思想者，主导战略提升。

　　无论哪种类型的成功创业者，他们都能够认识到高效时间管理的重要性。一个成功的创业者需要有计划地安排时间，合理分配资源，以提高工作效率，实现创业目标。如何在有限的时间里实现追求梦想或者愿景的最大化，如何调整最大的能量投入和创造，平衡工作与生活，是每一个创业者和创业团队面临的最基础的挑战。

　　我们生命中最宝贵的资产就是时间。时间管理是这个世界上人最无能为力的一件事,但时间管理的真意不在于管理时间,而在于管理自己的时间利用方式。一旦了解了如何有效地管理时间,我们就会更充分地认识到它的价值。正如迈克尔·勒伯夫(Michael LeBoeuf)所说:"浪费金钱时,你失去的只是金钱,而浪费时间,你失去的将是你生命的一部分。"时间管理是指对时间进行有效的规划和利用,以达到节约时间、提高效率的目的。它是一种自我调整的行为,是一种科学的思维方式,是一种有效的管理方式,是一种有效的生活方式。时间管理能够帮助创业者更好地把握时间,提高工作效率,实现创业目标。时间管理对很多创业者是一个长期困扰且重要的问题。试想:一个好的创业者如果连自己的时间都管理不好,何以管理几十上百上千的团队,偌大的企业呢?

时间管理是一个需要长期养成的习惯,一旦决心改变,就要坚持下去。坚持一段时间后,会看到做事效率及效能的变化。对于创业者来说,良好的时间管理是提升个人领导力、管理好公司的隐性优势。每个人都有自己不同的时间管理方式,因为每个人的生活状态是不同的。创业者可以规划好自己的时间,结合自身的实际情况,找到自己的节奏,制定出最适合自己的高效时间管理体系,做到真正的知行合一,实现自己的创业目标。

参考文献

[1]李巍,吴朝彦.创业基础[M].2版.北京:中国人民大学出版社,2021.

[2]蒋侃,王淑萍,胡峰,等.创业基础[M].北京:北京大学出版社,2021.

[3]贺尊.创业学[M].3版.北京:中国人民大学出版社,2021.

[4]王强,陈姚.创新创业基础:案例教学与情境模拟[M].北京:中国人民大学出版社,2021.

[5]储克森.职业、就业指导及创业教育[M].4版.北京:机械工业出版社,2019.

[6]秦勇,陈爽,张黎,等.创业管理:理论、方法与实践[M].北京:人民邮电出版社,2019.

[7]张国良,张付安,李文博,等.创业学:战略与商业模式[M].北京:清华大学出版社,2017.

[8]于晓,王斌.创业管理:数字时代的商机[M].北京:中国人民大学出版社,2022.

[9]刘志阳,林嵩,路江涌,等.创新创业基础[M].北京:机械工业出版社,2023.

[10]谢泼德,帕策尔特.创业认知[M].孙金云,于晓宇,译.北京:机械工业出版社,2020.

[11]张玉利,张敬伟.理解创业:情境、思维与行动[M].北京:机械工业出版社,2021.

[12]夏皮罗,瓦里安.信息规则:网络经济的策略指导[M].北京:中国人民大学出版社,2000.

[13]蒂蒙斯,斯皮内利.创业学[M].6版.北京:人民邮电出版社,2005.

[14]库拉特科,霍杰茨.创业学:理论、流程与实践[M].6版.北京:清华大学出版社,2006.

[15]李志能,郁义鸿,希斯瑞克,等.创业学[M].上海:复旦大学出版

社,2000.

[16]莱斯.精益创业:新创企业的成长思维[M].北京:中信出版社,2012.

[17]张玉利.创业管理[M].北京:机械工业出版社,2008.

[18]蒂蒙斯,斯皮内利.创业学:21世纪的创业精神[M].8版.北京:人民邮电出版社,2014.

[19]多林格.创业学:战略与资源[M].3版.北京:中国人民大学出版社,2006.

[20]鲁克.卓有成效的管理者[M].北京:机械工业出版社,2009.

[21]斯卡泊莱,齐曼拉.小企业的有效管理:创业实务[M].7版.北京:清华大学出版社,2006.

[22]张玉利,薛红志,陈寒松,等.创业管理[M].5版.北京:机械工业出版社,2020.

[23]余江,孟庆时,张越,等.数字创业:数字化时代创业理论和实践的新趋势[J].科学学研究.2018,36(10):1801-1808.

[24]多林格.创业学:战略与资源[M].3版.北京:中国人民大学出版社,2006.

[25]朗格内克,穆尔,佩蒂,等.小企业管理:创业之门[M].12版.北京:人民邮电出版社,2006.

[26]斯皮内利.创业学[M].6版.北京:人民邮电出版社,2005.

[27]瑞纳什.薪酬管理:理论、证据与战略意义[M].上海:上海财经大学出版社,2005.

[28]谢恩.创业管理:基于过程的观点[M].北京:机械工业出版社,2005.

[29]卢福财.创业通论[M].北京:高等教育出版社,2012.

[30]拉特科,霍杰茨.创业学:理论、流程与实践[M].6版.北京:清华大学出版社,2006.

[31]张玉利.创业研究经典文献评述[M].北京:机械工业出版社,2018.

[32]罗滕伯格.人人都要有创业者精神[M].北京:中信出版社,2019.

[33]格拉德威尔.异类[M].北京:中信出版社,2009.

[34]范雨素.我的生命是一本不忍卒读的书[EB/OL].(2017-04-27).

http://www.xinhuanet.com//politics/2017-04-27/c_129576766.htm.

[35]SAHUT J M,LANDOLI L,TEULON F. The Age of Digital Entrepreneurship [J]. Small Business Econimics,2019. https://doi.org/10.1007/s11187-019-00260-8.